社会主義シオニズムとアラブ問題

JN158742

社会主義シオニズムとアラブ問題

──ベングリオンの軌跡 1905～1939──

森 まり 子 著

岩 波 書 店

オックスフォードの思い出に

In great appreciation of
St Antony's College, Oxford

凡　例

（一）固有名詞の表記について

地名は原則として慣例に従った（たとえばイェルシャライムではなくエルサレム）。パレスチナの地名については巻頭の地図を参照して頂きたい（地図では煩雑を避けるため、主要な地名と本文中に＊印を付した地名のみを記している）。

ユダヤ人の人名は出身地の多様性によりヘブライ語に統一する事が困難であり、また無理に統一してもあまり意味がないと思われるため、ラテン文字表記のみを付記した。

その他の固有名詞についてはできる限り原音に近く表記した。

（二）人名や専門用語については、原則として初出の箇所に本文か註の中に簡単な説明を付したが、巻末の用語解説も適宜参照して頂きたい。

（三）パレスチナにおけるユダヤ人とアラブ人の人口については本文中に詳しい説明を施さず、巻頭にまとめて資料を付したので適宜参照して頂きたい。

（四）引用文中の〔　〕は引用者の付した註もしくは補足である。

（五）ヘブライ語とアラビア語の転写方法は『岩波イスラーム辞典』（二〇〇二年）に採用されている以下の転写法に準拠した。但しヘブライ語については煩雑を避けるために完全母音と半母音を区別して表記しなかった事をお断りしたい。

アラビア語の転写法

【子音】

文字	アラビア語	
ا		（ア行）
ب	b	バ行
ت*	t	タ行
ث*	th	サ行
ج	j	ジャ行
ح	ḥ	ハ行
خ	kh	ハ行
د*	d	ダ行
ذ*	dh	ザ行
ر*	r	ラ行
ز*	z	ザ行
س*	s	サ行
ش*	sh	シャ行
ص*	ṣ	サ行
ض*	ḍ	ダ行
ط*	ṭ	タ行
ظ*	ẓ	ザ行
ع	ʻ	（ア行）
غ	gh	ガ行
ف	f	ファ行
ق	q	カ行
ك	k	カ行
ل*	l	ラ行
م	m	マ行
ن*	n	ナ行
ه	h	ハ行
و	w	ワ行
ی	y	ヤ行
ء	ʼ	（ア行）

*は太陽文字

【母音】

短母音	a	ア
	i	イ
	u	ウ
長母音	ā	アー
	ī	イー
	ū	ウー
二重母音	aw	アウ
	ay	アイ

出典：『岩波イスラーム辞典』岩波書店、2002年（上記以外の転写法の詳細も同辞典に準拠した）。

ヘブライ語の転写法

文字	音写記号
א	’
ב, בּ	ḇ, b
ג, גּ	ḡ, g
ד, דּ	ḏ, d
ה	h
ו	w
ז	z
ח	ḥ
ט	ṭ
י	y
כ, כּ, ך	ḵ, k
ל	l
מ, ם	m
נ, ן	n
ס	s
ע, ע	ʿ
פ, פּ, ף	p̄, p
צ, ץ	ṣ
ק	q
ר	r
שׂ	ś
שׁ	š
ת, תּ	ṯ, t

字外音標

1．完全母音

◌ָ	ā
◌ַ	a
◌ִי	î
◌ִ	i
וּ	û
◌ֻ	ū, u
◌ֵי	ê
◌ֵ	ē
◌ֶ	e
וֹ	ô
◌ֹ	ō
◌ָ	o

2．半母音

◌ֲ	a
◌ֱ	e
◌ֳ	o
◌ְ	*e*

出典：『旧約新約 聖書大事典』教文館、1989年（『岩波イスラーム辞典』では上記の転写法を採用している）。

〔図１〕

━･･━･･	周辺地域との境界線	□	モシャーヴ
------	1949年の休戦ライン	■	モシャヴァー
●	1939年までに建設されたキブーツ	▲	訓練農場
○	都市、町		

〔Smith, *The Roots of Separatism in Palestine* 及び Near, *The Kibbutz Movement: A History, Vol. 1.* の巻頭の地図を合成して作成〕
地図からは1939年までに〈要塞型キブーツ〉を含む多くのキブーツがエスドラエロン、イズレエル、ベイトシェアンなどの渓谷や海岸部を中心に建設され、1949年のアラブ・イスラエル休戦条約後のイスラエルの領域を既成事実として画定しつつあった事が読み取れる。

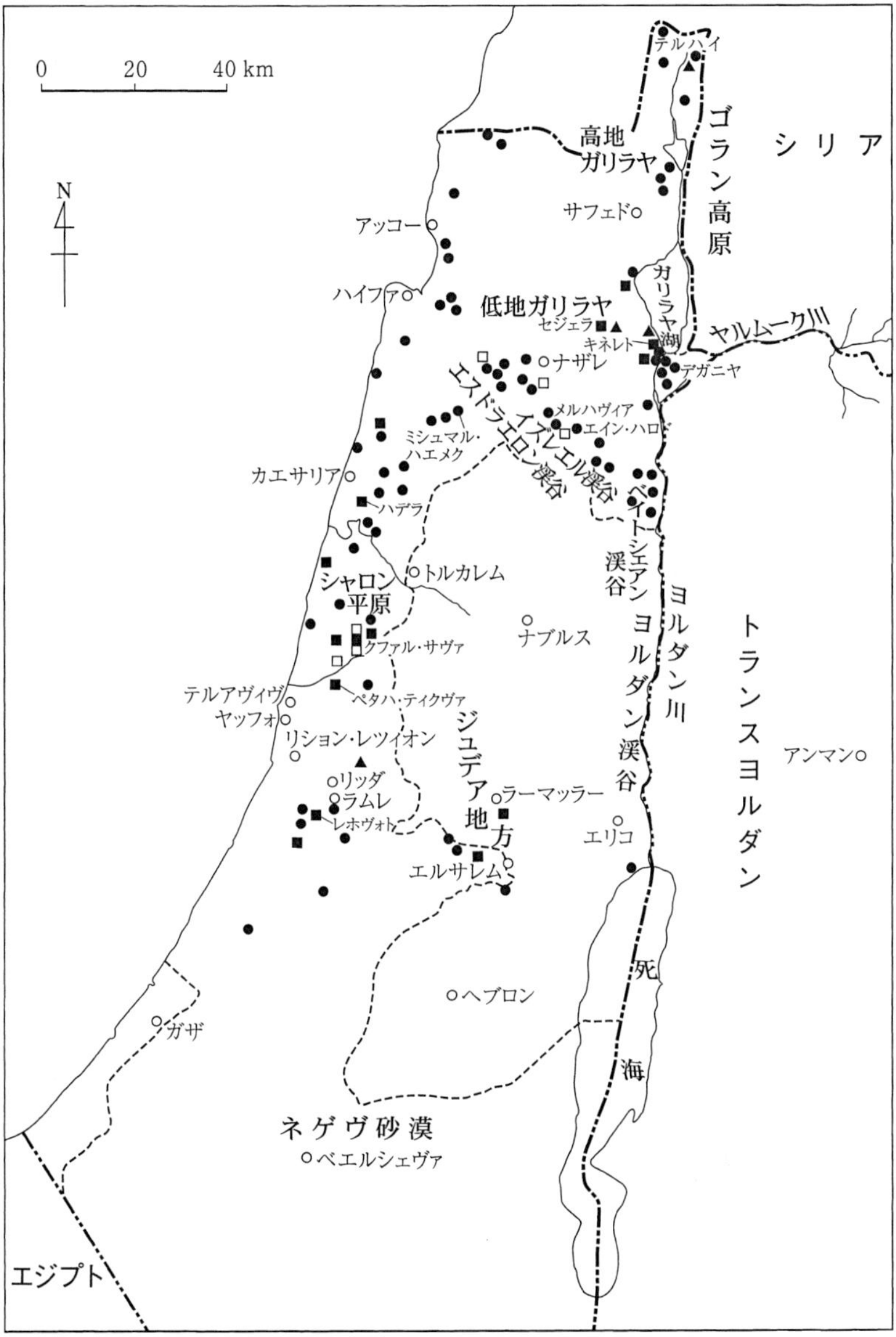

図1　1939年のパレスチナ（1939年までに建設された入植地を示す）

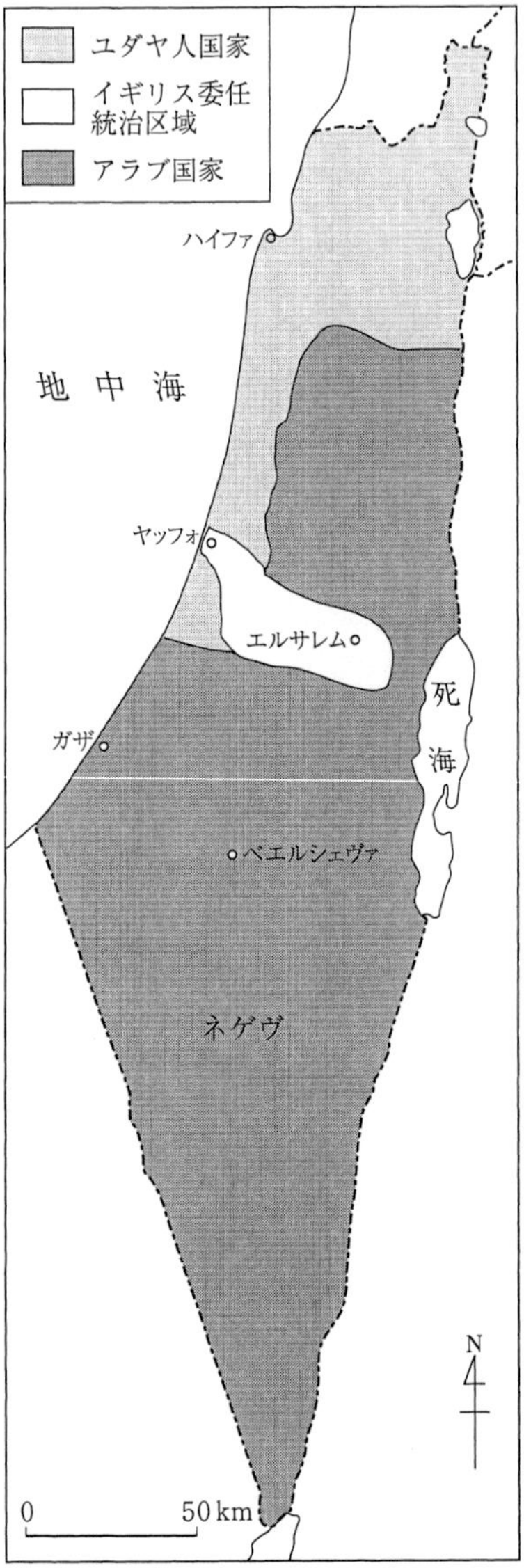

〔出所：板垣雄三編『アラブの解放』平凡社、1974年、28ページ〕

図2　ピール委員会のパレスチナ分割案（1937）

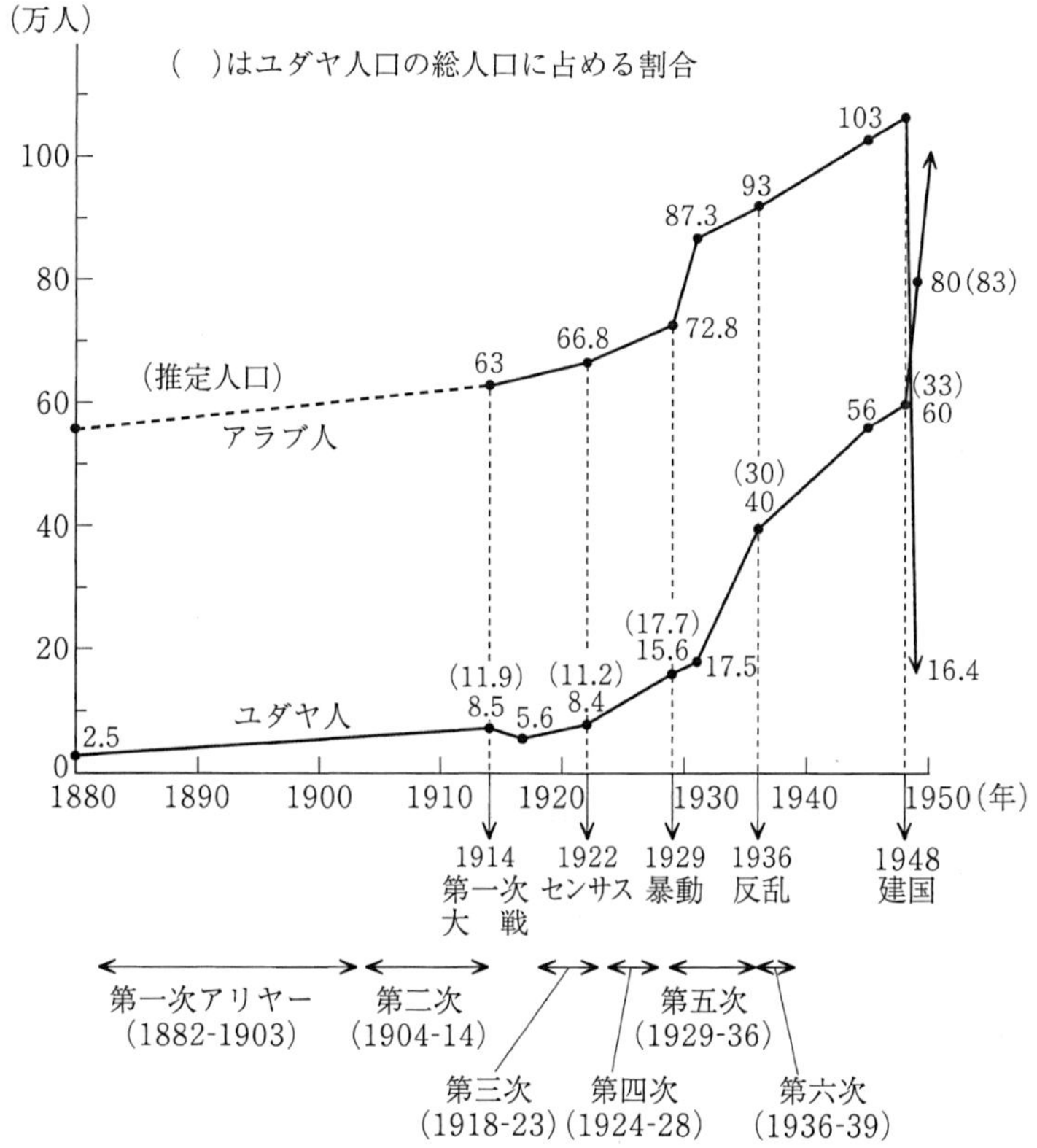

図 3　パレスチナにおける人口動態（1880～1950）

〔*Encyclopedia Judaica Vol. 9.*, p. 478; Smith, *The Roots of Separatism in Palestine*, p. 65; Porath, *The Emergence of the Palestinian Arab National Movement, Vol. 1.*, pp. 17-19; Porath, *The Palestinian Arab National Movement, Vol. 2.*, p. 39. などをもとに著者作成〕

上のグラフからは、1880 年頃にはパレスチナの総人口の 5 %にも満たなかったユダヤ人口が特に 1930 年代に急増し、1948 年の建国時には総人口の約 3 分の 1 に達していた事が読み取れる。1949 年にはユダヤ人口は約 80 万人に上昇し、アラブ人口は約 16 万 4000 人にまで激減した。かくして新生イスラエル国家はユダヤ人口が総人口の約 83 %を占める「ユダヤ人国家」と化したのである。

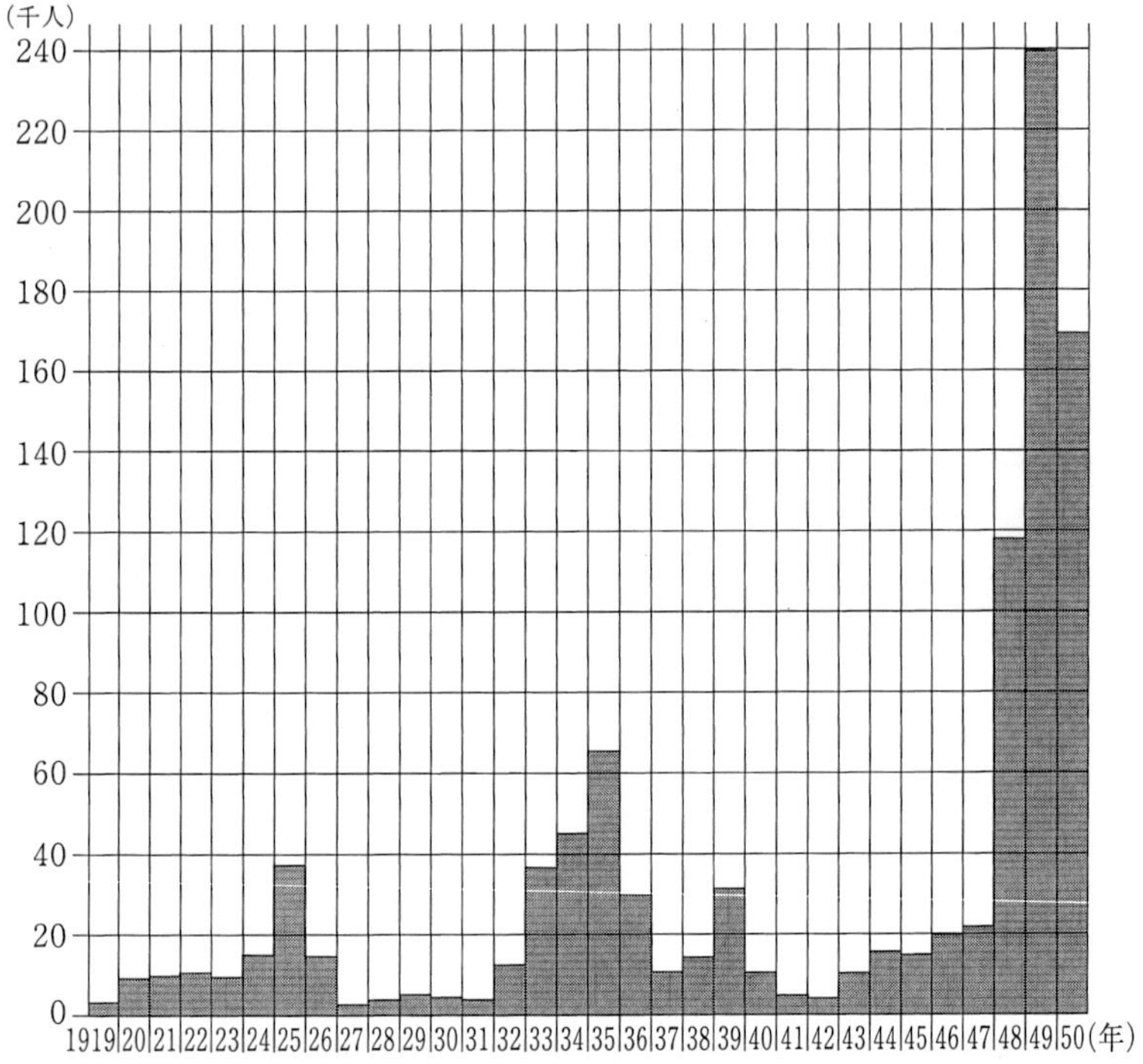

図 4　パレスチナへのユダヤ人移住(アリヤー)の変化 (1919〜1950)

〔出所：*Encyclopedia Judaica Vol. 9.*, pp. 473-474〕

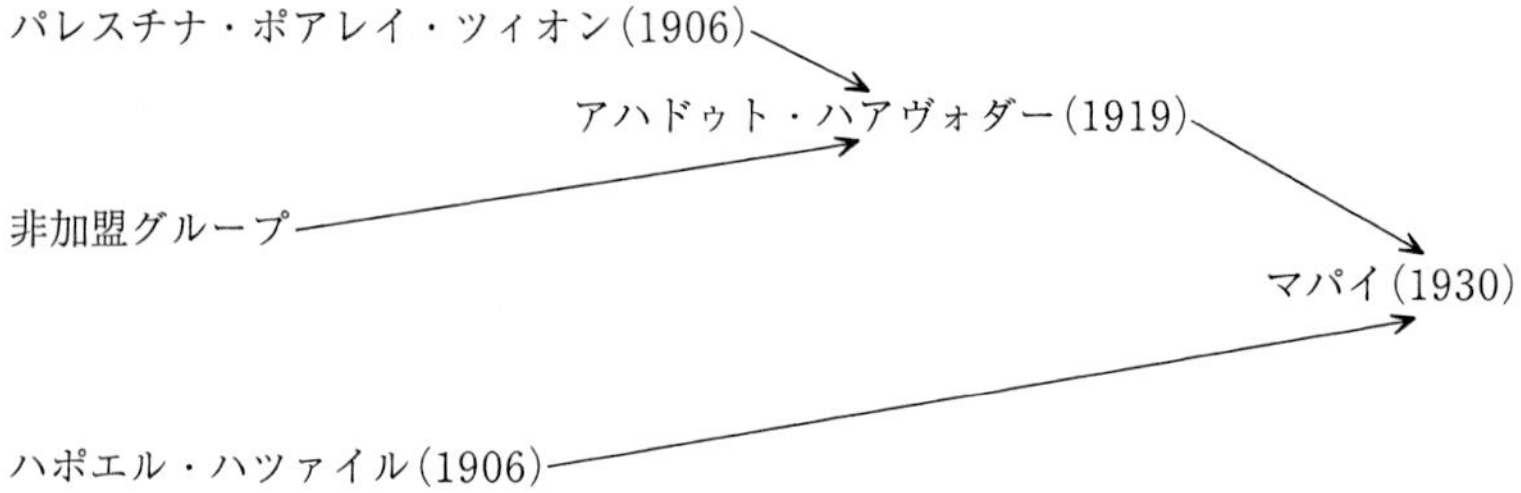

図 5　労働運動略図

目　次

結　論

我々にとって社会主義とは我々の救済への道である。なぜなら社会主義は諸民族のためにあるのであってその逆ではないからだ。諸民族が社会主義のためにあるのではないのである。

――ダヴィド・ベングリオン『階級から民族へ』

序論

「民族浄化」(ethnic cleansing)という言葉がユーゴスラヴィア内戦をめぐって浮上した事は記憶に新しい。地域の民族構成を追放や殺戮によって一元化する事を意味したこの地の「民族浄化」は国際社会の強い懸念と武力介入を招いたが、その一方で、かつてバルカン半島と同様にオスマン帝国領であったパレスチナで前世紀半ばに起きたもう一つの「民族浄化」の真相はあまり知られてこなかった。

一九四八年五月のイスラエル建国の際には約七五万人のパレスチナ人難民が発生した。この難民の発生の原因についてのイスラエルの歴史家たちの見解はおおよそ次の様なものであった。第一に、アラブ人の移送を促進する公式の政策の存在を否定し、政府がアラブ人の自発的な出国という「予期せぬ」事態を好機と捉えて彼らの帰還を阻止したという「偶然的」側面を強調する見解である(1)。第二に、シオニストの意図的なアラブ人追放があったというアラブ側の説明と、彼らは自発的に出国したかアラブの軍事目的の為に退去させられたのだとするシオニスト側の説明はどちらも不正確であるとし、実際に起きた事として、自発的出国と、軍事的な緊急性からではないシオニストによる恣意的な追放の両面に等しく着目する見解である(2)。これら二つの見解はいずれもニュアンスの差こそあれアラブ人の「自発的」出国があったと認定している。これに対して近年、一九四八年の難民の発生は戦時下の軍事行動に帰せられるものではなく、シオニズムに内在した「移送・追放」の概念の論理的帰結であり、事実上の「民族浄化」政策と言える計画的な追放政策が存在したという事を一次史料の緻密な検討によって明らかにした研究(3)が反響を呼んだ。

他の民族から分離する事によって自民族の排他的独自性や自決権を実現しようとする思考を「民族分離主義」と呼ぶとすると、近年のユーゴスラヴィアと同様に、一九四八年のパレスチナにおける「民族浄化」はこの思考の極端な表れである。しかもこの時にアラブ人を追放して民族的に純粋なユダヤ人領土をつくろうとした中心勢力は、かねてからアラブ人の追放を声高に唱えていたシオニズム右派ではなく、初代首相ダヴィド・ベングリオン(David Ben-Gurion, 一八八六—一九七三)率いるシオニズム左派の労働シオニズム運動(以下「労働運動」)であった。

労働運動とはイスラエル労働党の源流となった運動で、一九〇四—一四年の第二次アリヤー('Aliyāh, パレスチナへのユダヤ人移住)[4]でパレスチナに来住した東欧系移民が創始したものである。第二次移民は「社会主義シオニズム」を奉じ、ベングリオンや第二代大統領となるイツハーク・ベンツヴィ(Yizhak Ben-Zvi, 一八八四—一九六三)など、後のイスラエル政治を担う人々を輩出している。労働運動はヒスタドルート(Histadrûṯ, ユダヤ人労働総同盟、建国後のイスラエル労働総同盟)を通じてユダヤ人移民をイシューヴ(Yišûḇ, パレスチナのユダヤ人社会)[5]に統合しつつ入植活動を行い、一九三〇年代半ばには右派の修正主義運動や中道の一般シオニストを凌いでシオニズム運動における支配的な勢力となり、ベングリオンの指導力の下に一九四八年のイスラエル建国を導いた。そして労働党は建国以来、一九七七年のクネセト(Knesseṯ, イスラエル国会)総選挙で修正主義運動を継承した右派のリクード(Likûḏ, ヘブライ語で「同盟」「連合」)に敗れるまで一貫して政権を担当したのであった。

ベングリオンら社会主義シオニストが一九四八年にアラブ人を難民化させる道を選んだ事は、彼らの奉じていた「社会主義」の内実がどの様なものであったのかという疑問を抱かせる。そもそもシオニズムと社会主義という究極的に相剋するイデオロギーはいかにして結合したのか。一九四八年のアラブ人の事実上の追放は社会主義シオニズムの本質に由来するのか、それとも変質の帰結なのか。これらは、イスラエル国民意識の形成と表裏一体の関係にあった民族分離主義の性格に迫る上で避けられない問いである。

本書はこの様な問題意識の下に、イスラエルの国民社会を統合するイデオロギーとなった社会主義シオニズムがアラブ問題とかかわる中で明らかにした性格とその変容を、イスラエル建国を指導したベングリオンと労働運動における民族分離主義の軌跡を追う事によって明らかにしようとするものである。具体的には一九〇五―三九年のベングリオンのアラブ問題に対するイデオロギー的態度の検討が中心となる。社会主義シオニズムは言うまでもなく集団的思考の産物であり、この思想を担った労働運動はすべての政治運動と同様に一枚岩ではなかった。しかしベングリオンの労働運動内での指導的地位や、建国の最高指導者としての影響力に鑑みると、彼を中心としたアプローチは労働党や、ひいてはイスラエル国家のアラブ問題への態度を考える上で重要な手がかりとなる。ここで一九〇五―三九年という時期を分析対象として選んだのは、一九〇五年が社会主義シオニズムの発展にとって重要な意味を持った第一次ロシア革命が勃発した年であり、かつベングリオンの社会主義シオニストとしての経歴にも意味を持った年であった事と、一九三九年がユダヤ人の運命に破局的な意味を持った第二次世界大戦の勃発した年であり、かつベングリオンがその後のイスラエルとパレスチナ・アラブ人の関係を決定する重要な決断をこの時までに下していたという理由からである。なお本書全体を通じて「労働運動」という語は、特に断らない限りベングリオンを中心とする主流派を指す事とし、ハショメル・ハツァイル(Ha-Šômēr ha-Ṣāʿîr, ヘブライ語で「若き警備員」)など主流派から孤立する傾向にあった左派は除外する。建国前の労働運動の統一過程については本文中の説明及び巻末の用語解説と併せて、巻頭の略図を参照して頂きたい。

社会主義シオニズムとアラブ問題というテーマに触れた主な先行研究は、大きく分けて、(一)シオニズムとアラブ問題、(二)社会主義シオニストの伝記的研究、(三)キブーツ研究、という三つの文脈からなされている。このほかにもパレスチナにおけるシオニズムの展開を扱った研究はすべて何らかの形でこのテーマに触れざるを得ないのであり、その意味で関連文献は膨大である。しかし社会主義シオニズムのイデオロギー的性格とアラブ問題のかかわりを考えた研究となるとある程度絞られてくる。本書ではその様な研究の中で、（一）に関してはフランケル(Frankel; 1981)、ゴルニー(Gorny; 1987)、マサルハ(Masalha; 1993)を、（二）に関してはベングリオンとアラブ問題のかかわりを扱ったテヴェス(Teveth; 1985)を、（三）に関しては大岩川(1983)とニア(Near; 1992)を主に参照した。

このうち（一）と（二）に属する研究は視点の違いによって二つに分けられる。フランケルとゴルニーは前者がロシアのユダヤ人社会を、後者がイシューヴを分析の対象としているという違いを除くと、社会主義シオニストが「社会主義者」として民族問題との関係で直面せざるを得なかった矛盾に注目する点で共通している。これに対してテヴェスとマサルハは、前者がベングリオンのアラブ政策における共存の試みにも注目し、後者がその様な試みにはそれほど関心を払わないという違いがあるものの、社会主義シオニズムのアラブ問題への民族分離主義的な態度は最初から一貫していたという見方において共通している。本書はこの二つの視点を折衷した立場、すなわちベングリオンら社会主義シオニストのアラブ問題への態度は、彼らが社会主義的理念を掲げていたという点からすれば矛盾に満ちていたと共に、彼らの思考に内在した民族分離主義からすれば整合性があったという見方をとっている。そしてこの様な不整合性と整合性の混在する社会主義シオニズムの性格について示唆を与えてくれるのが、（三）のキブーツ研究である。特に大岩川和正の研究はユダヤ人入植村の社会経済構造の分析によって、イシューヴの統合イデオロギーとしての社会主義シオニズムの性格に社会科学的に迫るものである。

これらの文献のほかにも、イスラエル国内で発行されているヘブライ語の関連文献は雑誌論文を含めると多数あるが、今回の研究では五〇〇〇ページ以上に及ぶヘブライ語の一次史料に基づいて議論を立ち上げるという主な目的を果たすべく時間を費したために、それらを参照できなかった。残念ではあるが今後の課題としたい。

この様な限界はあるものの、本書は単にアラブ問題に対するベングリオンの態度を検討するにとどまらず、それを通じて普遍性と民族的特殊性を併せ持ったベングリオンと労働運動の「社会主義」の構造とその変質を掘り下げ、更にその変質を可能にした根本的要因に大きな関心を向けたところに特徴がある。社会主義シオニズムにおける民族分離主義の源流を主に第一革命期のロシアに求め、その流れをロシア領ポーランドに生を受けたベングリオンの〈異端の社会主義者〉としての精神形成と交錯させつつ、パレスチナの「アラブ問題」に直面する中でその民族分離主義が顕在化していった過程を描く第一章、社会主義的理念を含みながらも民族分離主義に強く制約されていたベングリオンと労働運動のアラブ人との共存の模索を検討する第二章、ベングリオンの民族分離主義の短期間の脱線であるパレスチナ連邦案を一次史料から再現し、その同時代的含意をオーストリア社会主義者の構想と比較しつつ考察した第三章、彼らの民族分離主義を急進化させた長期的な要因として「ヘブライ労働」概念の政治化、キブーツ運動のダイナミズム、「労働者民族」という独特の国民観の誕生に注目した第四章、その様な思考的変化が集積した結果であるアラブ人移送論の表面化と、ベングリオンが分離・追放の決断に至る過程を論じた第五章から成るこの論文は、上記の先行研究の成果を踏まえながらもそれらとは些か異なる個性を持つと言えよう。また本書全体を通じて労働運動と、建国後のリクードの源流となる修正主義運動のアラブ問題をめぐるイデオロギー的接近と収束にも注目しており、後のイスラエル政治におけるアラブ問題に関するコンセンサスのあり方を照射する内容となっている。

パレスチナ問題については国際政治史や経済史などあらゆる方面から論じられてきたが、この論文で思想史的アプローチがとられているのは、ヘブライ語の一次史料にあたってみるとイギリスの政策などの外部的要因とは独立して民族分離路線を追求していた社会主義シオニストの主体性がくっきりと浮かび上がるからである。近年の優れた経済史研究が示す様に、イギリスの一九二〇年代の経済政策が二つの共同体の社会経済的な分離を促進した面があったにせよ(6)、シオニスト側の史料を読むと人々の〈分離しようとする意志〉にこそ紛争の根源があった事を思わずにはいられないのである。イシューヴの〈分離しようとする意志〉の背景にあった社会主義シオニズムの構造を解明しなければ、そうした意志を超克する論理や契機も見出せないであろう。しかしその作業は〈分離しようとする意志〉があたかもアプリオリに、そして常に変わらず存在した事を前提とすべきではない。アラブ人の追放がはるか以前からのシオニストの分離主義的思考の産物であるというマサルハの議論は説得力を持つが、その一方で社会主義シオニストのたどった民族分離への道が単線的でなかった事は本書が明らかにする通りであり、その道程で失われた共存の選択肢に光を当てる作業も紛争解決の方策を探る上での地道な貢献になるはずである。

ここで用いた一次史料の性格について触れておく。ベングリオンに関する主な一次史料としては、(一)『回想』全六巻、(二)『ベングリオン書簡集』全三巻、(三)『ポーラと子供たちへの手紙』、(四)『我々と我々の隣人』、(五)『階級から民族へ』、(六)『私とアラブ指導者たちとの会談』、(七)『独立戦争日記　一九四七―一九四八年』を用いたが、この中では(六)以外はヘブライ語である。(一)は約三三〇〇ページにわたる膨大なものであるが、題名から想像するところとは違って後から回想して書かれたのではなく(但し一部の記述を除く)、当時の日記、書簡、会議や会談における発言の中から重要と思われるものを第四巻まではベングリオン自身が、最後の二巻は遺著の編者が選んで収録したものであり、彼の当時の考え方を知る上で貴重な史料である。時期的にはベングリオンの生まれた一八八六年から第二次世界大戦勃発直前の一九三九年八月までをカバーしている。この書物のもととなったベングリオンの日記の原本はイスラエル国防軍文書館に収められているが、今回はそれを見る機会に恵まれなかった。今後の課題としたい。(二)に収められているのは一九〇四年から一九三三年までの公私にわたる書簡である。党とヒスタドルートにおいて政治的キャリアを歩み始めて以降のベングリオンの「私信」の特徴は、家族宛てのものでさえ同僚に読まれる事を前提として書かれており、会議や会談の詳細な報告や政治的・軍事的構想など私信らしからぬ内容を含むものが多いという点にある。同様の事は(三)の大半の私信についても言える。スデー・ボーケルのベングリオン文書館に収められる(四)は一九一六年から一九三一年までのベングリオンのアラブ問題についての論文と演説を、(五)は一九一五年から一九四五年までの彼の社会主義シオニズムの本質に触れた論文と演説を彼自身がまとめたものであり、労働運動における「社会主義」と民族問題の関係に迫る重要な史料である。(五)の原著は一九三三年刊であるが、本書では一九三三年以降の論文と演説を増補した一九五五年版を用いている。(六)は主に第一次大戦後から第二次大戦後に至るベングリオンとアラブ人指導者との接触や会談の内容を彼自身が再現したものであり、ここでは多くの研究者が依拠している英語版を使った。(七)は独立戦争時の日記であるが、一九三九年までを扱う本書では参考程度にとどめた。

その他のベングリオンの諸会議での発言や演説、党機関紙上の論文などについては、クファル・サヴァのイスラエル労働党文書館、エルサレムの中央シオニスト文書館、テルアヴィヴのヒスタドルート執行委員会文書館やイスラエル労働運動文書館及び博物館、スデー・ボーケルのベングリオン文書館などに収められる史料から知る事ができる。しかし今回は現地に十日間しか滞在する事ができなかったため、公刊されている史料を収集するだけで精一杯であった。この様な一次史料の不足は二次文献からの間接的な引用によって補わざるを得なかった。しかしながら公刊史料だけでも本書の主題にかなり迫る事のできる内容を備えており、また日本ではこれらに基づく本格的な研究がまだ見られないという事情もあるため、今回の研究ではとりあえず公刊史料に依拠してベングリオンと労働運動の民族分離主義の本質を荒削りながら剔抉しようと努めた。

異質な人々を排除しようとする人間の意志が限りない流血をもたらしてきた事を考える時、紛争の根源にある思考やイデオロギーの解明はその様な意志を相対化する上で不可欠である。相異なる人々の共存の崩壊はどの様な歴史的状況の下で起こるのか、また一旦崩れた共生関係はいかにして修復できるのか、という問題を考え続けてきた私のそうした切実な意識から本書は書かれた。民族分離主義の問題は「日本人」としての同質性が「国民」である事の暗黙の要件とされ、特殊な歴史的事情によって長らく在住する朝鮮半島出身の市民にいまだに参政権を与えていない日本とも無縁ではないであろう。社会主義という本来普遍的であったはずの思想をさえ自らのナショナリズムに適合させるべく自在に変形した社会主義シオニズムは、ロシア・東欧のユダヤ人の「被害者」としての側面に結び付いて誕生した。そしてそれはパレスチナでは逆に、ユダヤ人の「加害者」としての側面に強くかかわりながら、同時にアラブ人との共存の可能性を探る方向にも展開した。その紆余曲折を描く本書が、パレスチナ問題の解決を模索する人々のみならず、広くナショナリズムと共存の問題に関心を持つ人々にとって思考の一素材となれば幸いである。

第一章　異端の社会主義者（一九〇五—一九一七）

——アラブ問題の可視化——

ベングリオンが第一次ロシア革命下のワルシャワでポアレイ・ツィオン(Pōʻalē Ṣīōn,「シオンの労働者」)に加入した一九〇五年から、ロシア革命とバルフォア宣言によってユダヤ人の運命が大きく変わる一九一七年までの世界史的に見ても激動の十年余は、ベングリオンと労働運動における民族分離主義の原型が固まった時期であった。社会主義とナショナリズムの嵐の吹き荒れる帝政末期のロシアに直接の起源を持つ彼らの民族分離主義の特徴は、インターナショナルな社会主義への憧憬を持ちながらも、ナショナリズムの要請に一貫して忠実であった点にある。ベングリオンとパレスチナ・ポアレイ・ツィオン(ポアレイ・ツィオンのパレスチナ支部)は「最小限綱領」をシオニズム、「最大限綱領」を社会主義であると考えた。すなわち彼らにとっての社会主義への道は、不可避的にシオニズムを通る事になるのであった。

ナショナリズムの実現を社会主義の達成の土台であるとする考え方は彼らに特有のものではなかった。ヨーロッパのユダヤ人思潮から見ると、この考え方はモーゼス・ヘス(Moses Hess, 一八一二—一八七五)、アーロン・リーバーマン(Aron Liberman, 一八四五—一八八〇)、ユダヤ人社会主義組織ブント(Bund)、ベール・ボロホフ(Ber Borochov, 一八八一—一九一七)とポアレイ・ツィオンなどから成る十九世紀半ば以来のユダヤ人社会主義者の系譜に見出される。一方、同時代のヨーロッパ史から見るとこの考え方は、ブントやポアレイ・ツィオンに影響を与えたオーストリア社会主義者や、ソ連において「民族主義的偏向」の烙印を押されながらも自民族の言語や文化や宗教に正当な評価を与えようとしたヴォルガ・タタール人共産主義者ミールサイード・スルタンガリエフ(Mirsaid Sultangaliev, 一八九二—一九四〇)、ウクライナ人共産主義者ミコラ・スクリプニク(Mykola Skripnik, 一八七二

―一九三三）ら民族共産主義者の主張とも共通していた。(1) ベングリオンら社会主義シオニストは、正統的なマルクス主義が民族的要求の価値を不当に貶めていると異議申し立てをしたこれらの〈異端の社会主義者〉の系譜と密接なかかわりを持っているのである。

ベングリオンと労働運動において、民族分離主義の焦点であるアラブ問題についての考え方の基本型がつくられたのもこの時期である。この時期に可視化したアラブ問題という楔は、もともと原理的に弱かった「社会主義」と「シオニズム」の結合を根本的に不安定化し、ユダヤ人とアラブ人の労働の分離、ユダヤ人国家の前段階としてのユダヤ人自治、ユダヤ人労働者の民族的使命の強調といった彼らの民族分離主義を特徴づける諸要素を顕在化させた。しかし一方でベングリオンとパレスチナ・ポアレイ・ツィオンは、民族の境界を超えた労働者階級の団結など、多民族共存につながる発想をもロシアのポアレイ・ツィオンやブントから受け継いでいた。民族分離主義の傍らに細々と生き続けたこの様な社会主義的な思考は、ロシア革命と国際社会主義運動のインパクトの下に一九二〇年代に活性化する事になる。

本章は以下の様に構成される。第一節ではベングリオンと労働運動の民族分離主義の源流を主に第一革命期のロシアにたどる。第二節ではベングリオンのロシア領ポーランドにおけるシオニストとしての精神形成と、社会主義との出会いを振り返り、彼の民族分離主義を強固なものにした個人的な背景を探る。第三節では、オスマン帝国下のパレスチナにおいて現地アラブ人のシオニズムへの反対にめざめたベングリオンが彼らと分離する路線を打ち出し、それをパレスチナ・ポアレイ・ツィオン内で支配的にした過程を検討する。

第一節　民族分離主義の源流

ドレフュス事件に衝撃を受けたテオドール・ヘルツル（Theodor Herzl, 一八六〇—一九〇四）は、近代シオニズム運動の創始宣言となった一八九六年の著書『ユダヤ人国家』の中で、ユダヤ人が「忠実な愛国者」となろうとしても「我々が既に百年前から住んでいる自分たちの祖国において我々はよそ者だと言いふらされるのだ」と述べている。(2)十八世紀末から十九世紀を通じて西欧のユダヤ人社会で進行した同化にもかかわらず、ユダヤ人は国民国家の真の成員として受け入れられる事はないというヘルツルの絶望は、彼に先立ってユダヤ人としての共通の運命にめざめたユダヤ人社会主義者たちにも共有されていた。ベングリオンと労働運動につながるその〈異端の社会主義者〉の流れの濫觴を、我々は先駆的シオニストでもあるモーゼス・ヘスに見る事ができる。

（一）　ヘスとリーバーマン

ボンのラビの家系に生まれたモーゼス・ヘスは、社会主義が民族国家の枠組みの中でのみ発展できると考えた点でマルクスと異なっていた。一八三〇年代の彼はドイツの反セム主義に直面して、ユダヤ人がドイツ人になる事は不可能であると痛感したところからこの様な社会主義観に達し、ユダヤ人問題の唯一の名誉ある解決策はユダヤ人が自らの民族国家を建てる事であると論じた。(3)

しかし一八四〇年代にヘスは青年ヘーゲル学派においてマルクスやエンゲルスと共に卓越した論客となり、以後二十年にわたってユダヤ人問題を副次的なものと考える同化主義的な立場をとる事になる。「私はユダヤ人同胞を愛する心の表現として苦悶の叫びを上げたかった。しかしこの感情はヨーロッパのプロレタリアートの苦難が私の心に呼びさましたより大きな苦痛に直ちに取って代わられた(4)」とヘスは説明している。ヘスはマルクスやエンゲルスと一時活動を共にするが、蜜月は長くは続かなかった。

マルクスと袂別した後のヘスは、一八四八年革命の挫折や一八六〇年のイタリア統一などのナショナリズムと社会主義をめぐるヨーロッパの激動を経験しつつ、次第に「民族」へと回帰する。「二十年に及ぶ疎遠の後に私は我が人々のもとへ帰って来た(5)」という告白に始まる一八六二年の著書『ローマとエルサレム』において、彼はパレスチナにおけるユダヤ人社会主義国家の樹立を主張していた。こうしてヘスは二十年前と同様に、社会主義の実現の前提条件として民族国家を重視する様になる(6)。「ユダヤ人にあっては……民族的独立は必然的にすべての政治的・社会的進歩に先立たねばならない。……社会的人間は自らの成長のために広く自由な土を必要とする。それなくしては彼は寄生虫の地位に沈んでしまう(7)。」しかしそれでもなおヘスは、亡命先のフランスでひっそりと世を去るまで社会主義運動に深い関心を寄せてかかわり続けたのである(8)。

ヘスに遅れてヴィルノ(現リトアニアのヴィルニュス)に生まれたアーロン・リーバーマンも社会主義の実現には民族的土台が不可欠であると考えた点でヘスと共通していた。彼は一八七六年に亡命先のロンドンで初のユダヤ人労働者組織であるヘブライ人社会主義協会を設立し、次の様に述べている。「我々の考えでは、民族問題は社会的闘争の重要な諸任務という観点からすると完全に消え去らねばならない。〔しかし〕民族はあらゆる社会的プロセスが起こる避けられない現実の土台である。人は特定の場所で、特定の言語を話し特定の文化の中で形成された社会の中で活動せねばならない。〔さもなければ〕社会的行動の目標は完全に抽象的な性格をとるだろう(9)。」

この様にユダヤ人としての帰属意識を否定する事なく社会主義をめざす一方、リーバーマンはある国の社会主義者たちはたとえ異なる言語で活動せざるを得ないとしても同胞愛で結ばれていると論じ、インターナショナリズムへの信念と故国ロシアへの断ち切れない愛をも告白している[10]。しかしロシアの革命運動にかかわる中で、「正統的な」人民主義から逸脱して「異端的な」ユダヤ人ナショナリズムに踏み込むまいとする不断の緊張は、この若き社会主義者を次第に追いつめていった。私生活上の失意も味わったリーバーマンは、彼が愛したロシアからはるかに離れたアメリカのシラキュースで自ら三十五歳の命を絶つ[11]。

(二) ブント

社会主義シオニズムの先駆者と言えるヘスとリーバーマンのジレンマは、一八九七年にヴィルノで設立されたユダヤ人社会主義組織ブント[12]にも受け継がれている。

ロシア社会民主労働党(ロシア共産党の前身)の結成を助けたブントは、社会主義運動における民族的な単位の維持という基本路線の故に、ロシア社会民主労働党内の最大勢力であったイスクラ派と対立した。ブント内でも民族主義派とインターナショナル派の主導権争いが絶えなかったが、大体においては民族主義派が優勢であった。民族主義派はロシア人やポーランド人のプロレタリアートと共闘する展望に悲観的であり、ポーランドが独立してもポーランド人によるユダヤ人への迫害はやまないであろうから、ロシア帝国の分解というポーランド社会党の綱領はユダヤ人にとってかえって危険であるとし、ユダヤ人は多民族国家の中でのみ完全な平等を期待できると考えた[13]。当時のユダヤ人の政治思想に大きなインパクトを与える一九〇一年のブントのユダヤ人自治構想はこの様な文脈の中で理解できる。その自治とはオーストリア社会主義者のブリュン決議[14]などを念頭においた非領土的な文化的自治であり、東欧のユダヤ人のケヒラー（Qehilāh, ヘブライ語で「共同体」）[15]の伝統にも適合するものであった。
　しかしイスクラ派を率いていたレーニンは、ブントのこの様な民族分離路線を強く危惧する。レーニンの圧力に抵抗したブントの民族主義派の指導者の一人はオーストリア社会民主労働党の模索を引き合いに出しながら、真のインターナショナリズムは諸民族の願望を無視するのではなくそれらを調和させる事をめざすのだと述べている。一九〇三年のロシア社会民主労働党の第二回大会でブントは民族ごとの単位を認める党組織の連邦化を主張したが、中央集権を唱えるレーニンらにその「分離主義」を非難され離党する。[16]
　一九〇五年十月の第六回会議でブントは民族自治の要求を綱領の中に採り入れ、民族分離主義路線を固めたかの様に見えた。しかしボリシェヴィキの権力基盤の強化を図るレーニンは民族政党に接近し、一九〇六年にブントは遂に民族主義派を抑えたインターナショナル派の主導権の下に党に復帰する。[17]こうしてブントの民族分離主義路線はレーニンの圧力と革命の魅力に抗しきれず不徹底に終わるが、この様な妥協はその後の弾圧とイェヴセクツィア（ソ連共産党ユダヤ人支部、一九一八—三〇）への合流による組織の解体、後の粛清というブントの人々を襲った悲劇の序章でもあった。
　ブントは社会主義とユダヤ人ナショナリズムの両方に忠実であろうとした点でポアレイ・ツィオンと共通していた。ブントのユダヤ人自治要求はポアレイ・ツィオンの一九〇六年の綱領における自治要求にも影響を与えている。しかし他方でブントは反シオニズム的であったためにポアレイ・ツィオンと激しく対立した。ブントの反シオニズムの背景には、ユダヤ人の故郷はあくまでもロシアや東欧などのディアスポラにあるとし、民族を現住地と不可分のものとして捉える考え方があった。たとえばブントのある理論家は世界に広がる単一のユダヤ民族という概念を否定し、「やがて複数のユダヤ民族について語る日が来るだろう」と予測したほどである。[18]一九二〇年代にベングリオンはアラブ人はパレスチナの有機的な一部であるから追放してはならないと説くが、この様な主張の中に現住地に基づいて民族を規定するブントの民族観の痕跡を認める事は可能であろう。

ユダヤ人自治についてのブントの考え方は「インターナショナリスト」から見れば紛れもなく民族分離主義的であったが、他方では同じ地に住む諸民族との共生という発想にもつながるものであった。民族を「血」の共通性から定義して単一の排他的な民族領土であるパレスチナへの集住を説くシオニズムと、民族の「現住地」を所与のものとして、その「現住地」における自治により多民族共存を可能にするブント路線というユダヤ人ナショナリズムの相剋する二つの流れは、ボロホフ指導下のポアレイ・ツィオンにおいて合流する事になる。

(三) ボロホフとポアレイ・ツィオン

プロレタリアートと雖もナショナリズムを持つというブントの主張は、ベール・ボロホフによってシオニズムの立場から精緻化された。ベングリオンとパレスチナ・ポアレイ・ツィオンの民族分離主義の性格を知る手がかりとなる、先駆者ボロホフの社会主義シオニズム理論を、彼の経歴を簡単に振り返りながら検討してみよう。

① ロシア革命への懐疑

ボロホフは一八八一年にウクライナのゾロトノシャに生まれ、シオニストの活動の初期の中心地であったポルタヴァで幼年時代を過ごした。ポルタヴァでボロホフは、この地で流刑を受けていた政治犯たちから「瞬く間に社会主義を習得した」[19]とされる。一九〇〇年九月にボロホフはエカチェリノスラフ(現ドニエプロペトロフスク)でロシア社会民主労働党に入るが、シオニズムのプロパガンダを主張したために早くも翌年五月に除名されている。後にボロホフによって統一されるポアレイ・ツィオンは、一八九七年にミンスクで創設された同名のグループを端緒としてロシア帝国内のユダヤ人強制集住地域[20]に広がっていたが、彼がこの組織に加入したのもエカチェリノスラフ滞在中の事であった。しかし一九〇二年にポルタヴァに戻った時に彼はポアレイ・ツィオンと意識的に関係を絶ち、以後一九〇五年前半まで非マルクス主義的でロシア革命に懐疑的な一般シオニストとしての立場をとる事になる[21]。

一九〇二年から一九〇五年前半までのボロホフが社会主義と革命運動から距離をおいた原因として、帝政末期の社会不安に乗じて頻発したポグロムを忘れる事はできない。特に一九〇三年のキシニョフのポグロムに人生観が変わる様な衝撃を受けたボロホフは自衛活動に積極的に参加する一方、このポグロムにおいてロシア人鉄道労働者が担った中心的役割を自嘲もこめて指摘している。「ロシア社会民主主義の永久的な恥として、これらの労働者が社会民主党の煽動にさらされてきた事を語らねばならない。……そして最後の一人に至るまで破壊に参加した労働者たちの間に革命思想を紹介した人々がユダヤ人であった、それもユダヤ系の社会革命党員と社会民主党員であった事を付け加えねばならない。すばらしい教育的プロパガンダだ！　大成功だ！　上等な結果だ！[22]」

ボロホフの受けた衝撃の大きさとユダヤ人は革命から救済を期待できないという苦い認識は、一九〇三年に集中的に書かれた「思索」という覚書に凝縮されている。この中で彼は、社会主義が民族問題を解決するという考え方に根本的な疑問を投げかけた。――ナショナリズムと外国人憎悪はブルジョワのみならずプロレタリアートにも特徴的である。階級意識がすべての国のブルジョワを一体にし得ないというのに、マルクス主義者が主張する様に階級意識がすべての民族のプロレタリアートを結び付ける必然性があるのだろうか。こう述べた彼は、将来の社会主義国家はユダヤ人への憎悪や民族間の敵意に終止符を打たないであろうと予測している[23]。

ボロホフはその後、ロシアの指導的なシオニストで彼に大きな影響を与えるメナヘム・メンデル・ウスィシュキン

(Menahem Mendel Ussishkin)に派遣されてユダヤ人強制集住地域にパレスチナの大義を説く旅に出るが、この間に「シオニズム理論の諸問題について」と「シオンと領土の問題について」(それぞれ一九〇五年の二月と六月)という二つの論文において、一九〇三年の「思索」に書き留めた考え方をより具体的に展開している。これらの論文で彼は、進歩や社会主義によって反ユダヤ主義はなくならないどころか激化の一途をたどるので、ユダヤ人問題の唯一の解決はユダヤ人が集団で主権的な領土に再入植する事であると主張した。ユダヤ人と歴史的に結び付いたパレスチナはユダヤ人にとって他の地に勝る情緒的な牽引力を持つと考えた彼は、ユダヤ人の移住先はパレスチナでなくてもよいとする「領土主義者」は人間の事象における象徴の力を無視していると批判し、パレスチナはユダヤ人にとっての希望の焦点となるべきであると述べている。しかしここまでの主張は、モシェー・ライプ・リリエンブルム(Moshe Leib Lilienblum)やレオ・ピンスケル(Leo Pinsker)といった先駆的シオニストの主張と何ら変わるところはなかった。

②「民族問題と階級闘争」

ところがこの一般シオニスト的な立場は一九〇五年十二月の論文「民族問題と階級闘争」において一変する。この論文においてボロホフは生産力の発展が生産諸関係の状況と適合しなくなる時に階級闘争が起こるというマルクス主義の命題に、「民族の生産力の発展が生産諸条件の状況と矛盾する時に民族問題が起こる」という独自の理論を付け加え、ユダヤ人労働者が階級闘争を行うための前提条件として、「生産諸条件」の正常化、すなわち自らの戦略的基盤たる民族領土を獲得する事を主張した。その議論の道筋を追ってみよう。

ボロホフによると「生産諸条件」には領土や物質文化などの物質的生産諸条件と、言語・習慣・道徳などの精神的生産諸条件の二つがある。同一の「生産諸条件」の下に発展した社会集団が「人民」であり、「人民」が更にその構成員同士の血族意識で結ばれた時に「民族」となる。すなわち「人民」の発展した高次の段階が「民族」なのである。同一の生産諸関係の下での生活が階級連帯を引き起こすのに似て、同一の生産諸条件の下での生活は民族的な血族意識を生み出すと彼は指摘し、この血族意識と分かち難く結び付いたものとして共通の過去に注目した。しかし時として共通の過去の古さは純粋に想像上のものである事もある。「心に描かれる共通の歴史的過去の結果として創り出され、共通の生産諸条件に根ざしたこの血族感情はナショナリズムと呼ばれる」というボロホフの定義はナショナリズムの本質を捉えた普遍的なものであると言えよう。

ナショナリズムが文化的価値の保全よりもむしろ物理的な所有物を守る事と結び付いていると考えたボロホフは、最も重要な生産条件としての領土に鋭い関心を向けた。彼によれば、民族は様々な階級に分かれておりそれぞれが異なったナショナリズムを持っているが、「プロレタリアートのナショナリズム」にとって雇用の場としての領土は死活的な意味を持っている。雇用が確保されている事こそ階級闘争の前提である事から、雇用の空間としての領土を確保しない限りは、すなわち民族問題が解決されるまでは階級意識は正常に発達し得ないと彼は主張したのである。「正常な生産諸条件は人々を非民族化しその民族意識を鈍らせる。それに対して異常な生産諸条件は……民族の様々な階級の利益を調和させその民族意識を高める。」生産諸条件が異常な時に民族意識を鈍らせようとしても、またその逆に生産諸条件が正常な時に階級意識を鈍らせようとしても、それは民族全体にとって現実への目を曇らせる有害な行為であると彼は論じた。また別の箇所で彼は民族闘争が階級闘争よりも実は永続的なのではないかという疑念を表明している。

ボロホフは次の様に結論づける。――被抑圧民族のナショナリズムは特異な形をとる。彼らは異常な生産諸条件、すなわち政治的独立や言語の自由や文化的発展の自由を奪われた状態の下にあるために民族の全成員の利益が調和し、階級対立は異常に和らげられる。真のナショナリズムは階級意識を曖昧にする事はなく、それは被抑圧民族の進歩的分子の間にのみ現れる。組織化された革命的プロレタリアートの最小限綱領は民族に正常な生産諸条件を保障し、プロレタリアートに労働と階級闘争の正常な土台を提供する事である。その後に民族的利益のかつての異常な一致の代わりに健全な階級構造と健全な階級闘争が新しい明確な形で現れるのである、と。(24)

この様にボロホフはマルクス主義には見られない「生産諸条件」という概念に基づいて、プロレタリアートもナショナリズムから免れられないと主張した。社会主義シオニズムの理論的基礎を築いたこの作品は、抑圧された民族のナショナリズムの特異性に注目した点で、抑圧された民族を「プロレタリアート民族」と表現したスルタンガリエフの視点とも共通する独自性の輝きを放っている。(25)

③「我々の綱領」とボロホフ主義

「民族問題と階級闘争」を書いた一九〇五年十二月にボロホフはポルタヴァに自らのポアレイ・ツィオンを創設し、翌年二月に各地のポアレイ・ツィオンを統一する。統一されたポアレイ・ツィオンのために書かれた「我々の綱領」は、ユダヤ人労働者が階級闘争を行う基盤として民族領土を求める事を正当化した「民族問題と階級闘争」の立場を継承しながらも、シオニズムの実現までの「対症療法」としてガルート(Gālūt, ヘブライ語で「ディアスポラ」)における民族的・政治的自治をも同時に要求していた。それはパレスチナへの移住を志向するシオニズムと、ガルートにおける自治を志向するブント主義を併存させた立場であったと言えよう。

「我々の綱領」を際立たせたのは、パレスチナへのユダヤ人移住がパレスチナとの情緒的な結び付きとは無縁に、ディアスポラでの迫害を契機とするユダヤ人資本の移動によって引き起こされる「自然発生的プロセス」として唯物論的に説明されている事であった。[26]「我々の最大限綱領は社会主義」であり「我々の最小限綱領はシオニズム」であると宣言した[27]ボロホフは、ユダヤ人労働者は階級利益という観点からのみナショナリズムに関心を持つのであり、自らの戦略的土台すなわち「生産諸条件」が正常化されるや否やプロレタリアートのナショナリズムは消え去ると述べた。これはナショナリズムが階級闘争より永続的なのではないかという「民族問題と階級闘争」における予測に比べて左寄りの立場であり、革命運動の進展に彼が敏感に対応しようとした跡が窺われる。

「我々の綱領」に定式化された思想は「ボロホフ主義」と呼ばれて統一されたポアレイ・ツィオンの公式イデオロギーとなったが、史的唯物論に貫かれたボロホフ主義には理論的な弱点があった。中でもユダヤ人にとってパレスチナが持つ情緒的な魅力を否定し、パレスチナへのユダヤ人移住を「自然発生的」であるとした理論は多くの党員にとっては理解し難く、「ボロホフツィイ」（ボロホフ主義者）とそうでない人々の間に溝をつくる事になったのである。

④　〈二人のボロホフ〉をめぐる分裂

かくして一九〇五年十二月の「民族問題と階級闘争」を境に、ロシア革命に冷淡で専らパレスチナへの移住をめざす〈一般シオニストとしてのボロホフ〉と、パレスチナへ移住する必要性を説く一方、ロシア政治への関与を強調する〈プロレタリア革命家としてのボロホフ〉という〈二人のボロホフ〉がくっきりと対照をなす事になる。[28]〈二人のボロホフ〉をめぐるポアレイ・ツィオンの分裂はロシアの党とポーランド支部の対立という形で顕在化した。ロシアの党が〈プロレタリア革命家としてのボロホフ〉の打ち出したボロホフ主義を信奉したのに対し、ポーランド支部は一九〇五年以前の〈一般シオニストとしてのボロホフ〉の教義に忠実であり続けたのである。特にボロホフ主義の中心的教義である「自然発生的プロセス」をめぐっては、一九〇七年八月のクラクフでの第二回ポアレイ・ツィオン会議でポーランド支部とボロホフ率いるロシア代表団との間に論争が起きている。ポーランド支部はロシアの党の「予知的」シオニズムに対して、パレスチナが他のいかなる領土とも本質的に——「原則的に」——区別され、ユダヤ人にとっての特別な魅力を持っているという「原則的」シオニズムを唱えた。後にパレスチナ労働運動の指導者の一人となるイツハーク・タベンキン(Yizhak Tabenkin)は、マルクス主義者はユダヤ人が二千年にわたってはぐくんだ祖先の地への愛着という事実を無視できないと述べている。これは一般シオニスト時代のボロホフが強調していた点であったが、今やボロホフは自らのかつての見解の支持者を非難する側に回っていた(29)。

〈一般シオニストとしてのボロホフ〉の民族主義的な見解に忠実であったポーランド支部はワルシャワ時代にベングリオンが加入した組織でもあった。ポーランドとロシアのポアレイ・ツィオンのこの様なイデオロギー的分裂は、後述する様に、パレスチナ・ポアレイ・ツィオンにおけるベングリオンら民族主義派と、ロストフ派や初期のベンツヴィをはじめとするインターナショナル派のアラブ問題をめぐる対立の伏線となった。

⑤ アラブ問題の可視化

プロレタリアートも階級闘争の基盤を得る過程でナショナリズムを持つというボロホフのテーゼは、プロレタリアートの民族を超えた無条件の連帯という考え方に留保を付した点で、社会主義シオニズムにおけるアラブ問題への考え方に大きな影響を及ぼした。ボロホフ自身はパレスチナの地を踏む事はなかったが、自らの理論における不可避の問題として早くも一九〇五—六年にパレスチナの先住民であるアラブ人の存在に注目している。

もっともボロホフにやや先立って社会主義シオニズムのもう一人の理論家であるナフマン・スィルキン(Nachman

Syrkin）も、一八九八年の著書『ユダヤ人問題とユダヤ人社会主義国家』の中でアラブ問題に言及している。彼はユダヤ人がオスマン帝国の他の諸民族と提携する事によってパレスチナをオスマン帝国の支配から解放すべきであるとし、その後にアラブ人住民がパレスチナを去る事を主張した。[30]

スィルキンが単純明快にアラブ人住民の退去を論じたのに対し、ボロホフのアラブ問題への態度はより複雑であった。彼はアラブ人の追放ではなく同化を予想し、同化しきれないアラブ人少数派には文化的自治を与えようとした。このアプローチはロシア人が帝国の諸民族に対してとってきた威圧的な同化政策と、ブントが主張した文化的自治による諸民族の共存という二つの極の間を揺れ動いている様に見える。

ボロホフ主義を打ち出す以前の観念論的な色彩の強い一九〇五年の論文「シオンと領土の問題について」では、ボロホフはパレスチナが他の地よりもユダヤ人にとって牽引力を持つ理由の一つとして、地元農民であるファッラーヒーン（fallāḥīn, アラビア語で「農民」の複数形）にアラブ人の血がほとんど入っていないのでユダヤ人社会に同化し、リベリアの場合の様な共生関係が望める可能性を挙げている。「ファッラーヒーンが、アラブ人の血が極めて僅かしか混ざっていないユダヤ人とカナーン人の農業共同体の生き残りの直接の子孫であると想定する事は大いに可能である。なぜならアラブ人は誇り高い征服者として征服した国々の大衆とほとんど交わらなかったからである[31]」と両者の人種的類似性を指摘した上で彼はこう続ける。

> 実際に彼らはアラブ人にもトルコ人にも属さず、両者を無関心でもって、憎しみさえもって見ている。彼らはいかなるより高い文化にもたやすく同化し、ユダヤ人入植地に近接している状況にあってはヘブライ文化でさえ受け入れる。……我々がエレツ・イスラエル（'Ereṣ Yiśrā'ēl, ヘブライ語で「イスラエルの地」）に我々の文化を植え付けさえすればファッラーヒーンは完全に統合されるだろう。……エレツ・イスラエルの住民は憎しみをもっ

て我々を受け入れる理由はない。それどころか彼らはその地が正当にユダヤ人に属するという事を理解している。……彼らはこの問題に対する彼らの態度を数々の伝説や諺の中で表現しているが、それらはエレツ・イスラエルがかつてユダヤ人に属し、将来再び彼らに属するという事を暗示しているのである(32)。

そしてボロホフは、文化的により強力なユダヤ人社会へのファッラーヒーンの統合は適切な入植体制と決断力ある指導部を見出すという問題であると結論づけている。

これに対してユダヤ人労働者の階級闘争の戦略的土台としての民族領土に着目した一九〇六年の「我々の綱領」では、ユダヤ人社会へのアラブ人の統合過程は「血」という人種的要因ではなく、領土と密接に結び付いた経済的・文化的要因によって説明されている。ボロホフは強い社会が弱い社会に対して同化力を及ぼすという前提に立ち、「ユダヤ人移民がパレスチナの生産力の発展を引き受け、地元のパレスチナ住民はそのうちに経済的にも文化的にもユダヤ人に同化するだろう」と論じた(33)。この様な議論の背後にはヘルツルに共通する普遍的な進歩への楽観的な信頼が感じられる。

しかし何にも増してボロホフがアラブ人住民の同化の可能性を信じた根拠は、パレスチナがコスモポリタンな地であり、住民が人口学的・文化的に不均質であるという点であった。「パレスチナの土着の住民は独立した経済的・文化的類型を構成していない。彼らは地勢学上の構造や宗教的多様性の故のみならず、国際的な宿場としてのその地の性質ゆえに不揃いで分裂している。パレスチナの土着の住民は一つの民族ではなく、また将来長きにわたって民族となる事もないだろう(34)」。

しかしボロホフは同化が円滑に進むとは考えず、二つの社会の摩擦を伴った統合過程を示唆している。「領土主義の様なユダヤ人の生活における根本的で奥深い変動は苦痛に満ちた闘争なくして、残酷な行為と不正義なくして、罪なき人も罪ある人も共に苦しむ事なくしては考えられない。その様な革命はインクや心地よいレトリックで書かれるのではなく、汗、涙、血で書かれるのだ」と彼は述べているが、これは「シオンと領土の問題について」の中で人種的起源によって密接に結び付いた二つの社会の静態的・有機的統合が想定されていたのとは対照的である。しかし彼は完全な同化を予想したわけではなく、地元住民の中で独立したアイデンティティーを保ちたい少数派がいる場合には、民主的なユダヤ人社会は彼らに文化的自治を認めるであろうと論じた。

ボロホフの理論によれば民族自治は民族領土と分かち難く結び付いていたが、彼はパレスチナをオスマン帝国から分離させようとは考えなかった。その理由はこの地域の状況に対する彼の政治的な評価や、オーストリア社会主義者に典型的に見られた多民族国家を独立した民族国家に分解する事への反対という文脈で理解する事ができる。彼は唯物論的イデオロギーに導かれて政治的自治が階級闘争の結果としてのみ達成できると信じた。この闘争の過程が頂点に達する時にオスマン帝国政府が抑圧的な介入に乗り出し、それは労働運動に導かれたユダヤ人の民族闘争を弁証法的に引き起こすはずであった。パレスチナは列強の帝国主義的利益の焦点なのでこれらの列強はオスマン帝国政府を支援するであろうが、階級の連帯を掲げる国際労働者階級はユダヤ人民族運動を助けるであろう。この様な見通しに基づいて彼はこの国際紛争はユダヤ人の民族自治という妥協に帰結するだろうと予測している。(35)

すなわちボロホフが想定したのは強い社会による弱い社会の併呑であり、二つの社会の対等で水平的な「接近」や「融合」ではなかった。この様な思考の背後には「先進的」な社会の同化力への揺るぎない確信と、パレスチナのアラブ人住民が独立した一個の民族ではないという断定が垣間見える。「我々の綱領」が書かれた頃、パレスチナの入植地では既にユダヤ人と地元アラブ人の間に民族的な摩擦が起きていたが、ボロホフがこの様な現実に疎かったのは言うまでもない。

「一つの民族ではなく将来長きにわたって民族とならない」パレスチナのアラブ人に対するボロホフのそこはかとない侮蔑は、ユダヤ人の享受する自治と同化しないアラブ人の享受する自治の性格を区別したところにも感じられる。彼は、ユダヤ人が政治的自治を獲得できるのに対して、アラブ人は政治的自治ではなくあくまでも文化的自治を得るにとどまる事を示唆したのであった。この截然とした区別は、社会主義シオニズムのアラブ問題をめぐる最大の矛盾としてベングリオンとパレスチナ労働運動に受け継がれていく。

第二節　ベングリオンの精神形成と第一次ロシア革命

これまでに見てきた〈異端の社会主義〉の土壌の中でベングリオンの精神形成はなされた。故郷であるロシア領ポーランドにおいて彼がいつ、どの様にシオニズムと社会主義を受容したのかを知る事は、後の彼の社会主義シオニズムの性格とアラブ問題をめぐる民族分離主義的な態度の淵源を考察する手がかりとなるであろう。

(一)　シオニストとしての確立

ベングリオンは一八八六年十月十六日にロシア領ポーランドの地方都市プウォインスクに生まれた。早くも十五世紀半ばからユダヤ人が住んでいたこの町では、一七九四―一八〇七年のプロイセン征服時代にユダヤ人共同体が拡大し、十九世紀初頭には人口の七〇％以上を占めていたと言う。[36] 彼の生まれ育った当時は、町の全人口約七九〇〇人のうちユダヤ人は約四五〇〇人であり、その他はポーランド人とロシア人であった。ユダヤ人は仕立屋やその他の手工業の仕事場、醸造所、製粉所、製材所などを細々と営み、穀物や材木や農産物の卸売りも行って生計を立てていた。ワルシャワから南東に六〇キロしか離れていなかったにもかかわらずプウォインスクは周囲から隔絶された自己完結的な町であり、ワルシャワの新聞が届くのに二日かかったと言う。(37)

ベングリオンは『回想』の冒頭で十八—十九世紀のプウォインスクが生んだ「ポーランド初のシオニスト」と、ユダヤ人を農業に従事させる事に生涯を捧げたマスキル（Maskīl，ヘブライ語で「ハスカラーを奉じる者」(38)）の生涯を愛惜する様に描いているが、この二人にまつわる逸話からもプウォインスクが初期シオニズムと深いかかわりを持っていた事が知られる。実際にプウォインスクはポーランドで初めてヒッバト・ツィオン（Ḥibbat Ṣîôn，ヘブライ語で「シオンの愛」(39)）が設立された町であり、ロシア領ポーランドからの初の第二次移民を出す事となった。ハスカラー（Haskalāh，ヘブライ語で「啓蒙」）の近代的な雰囲気とシオニズムの開花の予感に満ちた往時のプウォインスクを、ヘブライ語に通暁していた温厚な祖父、町のヒッバト・ツィオンを創設した父、幼少の頃に死別した母の面影と共に追憶するベングリオンの筆致は深い郷愁をたたえている。(40)

プウォインスクには反セム主義はほとんどなく「プウォインスクでの生活は充分に平穏であった」とベングリオンは回想し、ロシア人、ユダヤ人、ポーランド人の関係については次の様に述べている。「それぞれは他〔の共同体〕から離れて生活していた。ロシア人は占領者として文民行政を堅く掌握していた。ポーランド人やユダヤ人の公務員はいなかった。公務員や警察はユダヤ人共同体とポーランド人共同体の間の取り引きにはほとんど介入しなかった。彼らは両方を同じ位嫌い、町の日常生活には疎遠な態度をとっていた」。全体としてユダヤ人とポーランド人の関係は「疎遠ではあるが友好的」であったと彼は振り返っている。(41)ユダヤ人が他民族と隣り合いながら分離して生活しているという環境の中で彼のシオニストとしての情操がはぐくまれた事は後に大きな意味を持つ。

ベングリオンのプウォインスク時代の回想は、ヘブライ語や聖書というユダヤ文化の伝統とハスカラーの世俗的な近代主義を調和的に受け入れていた祖父と父の横顔を彷彿とさせる。ベングリオンは初期シオニストのこの様な精神のありようを、社会主義と遭遇するはるか前にこの二人から吸収していたのであった。

十九世紀初頭に生まれた祖父ツヴィ・アリエ（Zvi Arie）は裕福で学問のあるマスキルであり、ハシディズム（敬虔主義）[42]に反対するプウォンスクでは数少ないミトナゲド（Mitnagged，ヘブライ語で「反対者」）の一人でもあった。ヘブライ語、ポーランド語、ドイツ語、ロシア語に通じた彼は政府に提出する書類の代筆や作成を生業としていた。プウォインスクのユダヤ人社会の日常語はイーディッシュ語とロシア語であり、ヘブライ語はケヒラーの文書には使われていたものの日常語には程遠かったが、ベングリオンは三歳の時から祖父にヘブライ語を習い、ヘブライ語が第一言語であると後年誇るほどに上達した。聖書への愛もこの祖父から受け継ぐ事になる。この日々を彼は次の様に追憶している。「祖父がユダヤ史の物語を語るのを聞きながら私は一人でこう考えていたのを思い出す。『プウォインスクは私の本当の故郷ではない。ここでは私はよそ者の間に住んでいる。私はエレツ・イスラエルに行かねばならない』と[43]」。

ツヴィ・アリエの息子であるベングリオンの父レブ・アヴィドル（Reb Avidor）は幼少時にヘデル（Ḥeder，宗教的初等学校）で朝から晩までヘブライ語を学び、聖書の五書と雅歌を習った後にリトアニアから来た家庭教師について世俗の学問を修め、トーラーやタルムードと無縁に成長したと言う。父は一八九〇年にプウォインスクのヒッバト・ツィオンを創設した人々の一人であり、父の家には町のホヴェヴェイ・ツィオン（Ḥōḇēḇê Ṣîôn，ヘブライ語で「シオンを愛する者たち」）が、そして後にはシオニストが集まるのが常であった。少年の日のベングリオンはこの人々の議論に聞き入る中でエレツ・イスラエルへの憧憬を深めていった。

ベングリオンが十歳の時にヘルツルがプウォインスクを訪れ、「メシア」として熱狂的に歓迎された事も忘れ難い記憶となる。町のホヴェヴェイ・ツィオンの人々と共に彼がシオニストとなったのはこの時であった。一九〇四年夏にヘルツルの訃報に接した時も、彼は友人に宛てた手紙の中で情感溢れる文章でその死を悼んでいる。(44)

ポーランドを真の故郷と考えていなかったベングリオンは、自らの「シオニズム故に地元の言語を学ぶ事にほとんど関心がなかった」としている。ポーランド語へのこの様な無関心は後のアラビア語への熱意のなさとも通じるものであり、隣人である他民族との心理的隔絶を物語っている。ただしロシア語は例外で、日常生活の上での必要性からこの言語を習得した彼は、トルストイ、ツルゲーネフ、ドストエフスキーの文学から多大な影響を受ける。他方ヘブライ語の著作ではアハド・ハアム(Ahad ha-Am, 文化的シオニズムを唱える)やベルディシェフスキー(Mikha Yosef Berdichevsky, 社会主義シオニズムに影響を与えたユダヤ人の思想家)に親しみ、ビアリク(Chaim Nachman Bialik, ユダヤ民族への愛に溢れる詩を書く)の詩をこよなく愛した。この頃の読書の中で彼の心に「消えぬ重い印象」を残した本が二冊ある。アブラハム・マプー(Abraham Mapu)の『シオンへの愛』はエレツ・イスラエルへの憧れをはぐくみ、ストー夫人の『アンクル・トムの小屋』は「私の中に隷属と依存への嫌悪感をかき立てた」と彼は書いている。(45)幼い日の読書が培った自立した人間の尊厳と普遍的なヒューマニズムへの関心は、後の彼のナショナリズムの一要素となった。

一九〇〇年前後のプウォインスクでは社会主義さえも知られておらず、ベングリオンの少年時代は専らシオニストとしての活動に特徴づけられている。一九〇〇年に彼は友人たちと共に少年たちにヘブライ語を話す事を教えるシオニスト青年組織エズラをつくって精力的に活動し、一九〇三年のキシニョフのポグロムの際にはプウォインスク中を回って犠牲者への義捐金を集めたり自衛に携わったりした。一九〇三年はこのポグロムによって生じた避難民を英領東アフリカのウガンダに連れて行き、ユダヤ人国家をつくるというイギリスの「ウガンダ案」をヘルツルが第六回世界シオニスト会議で提唱した年でもあったが、この案にプウォインスクのすべてのシオニストは反対し、ベングリオンもエズラの友人たちと共に抗議の涙を流してエレツ・イスラエルへの移住の決意を新たにした。ヘルツルの死後の第七回世界シオニスト会議はウガンダ案を否決して世界シオニスト機構(The World Zionist Organization)は分裂し、イスラエル・ザングウィル(Israel Zangwill)らの領土主義者が領土主義機構を設立したが、プウォインスクの同郷人と同様にベングリオンは、領土主義者に対抗する「シオン・シオニスト」として「我々の唯一の民族言語であるヘブライ語に忠実であり続けた」のであった。(46)

(二)　社会主義との出会い

「革命運動が私を捉えて私は社会主義者となった」(47)――第一次ロシア革命下のワルシャワにおける社会主義との出会いにベングリオンは後年、簡潔に言及している。その出会いは、パレスチナでの開拓生活では技師が必要になると考えてユダヤ人工学校の入試のためにワルシャワに移り住んだ一年後の事であった。しかし、社会主義の到達の遅れた地方都市でシオニストとしての自我を既に確立していた彼の社会主義の受容は極めて曖昧な性格のものにならざるを得なかった。

ベングリオンが社会主義を受容したのは、ワルシャワでの蜂起を目撃した一九〇五年一月末からワルシャワのポアレイ・ツィオンに加入する同年十一月までの間であると考えられる。この間の事情を推測する間接的な手がかりはワルシャワでの蜂起の後に友人に宛てた数通の手紙にある。

二月二日の手紙によれば、ストライキが始まった後にベングリオンはパンの買いだめの為に店へ走ったが既に遅く、油と蠟燭と砂糖が瞬く間に値上がりした。労働者の集団が顔を曇らせて隊列を組み行ったり来たりしていた。翌日革命が始まった。政府系のロシア語紙を除いて新聞は休刊し、店は閉まり、通りは人で溢れかえっていた。「すべての人の顔に自由が漂っていた。警官も自由の衣をまとっている様に見え、落ち着きはらって群衆を見守っていた。」午前十時には行進と演説が始まり、労働者は皆長槍や短銃で武装していた。群衆の中には煽動役の労働者が立ち、専制政府の残虐さと飢える労働者の悲惨な状況を人々に訴えた。ここから蜂起は頂点へ向かう。

住民の多いすべての通りでは行進と演説が行われ、政府への抗議と、自由や正義のための闘争と蜂起が呼びかけられた。集会者たちを打倒するために徐々にコサックや兵士たちもやって来た――しかし対抗〔勢力〕はまだ弱かった。数か所でのみ軍が発砲して幾人か死者が出た。……夕方近くなると労働者は膨れ上がり、ほとんどすべてのガス灯を壊し専売店を破壊した。……警官たちは傍観するだけで阻止する事はできなかった。……全体として安息日には労働者の方が上手であった。……

翌日の日曜日に労働者の行動は更に強力に再開されたが、警察も精力的に対抗し始め、町全体が兵士の洪水となった。

ウッチやキエフなどでの労働者のストライキについての噂が伝わってきた。労働者は抗議を表明すべくクラクフ郊外通りにあるミツキェヴィチの像の前にまず集まる様にという血と炎で書かれた声明を公然と広めた。この様な呼びかけは店の戸や家々の柱にも貼られた。……市場ではほかの時なら隠れた場所でも話すのが憚られた様な会話が聞かれた。正義も裁判官も存在しないかの様であった。しかし突然すべての市場は軍で一杯になった。コサックが低い馬で通りをうろうろし、右往左往する人々を鞭で打ち始めた。……恐怖は極めて大きくなった。……夕刻には〔労働者〕全員が宮殿の前の王宮広場に集まり、そこで彼らとコサックの間に凄絶な抗争が展開した。二〇〇―三〇〇人の労働者がこの凄絶な戦いのただ中で死んだ。夕方中恐ろしい銃声が聞こえた。誰一人外へ出ようとしなかった。……

全犠牲者数は約六〇〇―七〇〇人に達した。[48]

事態の推移を時々刻々と伝えるこの書簡は臨場感に溢れる一方、奇妙なほど淡々としている。ユダヤ人の多いワルシャワで労働者の集団がコサックに惨殺される光景がユダヤ人青年に衝撃を与えなかったはずはない。しかしベングリオンはこの手紙の後に蜂起についての更なる情報を求めた友の依頼を病を理由に断り、二月十四日の手紙では暴動の理由や目的はよく知らないので書かなかったと言い訳し、[49] その後も蜂起の詳細に触れるのを避けている。この様な抑制的な態度が重大な局面で彼が後にしばしば見せた特徴である事を考えると、その沈黙の意味が見えてくる様に思われる。我々は彼の心の中に封印された深い衝撃をこの書簡の行間に読み取るべきではないか。

ベングリオンを社会主義に向かわせたこの衝撃の性質は単純なものではなかったと思われる。ポーランド人労働者がミツキェヴィチの像の前に参集する様にと呼びかけた事実を見逃さなかった彼は、「社会主義革命」の陰に渦巻くポーランド人労働者のナショナリズムを肌で感じていたのではないだろうか。ロシア人やポーランド人の労働者と共闘する社会主義革命によってユダヤ人問題が解決される事はないという冷徹なリアリズムが彼を捉えていた事は、半世紀余を経た述懐から窺い知る事ができる。「革命が起こった時私の心はうつろであった。なぜなら私はその革命がロシアを解放するかも知れないけれどもユダヤ人を解放しない事を知っていたからである」[50]。社会主義革命の中に横たわる民族間の越え難い溝への意識は、彼の社会主義に暗い影を落とす。

(三) ポアレイ・ツィオン加入

革命の熱狂の中でシオニズムのみならず社会主義にも無関心ではいられなくなった当時の若いユダヤ人知識人の思潮を、ベングリオンも共有していた事は恐らく間違いない。しかし既にシオニストとしての心情を濃厚に持っていた彼の社会主義は当初からシオニズムに強く抑制されていた。彼の加入したワルシャワのポアレイ・ツィオンがボロホフ主義に異を唱える民族色の濃い組織であった事は、彼の中の社会主義とシオニズムのこの様なあり方を物語っている。

一九〇五年にタベンキンの家で開かれた第一回ポアレイ・ツィオン会議にプウォインスク代表として参加した彼は、ここでも行われた「予知的」パレスチナ主義と「原則的」パレスチナ主義の論争に居合わせたが、彼はパレスチナへの憧憬がユダヤ人に遺伝的に備わっていると考えたタベンキンに対して、パレスチナを愛する人々の主体的な意志と行動をシオニズムの核心と見ていた。この点でベングリオンは「欲するならシオニズムは夢ではない」というヘルツルの言葉を信条としていたのであり、シオニズムを唯物論的に説明しようとしたボロホフ主義者とは、タベンキンにも増して大きく異なっている。(51)

ワルシャワのポアレイ・ツィオンによって近隣諸州にプロパガンダのために派遣されたベングリオンは、プウォインスクでの公開討論でブントを負かした出来事を機に頭角を現す。ワルシャワでは逮捕を二回経験しているが、いずれも大事に至らずして釈放されている事から、弁論術にはたけていてもイデオロギー色の薄い活動家だったのであろう。また彼がボロホフの「シオンと領土の問題について」に関するワルシャワのポアレイ・ツィオンのイデオロギー的討論会にも参加している事から、ポーランド時代にボロホフの論文を読んでいた事は確かである。(52) ボロホフのこの論文は前述の如くアラブ問題にも触れており、ベングリオンのアラブ問題への初期のアプローチにも影響を与える事になるが、当時の彼にとってアラブ問題は現実感を伴わない「見えざる問題」にとどまっていた。

第三節　青年トルコ革命と対立への覚醒

ベングリオンがアラブ問題を意識する様になったのは、第二次移民の一人として一九〇六年にパレスチナに渡った後の事であった。一九〇六年に第二次移民はパレスチナにポアレイ・ツィオンとハポエル・ハツァイル(Ha-Pōʻēl ha-Ṣāʻīr,「若き労働者」党)という二つの労働者政党を創設している。このうちハポエル・ハツァイルはパレスチナ・ポアレイ・ツィオンと異なり、社会主義の影響を受けてはいたものの非マルクス主義的で階級闘争を否定していた。この様な立場の違いの故に両党の合併は一九三〇年まで待たねばならなかったが、ベングリオンはハポエル・ハツァイルの創設者の一人で同郷のシュロモ・ツェマッハ(Shlomo Zemach)との交流や、ガリラヤでの入植者としての体験を通じて、自らの立場が自党のインターナショナル派よりもハポエル・ハツァイルの民族主義的な人々と多くの共通性を持つ事を早くから感じていた。本節ではハポエル・ハツァイルの立場にも留意しながら、ベングリオンとパレスチナ・ポアレイ・ツィオン党員がアラブ人との対立にめざめ、民族分離主義の土台を築いた過程を検討する事としたい。

(一)　顕在化する民族分離主義

①　パレスチナ・ポアレイ・ツィオンとラムレ綱領

ベングリオンがアラブ人と初めて出会ったのは一九〇六年にオデッサから出航したパレスチナ行きの船上での事で

ある。彼はベイルートで下船したアラブ人たちを「人好きのする善良な人々」であると好感を抱き、ベイルート出身の軍医にヘブライ語を教え再会を約したほどであった[53]。しかしパレスチナで最初に滞在したペタハ・ティクヴァ*で、彼はユダヤ人労働者が低賃金のアラブ人労働者と競合する厳しい現実に直面し、自らも失業に苦しむ[54]。

パレスチナのアラブ人との関係をどの様に考えるかという問題は、一九〇六年十月のヤッフォ*におけるパレスチナ・ポアレイ・ツィオン設立会議とラムレ*での党綱領の決定をめぐる議論の中で浮上する。党設立会議においては、階級闘争を重視し党活動のすべての領域におけるユダヤ人とアラブ人の協力をめざす急進的マルクス主義派と、社会主義の適用をイシューヴのみに限定しようとする民族主義派に分裂した。

この様な左右分裂の背景には、一九〇五年末に来住したロストフ出身の左派が党内で無視し得ぬ勢力を保っていたという事情があった。しかしロシア語しか知らないこの非ユダヤ的な人々にベングリオンは露骨に嫌悪感を表明している。彼の考えではロストフ派はポアレイ・ツィオンの見解を体現しておらず、真のポアレイ・ツィオンとはプウォインスク出身の同志たちなのであった[55]。インターナショナルな方向に傾いていたロシアのポアレイ・ツィオンと、ユダヤ的な背景により深く根ざしていたポーランドのポアレイ・ツィオンとの間の亀裂がパレスチナ・ポアレイ・ツィオンに持ち込まれていた事が窺われる。

この会議ではロストフ派を中心とする左派が、党の組織するいかなる労働組合もユダヤ人とアラブ人に等しく開かれるべきであるとして「エレツ・イスラエル」労働者組織を提唱したのに対し、ベングリオンとイスラエル・ショハト(Israel Shochat)に率いられた右派は、党の後援する労働組合はユダヤ人だけのためにあるべきだとして「ヘブライ人」労働者組織を主張した。最終的に会議は労働組合がユダヤ人のみに開かれるべきであるという要求を支持し、党の目的の一つは「パレスチナのユダヤ人労働者の経済的諸条件の改善と向上に専念する総合的な労働組合の設立」

であるとした。かくしてベングリオンら民族主義派が勝利を収めたのである。

党設立会議の直後にアラブ人の村ラムレで党幹部十人が集まって開かれた党綱領起草委員会もやはり、ベングリオンら民族主義派とインターナショナル派に分裂した。左派が社会主義国家をめざす闘争を指導する単一のユダヤ人・アラブ人プロレタリアートの創出を重視したのに対し、ベングリオンら右派はアラブ人は自らの階級闘争を行わねばならず、その後にアラブ人プロレタリアートが封建的なオスマン経済から別個に出現すると論じたのである。この委員会でも右派が支配的になり、彼らの立場が最終草案に反映される事になった。(56)

一九〇七年一月の党会議で承認されたラムレ綱領はベングリオンら右派によって挿入された二つの重要な点を含んでいた。第一は「階級闘争」と並ぶ「民族闘争」の言及、第二は「パレスチナの発展途上にある資本主義は教育がありエネルギー溢れる〔ユダヤ人〕労働者を必要とする」という立場である。最大限綱領は階級闘争による社会主義社会の創出、最小限綱領はパレスチナにおけるユダヤ人独立国家の樹立であるとされ、中間の段階におけるユダヤ人自治の可能性を示唆し、ユダヤ人労働組合の設立をも規定していた。かくしてベングリオンらの主張したユダヤ人労働者とアラブ人労働者の分離は党の行動原則となったのである。この原則は、ユダヤ人労働者は何よりもまず民族的使命を果たさねばならないという一九〇七年九月の党会議におけるベングリオンの主張につながった。(57)

② 「見えざる問題」をめぐって

しかしこの頃イシューヴでは、アラブ問題の重要性を指摘し、労働運動の核心部分となりつつあった民族分離主義に警鐘を鳴らした人々が存在した。その代表的な論者がロシア生まれの著述家で一八八六年にパレスチナに入植したイツハーク・エプシュタイン(Yizhak Epstein)である。彼は一九〇七年の論文「見えざる問題」において、将来のユダヤ人入植はこれまで耕されて来なかった地域、特に山地に専ら集中すべきであり、もし耕作地が購入された場合にはたとえ補償付きでもアラブ人住民を追い出すべきではないと論じた。彼は更に進んでパレスチナにおけるアラブ民族の存在を認め、アラブ人はユダヤ人と同様に深い情緒的な愛着をパレスチナに対して持っているという事実をユダヤ人は見落としているとも指摘した。

エプシュタインはシオニズムが正義に基づいて行われないならば大義を失って堕落したものとなり、将来の世代に禍根を残すであろうという道徳的危惧を表明すると共に、シオニズムに敵対的なアラブ民族主義運動が出現する政治的危険を指摘して共存を模索する緊急性を訴えた。シオニズムの実現はアラブ人の同意に依存しており、ユダヤ人が農業や教育など社会生活のあらゆる分野でアラブ人を資金援助する事によって両者の協力関係を模索すべきであると主張したこの論文は、労働運動内に激しい論議を呼び起こす。[58]

この論文が出たのとほぼ時を同じくして、ポアレイ・ツィオンではパレスチナにユダヤ人多数派を創出する事を擁護する議論が、ハポエル・ハツァイルではすべての労働部門がアラブ人の手に落ちた時の危険性を指摘する論調が現れている。[59] この事からもエプシュタインの主張に対する反発が単なる感情的なものではなく、労働運動のイデオロギー的方向性に根ざしていた事が分かる。エプシュタイン論文に対してベングリオンがどの様に反応したのかを史料から直接に知る事はできないが、彼がイデオロギー的親近性を感じていたハポエル・ハツィアルの幾人かの党員の意見は、彼が後に表明する事になる考え方をかなり先取りしていた。たとえばモシェー・スミランスキー（Moshe Smilansky）は、パレスチナのアラブ人は多くの集団に分裂し抗争しているとして、彼らを一つの民族と見なす事を疑問視し、もしアラブ人のナショナリズムがエプシュタインの言う様に潜在的に強いのなら、エプシュタインの提案する様なアラブ人への援助はアラブ人が民族闘争を始めるのを準備するだけであると論じた。「我々の主な仕事はここ我々の地で多数派を達成する事でなければならない。その目的を妨げるあらゆる行為は民族的犯罪だ」とスミランスキーは断言している。

ハポエル・ハツァイルの代表的な理論家で労働運動全体に思想的インパクトを与えたアハロン・ダヴィド・ゴルドン(Ahron David Gordon)はパレスチナがアプリオリにどちらかに属するという議論を斥け、いかにして双方の要求の折り合いをつけるかが問題であるとしながらも「その地はそれのためにより多く苦しんで働く能力と意志を持つ方により多く属するだろう」と述べて、パレスチナを開拓する労働を行うユダヤ人の方がアラブ人より大きい所有権をパレスチナに対して持つ事を示唆した[60]。それはベングリオンがやがて強調する様になる立場であった。

こうしてエプシュタイン論文は労働運動の中で形成されつつあった民族分離主義の輪郭をはからずも可視化したのである。

(二)〈宿命的な対立〉観の形成

① アラブのめざめ

労働運動が中心となって地元民と融合する事なく進められていた入植活動がシオニズムに敵対的なアラブ民族運動を出現させるのではないかというエプシュタインの懸念は、アラブ人側の状況に照らすと正鵠を得ていた。パレスチナのアラブ人は十九世紀末に既にイシューヴの分離主義を警戒し始め、オスマン帝国政府がそれを助長しているという反感をも抱く様になっていたからである。

もっともオスマン帝国政府の側でもパレスチナへのユダヤ人入植を十九世紀末から規制していた。それは第一に独立をめざすバルカン諸民族の不穏な動きの中で新たな民族問題の火種を抱えたくなかったからであり、第二には入植するユダヤ人は外国籍、特にロシア籍であった事から、ロシア帝国の介入の口実となる新たな「東方問題」をつくりたくなかったからであり、第三には汎イスラーム主義を推進していたスルタン、アブデュルハミト二世（Abdülhamit II）としてはイスラームの第三の聖地エルサレムをユダヤ人に与える事はできなかったからである。しかしパレスチナへの入植規制は結局失敗した。その原因は政策に一貫性がなかった事とも関係しているが、より根本的にはミッレト制とキャピチュレーションという帝国の内政と外交の根幹にかかわる制度に求められる[61]。「トルコ政府は我々の内部生活に全く干渉せず、エレツ・イスラエルのすべてのユダヤ人が絶対的な自治を持っている。すべてのヘブライ人入植地は小さな『ユダヤ人国家』だ[62]」という当時のベングリオンの記述からも、ミッレト制に由来するオスマン帝国の不介入がイシューヴの分離主義を温存した側面を窺い知る事ができる。またキャピチュレーションを口実とした列強の内政干渉は外国臣民であるユダヤ人への規制を極めて困難にした。この様な事情の下に顕在化したイシューヴの民族分離主義はアラブ人の強い危機感を呼び起こす[63]。

その危機感がユダヤ人入植に対する民族主義的な抵抗に転化し始めたのは一九〇〇年代の初頭である。この初期のアラブ・ナショナリズムを主に担ったのはキリスト教徒知識人であった。その代表的存在はヤッフォ生まれのマロン派信徒であったエルサレム県庁の官吏ナギーブ・アズーリー（Najib Azūri）であり、アラブ諸県のオスマン帝国からの分離独立を説いた彼の一九〇五年の著書『アラブのめざめ』（*Le reveil de la nation arabe*）は反セム主義的色彩が強いものの、シオニズムとアラブ人の民族的願望が対立する事を予見した点で注目される。シリアのカルムーニー（現レバノン領）生まれで後のムスリム同胞団に大きな影響を与えたイスラーム改革思想家ラシード・リダー（Rashid Riḍā）も、既に一九〇二年に「マナール」（al-Manār）誌上でパレスチナにおける民族的主権を求めようとするシオニストの意図について警告している[64]。

この様なアラブ人の民族主義感情は一九〇八年の青年トルコ革命を契機として高揚した。帝国の中央集権的な再編をめざす統一進歩団と、地方分権や宗教的・民族的自治を要求する諸民族の間の軋轢を背景として、アラブ人はメジュリス(Mejlis, オスマン帝国議会)を通してシオニズムへの反対を政治化させていく。この頃テルアヴィヴ*をはじめとする入植地の建設が進行した事もパレスチナのアラブ人を大いに刺激した[65]。

② 対立の原体験

シオニズムの脅威にめざめつつあったパレスチナ・アラブ人にとってイシューヴの民族分離主義の象徴と映ったのは、アラブ人の村々の間に建設された入植地であった。既に十九世紀末にペタハ・ティクヴァ*やレホヴォト*が襲撃されたのをはじめとして、アラブ隣人との衝突に至らぬ入植地は一つもなかった[66]。しかし真に深刻な事態はアラブ人の民族主義的感情が高揚した一九〇八年以降に生じる。この時期にパレスチナ北部で後にキブーツ(Qibbūṣ, ヘブライ語の原義は「集団」)として知られる協同組合型の入植村を生み出しつつあった労働運動にとって、アラブ問題は正に死活問題として立ち現れたのであった。

ジュデア*の入植地で働いていたベングリオンが一九〇七年秋にガリラヤのセジェラ*へ向かったのは、アラブ人労働者と競合する日常に失望した事などと共に、一九〇七年にパレスチナに到着したベンツヴィの影響下にパレスチナ・ポアレイ・ツィオンが階級重視に傾いた事への不満とも関係していた。ボロホフの竹馬の友であり、ロシア・ポアレイ・ツィオンのボロホフ主義的指導者の一人として知られていたベンツヴィがパレスチナ・ポアレイ・ツィオンの主要な理論家となった傍らで、ベングリオンは労働組合活動における民族分離を唱えた事を批判され、イーディッシュ語が優勢であった党内でヘブライ語を共通語とする事にも失敗して少数派の立場に押しやられた[67]。党の左傾化に違和感を抱いた彼はしばし党活動を離れて農耕生活を送る。

「ジュデアでは極めて尖鋭化していたハポエル・ハツァイルとポアレイ・ツィオンの対立はガリラヤではほとんど全く感じられなかった」とベングリオンは振り返り、その理由として低地ガリラヤ*の全労働者を統一する様な組織的枠組みができたからだと説明している。[68] この様な組織がつくられた理由は、北部におけるアラブ問題の厳しさが階級闘争か否かといったイデオロギー的論争よりも、アラブ人の襲撃や掠奪から入植地を守るというユダヤ人労働者の共通の利益を前面に押し出したという事に求められよう。キブーツの黎明期にベングリオンを含む労働運動の指導的人々の一部が理論上の違いを超えて入植者としてアラブ人と向き合う体験を共有した事は、労働運動の民族分離主義の行方に大きな影響を与える事になった。

ベングリオンが働いたセジェラ農場は一八九九年にユダヤ入植協会（The Jewish Colonization Association）により「労働の征服」（Qibbūš 'Abôdāh, ユダヤ人がアラブ人労働力の排除をめざした運動）を実践するために設立された訓練農場で、キブーツ前史において重要な役割を果たしている。当時セジェラはすべての労働がユダヤ人によってなされていた唯一の入植地であり、ユダヤ人を警備員として雇わせる事に成功した最初の入植地でもあった。[69] 青年トルコ革命後セジェラではアラブ人による一連の襲撃事件が起こるが、この襲撃はパレスチナ北部へのユダヤ人入植に反対していた統一進歩団ティベリアス支部の煽動を背景としていた事が知られている。この頃ファッラーヒーンはユダヤ人の土地購入に反対し始めており、反シオニズムの煽動に敏感に反応したのであった。[70] ベングリオンの当時の手紙は、地元アラブ人のこの様な敵意に彼が危機感を抱き始めた事を示している。[71]

一九〇九年四月、過越祭の最終日にベングリオンが生涯記憶した流血事件が起こる。ユダヤ人警備員が二人のアラブ人に銃撃されて死亡し、ベングリオンら三人の入植者が犯人を追跡するうちにセジェラ村のアラブ人全員に取り囲まれ、三人の中の一人がベングリオンのそばでアラブ人に撃たれて死んだのである。この事件の顚末を死者の埋葬の場面まで淡々と書き留めたベングリオンは高ぶる感情を抑制するかの様にセジェラの回想を締め括っている。「〔死んだ二人は〕ヘブライ人入植地で共に生き、そして死んだ。入植地の中で彼らは自らの人生の夢を、再生の夢を見、その中で倒れて死んだ。……そして彼ら、警備員と農夫は二人とも自らの生と死が神聖化したその土の中に眠っている(72)」。

ベングリオンは七年後にこの出来事についてイーディッシュ語の書物に寄稿したが、ユダヤ人入植者は征服と抑圧の戦争に斃れたと述べた書評者に対して、彼は「アラブの泥棒ども」という表現を使って反論し、入植者の行為を正当化している(73)。セジェラでの体験を境として彼の中には、血の報復を習慣とする「野蛮人(74)」であるアラブ人との間には不可避の紛争が存在するという固定観念と(75)、党の理論家や社会主義者としての立場を離れて、アラブ人との日常的な対峙にさらされる一入植者としてアラブ問題を見つめる視点が生まれたのである。「……『アラブ問題』の鋭さと危険を私が初めて見たのはここであった」。「そしてここで初めて我々は皆、ユダヤ人であるというそれだけの理由でユダヤ人が殺されるのを見たのである(76)」。「私がこの小さな衝突のより広い意味を悟ったのはその時であった。早晩ユダヤ人とアラブ人はこの地をめぐって争う様になるだろう。それは知性と善意がすべての流血を避ける事ができたであろうが故に悲劇である。しかしこの世のすべての知性と善意も東洋の硬直した伝統と血の掟に直面すれば無に帰するだろうという事を私は知っていた(77)」。これらの述懐は後年の誇張の要素を含むかも知れないが、セジェラ事件がポグロムに脅かされていたロシアや東欧のユダヤ人に特有の被害者意識を喚起しつつ、ユダヤ人とアラブ人の対立を宿命的なものとして彼に意識させた原体験であった事を物語っている。

（二）　民族分離路線の確立

①　政治的対立への覚醒

セジェラでの体験を機にベングリオンはパレスチナにおけるアラブ人との紛争を見据えた発言を繰り返す。一九一〇年のヤッフォでの演説で彼は、オスマン帝国のユダヤ人に民族自治の可能性を開いた青年トルコ革命が帝国の他の民族の間にも覚醒を引き起こしたと述べ、「様々な民族の間での互角の激戦と激しい競合」が起こる事を予想し、アラブ人はユダヤ人の競争相手であると明言した。また前述のナギーブ・アズーリーの『アラブのめざめ』にも触れ、「偉大なアラブ帝国の創出」への障害である「パレスチナにおけるユダヤ人の危険」についての書物であると説明している。これはユダヤ人に対するアラブ人の民族的敵意を事実上認めた発言であった[78]。

同年の党機関紙上でベングリオンは階級的緊張と民族的敵意の結合について次の様に注意を喚起している。「すべての労働者と同様にアラブ人労働者は自らの監督者と搾取者を嫌っている。しかしこの階級紛争は農場主と労働者との間の民族的相違と重なっているので、この憎悪は民族的形態をとる。実際にアラブ人労働者大衆の心の中ではその紛争の民族的側面が階級的側面を圧倒し、ユダヤ人に対する激しい憎悪を燃え上がらせるのである[79]」。ここで彼が二つの人々の関係において民族的要因が階級的要因を凌ぐ事を明確に指摘している事が注目される。この様な見解は一九〇八年以後、パレスチナ・ポアレイ・ツィオンの多数派に共有されつつあった。

一九〇七年のベンツヴィの到着と共に一時的にインターナショナリズムに傾いたパレスチナ・ポアレイ・ツィオンは、青年トルコ革命後のアラブ人の反シオニズムに直面して再び民族主義路線に立ち戻り、階級団結という伝統的な概念はパレスチナの現実にそぐわないとの結論に達した。入植地にアラブ人労働者を受け入れる事は両者の紛争を悪化させる可能性がある上に、労働運動がイシューヴ建設の責任を負うという自負を持つ限り、党はアラブ人のシオニズムに対する闘争の最前線に立たざるを得なかったからである。党内でのこの様な民族分離主義的な態度の具体化、特にユダヤ人労働者の雇用を確保するための闘争は党員の間に不安を呼び起こした。社会主義とシオニズムの総合はそもそも可能なのか。階級団結が「労働の征服」と衝突した時にいかにして前者は維持されるのか。このジレンマは党の亀裂を引き起こし、離党する者が出るほどであった。この混乱を静める目的で、当時の党の第一人者であったベンツヴィは一九一三年、党機関紙上に「民族の防衛とプロレタリアートの見地」という論文を書いた。

この中でベンツヴィはプロレタリアートの利益は自らの民族的環境に決定的に影響されるので、民族を守る権利はマルクス主義的社会主義の基準に照らしても倫理的であり、プロレタリアートに対して否定され得ないと論じた。彼によればアラブ人労働者にとって労働する権利はユダヤ人労働者にとってそれが死活的であるほどには死活的ではなく、ユダヤ人労働者階級は民族領土やユダヤ経済における優先権なくしては発展できないので、民族領土を求める闘争も労働の征服も正当化される。雇用への死活的な要求ゆえにユダヤ人労働者はアラブ人との対立の最前線に立たざるを得なくなるが、長期的にはイシューヴの発展につれて雇用の緊急性はなくなり、ユダヤ人労働者とアラブ人労働者の利益の衝突も消えるであろうと彼は予測した。更に彼はユダヤ人入植を正当化する根拠をパレスチナの人口が「希薄である」事に求め、ユダヤ人多数派という既成事実をつくる事によってユダヤ人とアラブ人の関係の問題は解決するであろうと考えた。しかし、その様な既成事実ができるまでのイシューヴが弱い段階でアラブ人と和解しようとしてもアラブ人に軽蔑されるだけであり、従って二つの人々の分離と暴力的衝突は不可避であるとした。敵味方の屍が折り重なる道を歩むしか選択肢はなく、「我々は究極の目標を達成するまで我々の注意をそらす事はできない」という主張はボロホフの「我々の綱領」における主張を思わせる。(80)

しかしこの論文におけるベンツヴィのアラブ問題への考え方には、ボロホフのそれとは重要な相違があった。過渡期におけるユダヤ人とアラブ人の紛争を予想した点では両者は共通していたが、ボロホフが最終的にはアラブ人の同化がほぼ成功すると見ていたのに対し、ベンツヴィは将来においてアラブ人労働者とユダヤ人労働者の対立が解消される可能性に言及しているものの、アラブ人の同化を想定するほど楽観的ではなかったのである。

パレスチナの民族問題の現実に立脚したベンツヴィのこの立場は、パレスチナ・ポアレイ・ツィオンにおいて一九〇八年以後再び主流となった民族分離主義を集約していた。ボロホフの盟友をインターナショナリズムから民族分離主義に傾かせた背景にはベングリオンの影響力があった[81]。党全体の民族分離路線への再傾斜は、ベンツヴィから、ボロホフ主義とは無縁であったベングリオンへの主導権の移行とも連動していたのである。

② ロシア・ポアレイ・ツィオンとの訣別

パレスチナ・ポアレイ・ツィオンにおける民族分離路線への再傾斜は一九〇九年九月のロシア・ポアレイ・ツィオン党大会で実は既に表面化していた。この党大会ではボロホフの提案によって一九〇六―七年よりも党を左傾化させる一連の決議がなされ、ブントを含むロシアの全ユダヤ人社会主義政党がロシアのプロレタリアートと提携して活動し、第二インターナショナルへの加入をめざす単一の革命的組織に統一される事と、更に進んでポアレイ・ツィオンが世界シオニスト会議と手を切る事が要求された。また党大会はイシューヴの民主化、オスマン化、労働組合主義などをうたってパレスチナのアラブ人との平和的な関係を唱え、「民族的興奮を起こさせるユダヤ人入植諸組織の無神経な農業政策」に抗議したのである。ここに至ってボロホフのイデオロギー的弟子と見られてきたベンツヴィは初めて、ボロホフとロシアの党のパレスチナの現実を無視した路線を公然と批判する。これに対してボロホフも、ベンツヴィはロシアの政治的状況への関心を著しく欠いていると応酬した。「これはパレスチナ・ポアレイ・ツィオンではなくロシア・ポアレイ・ツィオンの会議である事を少しの間彼に思い出させようではないか。同志アヴネル〔ベンツヴィ〕と他のパレスチナの同志たちにとってロシアの政治的状況が重要でないとしても、我々にとってそれは想像し得る最も大きな重要性を持つのだ！　我々はパレスチナのための党ではなくユダヤ人プロレリアートの党なのだ[82]」。

ボロホフとベンツヴィのこの対立はロシア中心主義とパレスチナ中心主義、社会主義とシオニズム、インターナショナリズムと民族分離主義の間に横たわる深淵が二つのポアレイ・ツィオンを今や完全に隔てた事を象徴していた。パレスチナ・ポアレイ・ツィオンはロシア革命の大義を奉じるロシア・ポアレイ・ツィオンと訣別する事によって、イシューヴの利益に根ざす民族政党としての独自性を名実共に確立したのであった。

ベングリオンはベンツヴィをはじめとする党員を「ロシアの遺産から解放し[83]」、階級闘争の主張を一段と和らげた修正綱領を一九一〇年に採択させる上で大きな役割を果たした。階級闘争原則の後退はアラブ人との対立の現実への対応であったが、逆にこの様な路線が明確になった事も、アラブ人との分離を自明とする必然的な対立の構図をつくり出すのを助けたと言えよう。

③　民族自治から民族国家へ

しかし矛盾した事に、ベングリオンは党を民族分離主義に傾かせながらも、なおインターナショナリズムへの憧憬を完全に捨てたわけではなかった。党の民族分離路線が再び明確になった一九一〇―一五年は、彼がベンツヴィと共にオスマン帝国の社会主義運動との提携を意識しつつ、アラブ人と競合してパレスチナの自治を獲得しようとした時期でもあった。

ポアレイ・ツィオンの最小限綱領がユダヤ人国家の樹立であり、過渡期における自治を示唆していた事から考えると、この時期のベングリオンらの自治の模索はユダヤ人国家という最終目標を達成するための準備段階と捉えられるかも知れない。しかしオスマン帝国が存在し、オーストリア社会主義のインパクトも強く、しかもイシューヴが分離独立をめざすにはあまりにも脆弱であった当時にあっては、ユダヤ人国家の樹立より自治の方が目標としては現実的であると考えられたと説明する方が実情に近いと思われる。オスマン帝国の枠組みを重視する路線は、一九一〇年にベングリオンがベンツヴィと共に編集に携わった党機関紙「ハアハドゥト」(Ha-'Ahdut, ヘブライ語で「統一」)の論調にも表れている。

ベングリオンはオスマン帝国の新政権の下で諸民族が自治を認められるという予想の下に、オスマン語に通じる弁護士となってイシューヴ代表としてメジュリスに選出され、ゆくゆくは帝国の閣僚となってシオニズムを守るという野心を抱き、ベンツヴィと共にイスタンブル大学法学部に一九一二年から二年間学ぶ。シオニズムの願望をオスマン帝国内の自治という形で実現する事を当面の課題と見た彼は、パレスチナのユダヤ人がオスマン市民権を得る事をめざすオスマン化運動をベンツヴィと共に繰り広げる一方、オスマン帝国の社会主義運動の来るべき統一を視野に入れてアルメニア人などの少数民族とも折り合いをつける事を考慮している。(84)

ベングリオンは領土的自治の可能性を考えていた形跡があるが、(85)パレスチナ・ポアレイ・ツィオンの多数派は、ブントをはじめとするロシアのユダヤ人諸政党と同様に既存の帝国内での文化的自治を志向していた。ユダヤ人が少数派である段階で領土的自治を要求する事は、パレスチナを多数派であるアラブ人の支配下におく事を要求するに等しいと考えたからである。(86)

ベングリオンらがめざしたオスマン帝国内でのユダヤ人自治は、シオニズムの願望と、党内から払拭されずに残っていたインターナショナリズムとを折衷させた選択肢であったと見る事ができよう。イシューヴの弱さへの自覚もあって自治要求という形をとったベングリオンらの民族分離主義は、オスマン帝国に依存するという点で他律的であり、体制内での合法的活動を志した点で穏健であったが、第一次大戦の勃発でオスマン帝国の枠組みが絶対的でなくなると、自律的で急進的な民族国家要求に変貌する事になる。

　この変化は、第一次大戦中にベングリオンがベンツヴィと共にオスマン帝国から追放された後の一九一五―一八年の滞米中の彼の論文や発言に表れている。この間の論文においてベングリオンは「ポーランドにおけるポーランド人やブルガリアにおけるブルガリア人の様に」エレツ・イスラエルをヘブライ民族の祖国としたいという願望を表明し、パレスチナの人口収容能力が大きく、パレスチナの大半が荒れ地であってしかもアラブ人には開墾能力がない事などを挙げつつ、祖国はユダヤ民族の「労働」によってのみ獲得できると強調した[87]。「エレツ・イスラエルはその労働者と警備員の大半が我々の中から出る時に我々のものとなるだろう〔傍点原著者〕[88]」「エレツ・イスラエルはたとえすべての資本がユダヤ人のものであっても、労働者がユダヤ人でなければ我々のものにならないだろう。たとえすべての資本が外国のものであっても、労働者がユダヤ人であればその地は我々のものになるだろう[89]」という言葉からは、彼の使う「労働者」の語の民族主義的なニュアンスが感じとれる。

　外部勢力の意図にかかわりなく民族の主体的な「労働」によってパレスチナを獲得するという論理は、労働運動の民族運動としての自律性とダイナミズムの表れであった一方、アラブ人住民の意向を考慮する余地を含んでいなかった。ベングリオンによれば、パレスチナには経済的な「所有者」がいない故にユダヤ人がその地を取得する事が正当化されるのであった。

　……より正確にはエレツ・イスラエルには発展した経済がなく、その地は建設されていないから――その地はユ

> ダヤ人のものになり得るのである。その地の大半が荒れており、その地が現在放棄されており、将来における経済的繁栄に適していること――こうした事の中にその地にユダヤ人の祖国を建てる可能性が隠されている。その地の現在の住民は――彼らの数の少なさ故に、彼らの物質的貧困と精神的欠乏ゆえに、エレツ・イスラエルに秘められた多くの可能性を発展させる能力がなく、彼らはその地に将来期待される繁栄や富の水準にその地を引き上げる事ができない……エレツ・イスラエルは物質的にも精神的にも豊かな開拓者民族の手によってのみ建設されるであろう。[90]〔傍点原著者〕

更にベングリオンは、イシューヴを多数派であるアラブ人に依存しない自己完結的な共同体にする必要を論じている。彼によればイシューヴが民族自決の実質的内容をつくり出すためには「自主経済に基づいた内部生活の自治的組織化」が必要であった。町や村のユダヤ人共同体は自らの執行部を持ち、中学校そして近い将来には高校も一〇〇％ユダヤ化し、民族語はヘブライ語とする。この様な自治機関は公認され法的に保障される事が望ましいと彼は述べている。自治の行き着く先がユダヤ人国家の樹立である事は、「エレツ・イスラエルにおける我々の民族運動の意図は我々の地にヘブライ国家を創設する事である」という宣言からも明らかである。しかしパレスチナは「その地での継続的で困難な労働によってのみ」征服されるものなので、今すぐに国家の樹立を求める事は非現実的であると彼は考え、今後二十年間にパレスチナにユダヤ人多数派をつくり出す事を当面の目標とした。[91]こうしてアラブ人社会から隔絶された自治的イシューヴを拡大してユダヤ人国家を樹立するという、一九二〇年代のベングリオンのユダヤ人自治構想における基本的な考え方が姿を現したのである。

注目されるのはユダヤ人入植が暴力を伴う可能性をベングリオンが既に認めていた事である。ユダヤ人とアラブ人の願望の衝突を指摘した一九一六年の覚書の中で、彼は後に修正主義運動を創始したウラジーミル・ジャボティンスキー(Vladimir Jabotinsky, 一八八〇―一九四〇)と同様に、アラブ人がユダヤ人を追い出す力がないと悟った暁に「我々は共に働く事ができる」と論じた。しかしアラブ人が「共に働く」事を拒否する事態に備えて彼はイシューヴを軍事的に強化する事を主張している。[92] それは紛れもなくアラブ人との武力抗争の予言であった。

(四) ベングリオンとボロホフ

ベングリオンとパレスチナ・ポアレイ・ツィオンのアラブ問題をめぐる民族分離路線の確立過程を見てくると、最後に問題となるのはベングリオンと彼の先駆者ボロホフの思想的つながりである。

ベングリオンとボロホフは、社会主義が民族という特定の足場に立脚してのみ追求され得ること、社会主義をめざすためにはまず民族的な基盤を整えねばならないことを想定した点で共通していたと言えよう。[93] しかしベングリオンは第一次アリヤーの人々が入植の土台を築いた業績を讃える事はあっても、第二次アリヤーの理論的支柱を提供したボロホフへの共感を語る事は皆無であった。それは修正主義運動において、後に首相となったメナヘム・ベギン(Menachem Begin, 一九一三―一九九二)が運動の創始者ジャボティンスキーを「我が師」と仰いだのとは対照的である。

ボロホフとの間に客観的には〈異端の社会主義者〉としての共通性が認められるにもかかわらず、ベングリオンが主観的にはボロホフとのつながりを感じていなかった理由は、二人の社会主義シオニストの間に存在したシオニズム観と社会主義観の違いにあると思われる。以下ではベングリオンとボロホフの社会主義シオニズムの連続面と断絶面を照らし出し、それがアラブ問題にとって持った意味を考えてみたい。

一九〇五年以前の〈一般シオニストとしてのボロホフ〉の立場がベングリオンとパレスチナ・ポアレイ・ツィオンの

民族主義派に受け継がれた事は既に見た通りであるが、二人のシオニストとしての共通の原点は一九〇三年のキシニョフのポグロムであった。この事件に二人は大きな衝撃を受けて自衛活動に携わっている。革命はポグロムをなくさないという二人の絶望は「プロレタリアートは我々を忘れた(94)」と語ったジャボティンスキーにも共通するものであった。

しかし一九〇六年以降にボロホフがパレスチナへのユダヤ人移住を「自然発生的プロセス」であると説明し、ディアスポラにおける民族的活動を重視する様になると、その立場はベングリオンの立場と隔たっていく。ベングリオンはユダヤ人とパレスチナの情緒的な結び付きに基づく主体的な移住を強調し、ディアスポラにおける民族自決とパレスチナにおける民族自決は本質的に異なると考えて、パレスチナを建設する仕事に専念する事を主張していたからである。

一九〇六年以降のボロホフとベングリオンのかくも深い断絶の原因は、第一次ロシア革命の行く末への評価の違いに帰せられよう。ボロホフがポグロムはなくならないのではないかという一抹の不安を抱きながらも革命の進展に積極的に応じようとしたのに対し、ベングリオンはワルシャワでの蜂起に動揺しつつも結局は革命を冷めた目で見つめ、生まれ故郷を捨ててパレスチナへ移住した。ロシア革命との距離のおき方の違いは、パレスチナへの執着がボロホフにあっては抽象的であったのに対して、ベングリオンの場合には極めて情緒的であった事にも反映されている。ボロホフが少年時代に二度パレスチナ渡航を試みて失敗した後、生涯その地へ行こうとしなかった事が何よりも雄弁に彼のパレスチナとの絆が理論的なものにとどまっていた事を物語っているのではないか。イーディッシュ文学への彼の造詣の深さと愛着を見ても、彼のメンタリティーがディアスポラのユダヤ人のそれであった事が分かる。この様なボロホフの精神のありようと対照的だったのがベングリオンのパレスチナに対する盲目的なまでの愛であった。一九〇六年にその地に着いたばかりの頃の感動を彼は次の様に表現している。

我々の地の海、きらきらと金色に輝く海は美しく、山や海は景観に富んでいる。しかしこの上なく素晴らしいのは夜だ。深い秘密に満ち神秘に包まれた夜。優しい蒼穹に震える燃える様な金色の雫、月夜の透明な暗がり、澄みきった山の空気の水晶の様な輝き——すべてが慕わしさと憧憬とかそけき音と、この世ならぬものに恋い焦がれる渇望とに満ち、静寂の中には幼き日のこだまを聞き、いにしえからの伝説と終末の日の幻がここにひそやかに織りなされ、そしてこれらは魂の中に流れ込み、憧れを感じてやまぬ心の上に希望と憧憬の露を滴らせるのである。

もしその地から移住してこの土とこの大空から遠ざかり、はるかな年月を異郷で、異郷の大空の下で過ごす事になり、しかも自らの地の財産であるこれらの夜の思い出を抱いてそれを永久に忘れないとしたら……。(95)

この様な情感溢れる、大地の香り豊かなナショナリズムの吐露をボロホフから聞く事はできない。他方、一九〇九年一月九日にボロホフがリエージュから父に宛てた手紙で告白した、スルタンガリエフにも共通する社会主義革命への純粋な共感をベングリオンが語る事もなかったのである。

そうなのです、父上、我々の悲惨な状態はユダヤ人の離散によってのみならず資本主義の醜いカオスによってもひき起こされている。そして我々が排外的な法律や反セム主義やポグロムによって迫害されているとしても、我々がディアスポラを呪いシオニズムの緊急の実現を歓迎するとしても、我々は劣らぬ力でもって社会主義を祝福するのです。……

私のシオニズムは社会主義者の目から見れば瑕疵であり、私のマルクス主義はブルジョワ・シオニストの目から見れば瑕疵です。……父上、「教育ある」人でさえも飢えて死に、あるいは自殺し、あるいは資本主義のカオス的方法によって打ち立てられた障害物を克服する事なく気が狂う事もあり得るという明白な証拠がある事がお分かりでしょう。……こうしたすべての事ははっきりと紛れもなくこう言っているのです。「資本主義を倒せ！」と。そしてその叫びの中にこそ私の慰め、希望、勇気の源があるのです。……私は絶えず道を見出すでしょう。私の力の及ぶ限り資本主義に損害を与える道を(96)。

シオニズムと社会主義をめぐる二人の相違は精神形成の違いからも説明できよう。ウクライナで育ったボロホフが人生のかなり早い段階でシオニズムと社会主義を同時並行的に吸収したのに対し、社会主義の到達が遅れたポーランドの地方都市に育ったベングリオンが社会主義と出会った時には、既に熱狂的なシオニストとしての素地が完成していた。シオニズムと社会主義を折衷させようとしたボロホフと異なり、ベングリオンが社会主義をシオニズムに従属する形で受容したのもこの様な背景から理解できる。ボロホフ自身が社会主義シオニズムの先駆者と仰いだリーバーマンの、故国ロシアへの愛を吐露する言は、パレスチナの地を生涯踏む事のなくあくまでもロシアの中でシオニズムを考えた孤高の思想家の魂をも代弁しているのではないだろうか。自分はインターナショナリストであるけれども自分のユダヤ人としての出自を愛する、とリーバーマンは述べた上でこう続けた。「そして私は自らをロシアの社会主義者と見なす。民族性によってではなく、私が活動している領土、私が生まれた場所、私が他よりよく知っている国、私を常に他より惹きつけるその国の利益によって(97)」。

しかしボロホフその人は一九一七年のロシア二月革命に際してマルクス主義を後退させ、一九〇五年以前の情緒的なシオニズムに回帰する。キエフにおける一九一七年八月の第三回党大会で彼は階級闘争の必要性について語ってはいたもののボロホフ主義の中心的教義の多くを斥け、パレスチナの移住は「自然発生的」ではあり得ずパレスチナの歴史的・情緒的な魅力から説明されるべきであるとして「ボロホフツィイ」(98)を失望させた。度重なるポグロムへの不安は革命に対するボロホフの熱狂をかげらせた。「我々の時代の最も重要な二つの問題――労働者階級の社会的抑圧と弱い諸民族の民族的抑圧は、現在の革命にもかかわらず未解決のままであろう」[99]。ロシア革命下の諸民族の多難な前途を予感する言葉を残して、肺炎に冒されたこの未完の思想家は一九一七年十二月十七日にキエフで三十六歳の生涯を閉じる。

結局のところボロホフは一九〇五年以前と一九一七年の立場においてベングリオンと共通性を持っていたと言える。一九二七年のボロホフの十回忌にベール・カツネルソン(Berl Katznelson)編で刊行されたボロホフの著作集が一九〇六―七年のボロホフ主義の論文を除外している事は[100]、パレスチナ・ポアレイ・ツィオンからアハドゥト・ハアヴォダー('Aḥdūṯ ha-'Aḇōḏāh,「労働の統一」党)に連なる労働運動が、一九〇五年以前と最晩年の〈一般シオニストとしてのボロホフ〉を正統性の源泉とした事を端的に物語っている。他方、一九〇六年以降のボロホフ主義は、アラブ人労働者との階級的連帯をシオニズムよりも重視する傾向にあった左派ポアレイ・ツィオンやパレスチナ共産党のイデオロギー的源泉となった[101]。

アラブ問題との関連で特に注目に値するのはベングリオンとボロホフの社会主義観の違いである。その違いを凝縮していたのは二人の「労働者」像の違いであった。ボロホフにおける「労働者」はナショナリズムを免れないとは言え、基本的には資本家に対して階級闘争を行う階級的存在として提示されていた。これに対してベングリオンが「我々は我々の地を……ヘブライ人労働者から受け取るであろう」[102]と語る時、我々はボロホフの提示したのとは異質の「労働者」像をそこに見る。一九一七年までの史料に限ってみてもベングリオンの文脈における「労働者」は階級的存在としてよりは、自ら労働する事によってエレツ・イスラエルを贖い民族を再生させるという「民族的使命」を帯びた存在として言及される事が多いのである。その特殊な用法における「労働者」とは、生産的な労働から疎外されていたディアスポラのユダヤ人のアンチテーゼとしてめざされるべきユダヤ民族の理念型であり、後の彼自身の表現によれば「労働者民族」（'Am 'Ôbed）なのであった。この様な「労働者」概念の相違は二人のアラブ問題についての考え方にどの様に影響したのであろうか。

既に見た様に、ボロホフとベングリオンはシオニストとしての土台に由来した共通のアラブ観を持っていた。それはユダヤ人とアラブ人の文化的・社会的格差を前提として、強いユダヤ人社会が優位に立つ垂直的な関係を想定したアラブ観である。ボロホフは同化を、ベングリオンは分離を主張したという違いはあるにせよ、この表面上の違いの根底にあったのはパレスチナ・アラブ人の文化的水準に対する共通した軽蔑であった。

しかしこの様なアラブ観の共通性の傍らに存在した二人の「労働者」概念の相違は、社会主義シオニズムがアラブ問題に対して提示し得る究極的な展望を二つの方向に引き裂いた。ブルジョワと階級的に区別されたボロホフの社会主義的「労働者」像が、労働者階級の団結を通じてアラブ人と共存する理論的余地を残したのに対し、ベングリオンがしばしば持ち出す「民族の使者」[103]としての「労働者」像は必然的に階級闘争を曖昧にし、アラブ人労働者との階級的な連帯の代わりに彼らとの民族的対立を強調する論理を生み出す事になったのである。この点についての包括的な検討は第四章に譲るが、ベングリオンが「労働者」の語を左派の「先駆者」であるボロホフとは異なる民族的な意味合いで用いる事が多かったのみならず、階級対立がシオニズムを曖昧にすると批判した右派のジャボティンスキーと実質的に民族観を共有していた事[104]は皮肉である。それは、ボロホフの社会主義シオニズムとベングリオンのそれとの間に越え難い断絶があった事を、そしてベングリオンの社会主義シオニズムとジャボティンスキーのシオニズム修正主義との間に将来明らかになる親和性の芽が当時から潜んでいた事を示唆している。

しかし、ロシアの「先駆者」から受け継いだ階級的存在としての「労働者」像がベングリオンと党の同志たちの心の中から完全に消え去ったわけではなかった。一九一七年のロシア革命はこの様な「労働者」像に基づく階級団結の理念を、一九一九年に成立したアハドゥト・ハアヴォダー内に呼びさました。階級闘争を行う者としての「労働者」と民族的使命を帯びる者としての「労働者」という二つの相剋する労働者観の併存は、アラブ問題をめぐる一九二〇年代のベングリオンと労働運動の民族分離主義に複雑な性格を与える事になる。

第二章　共存の模索（一九一八―一九二九）

――労働者階級の団結と民族問題――

パレスチナ・ポアレイ・ツィオンは一九一九年、ベングリオンの主導権の下にカツネルソン率いる「非加盟グループ」と合体してアハドゥト・ハアヴォダーを結成した。第一次大戦後にイギリスの委任統治下に入ったパレスチナにおいて、同党のアラブ問題への態度は強硬と宥和、排除と共存、分離と連帯という相矛盾する二つの要素を常に併存させていた。そのアンビヴァレントな路線は、当時の労働運動を構成したもう一つの主要政党であるハポエル・ハツァイルの一貫した民族主義路線と対照的である。

アハドゥト・ハアヴォダーの主要な指導者であり、労働運動を包括する組織として一九二〇年に成立したヒスタドルートの長でもあったベングリオンは、一九二〇年四月と一九二一年五月のアラブ暴動を受けてイシューヴの自衛力強化に努める一方、ユダヤ人労働者とアラブ人労働者の階級団結を通じて二つの民族が共存する道を模索した。一九〇八年の青年トルコ革命を境に強まったパレスチナ・アラブ人のシオニズムに対する民族的な反対に既に気付いていたにもかかわらず、一九二〇年代のベングリオンはパレスチナ・ポアレイ・ツィオンの露骨な対決路線を後退させてこの様な「軟化」に踏み切ったのであった。

ベングリオンは一九二〇年代に何故この様な「軟化」と共存の模索に踏み切ったのであろうか。この一見不可解な変化の要因を、当時の国際環境とベングリオン関係の史料に基づいて整理するなら、次の三点にまとめる事ができると思われる。

第一に、シオニズム運動は、パレスチナ委任統治協定によって「住民の他の諸部分〔アラブ人〕の権利と立場が侵害されない事を保証する」（第六条）べく義務づけられていた委任統治国イギリスの支持を取り付ける必要があった。イギリスの支援なくしてはバルフォア宣言にうたわれた「民族的郷土」の樹立は不可能であるというのが、党派を超えたシオニズム運動全体のコンセンサスであったからである。

第二に、一九二〇年代初頭の一連のアラブ暴動を機にアラブ問題への対応が緊急のものとなった事である。共存の模索の背景にイシューヴが強大になるまでの間アラブ人を宥和し、彼らの暴力からイシューヴを守るという現実主義的な意図があった事は否定できない。

第三に、この時期に社会主義的な理念が労働運動内で力を得た事である。

当時の史料からは、ベングリオンの共存の模索が単なるジェスチュアや戦略であるとは言い切れない側面が浮かび上がる。もしその模索が本心とかけ離れていたとするると、「その地の非ユダヤ人住民の権利と利益が極めて厳正に守られ尊重される(1)」事や、アラブ人住民がその地の不可分の一部である故に追放してはならない事や、ユダヤ人労働者とアラブ人労働者の「生活の道が永久に結び付けられて」おり(2)両者が将来の「国家における同胞となる(3)」事を何故あれほど執拗に強調したのであろうか。模索が信念からでなかったとするなら、一九二〇年代のベングリオンの演説や論文に度々感じられる真剣さと切迫感と説得力の説明がつかないのである。一九三〇年代以降の彼の発言がアラブ人への配慮を完全に失い、彼らの排除と追放に傾斜しているのと比較する時、一九二〇年代の発言がアラブ人との共生の理念を含む事は否定しがたい。

その共生の理念の淵源は、シオニズムが誕生する過程で影響を受けた十九世紀ヨーロッパの普遍主義的な思潮に見出す事ができると思われる。特に社会主義シオニストはブントにも影響を与えたオーストリア社会主義の影響を受けていた。一九二〇年代にベングリオンと同志たちが自らの運動を「正義の運動」と見なし、二つの人々の関係を正義に基づかせたいという願望を抱いていた事はこの様な思想的環境の文脈で理解できよう。更に一九一七年のロシア革命と国際社会主義運動のインパクトこそ、それまでロシア・ポアレイ・ツィオンとの確執の中で脇に追いやられていた、労働者階級の民族を超えた団結の理念を新党の中で活性化させる直接の契機となったものであった。

しかし一方でこの社会主義的な理念は、パレスチナ・アラブ人のシオニズムへの民族的抵抗の過小評価や、その様な過小評価に由来する楽観的なインターナショナリズムと表裏一体であった。またその理念は、当初からベングリオンと労働運動につきまとっていた民族分離主義によって大きな制約を受けていた。一九二〇年代から一九三〇年代を通じてその民族分離主義を支えた構造的要因については第四章で包括的に触れる事になるが、本章ではベングリオンの共存の模索の矛盾に満ちた論理構造と限界が主題となる。

第一節　模索の前提

共存の模索の具体的な内容に入る前に、模索の前提となった当時のベングリオンの基本的な考え方を見ておきたい。それは入植そのものを正当化し、パレスチナ・アラブ人独自のナショナリズムを認めないという立場である。

(一)　入植の正当化

パレスチナへのユダヤ人入植が正当性を持たないなら、入植社会の枠組みでなされる共存の模索も必然的に無意味なものとなる。従ってベングリオンの入植の正当化の議論は、彼の共存の模索の論理的土台を考える上で重要である。

一九二八年にベングリオンは次の様に述べている。「日本人は自らの地で窒息させられており、カナダには住民がいない。この混乱は恐るべき世界戦争か、土地と天然資源の公正な分配の土台についての全人類的な合意のいずれかによって終熄し、各共同体に無人の場所に入植する完全な可能性を与えるだろう。」(4)

併合した朝鮮半島を足がかりに大陸への膨張政策をとりつつあった一九二〇年代の日本への暗黙の共感がそこには感じられる。「住民のいない土地に入植する権利」は同時代の日本人が植民を考える際の前提ともなっていた。たとえば新渡戸稲造は大正初年に、「世には地多人少の国と人多地少の国とあり、前者の地に後者の国民の移るは自然の勢たるを免れない」(5)と述べている。新渡戸はまた「植民とは大体に於いては優等なる人種が劣等なる人種の土地を取る事である」(6)とも語っていた。「植民は文明の伝播である」(7)として「剛健な国民の拡張を正当化」(8)する新渡戸の信念は、第一次大戦前後から一九二〇年代にかけてのベングリオンのユダヤ人入植をめぐる信条とも通ずる。

以下では新渡戸に度々言及する事になるが、その理由はベングリオンがパレスチナ・アラブ人に向けた眼差しが日本人にとって全く無縁のものではなく、むしろ近代の日本人のアジア観に通ずるものを持つと思われるからである。そしてベングリオンのアラブ観の偏りや歪みを検討する際に、それをたとえば「国際人」の令名を馳せた同時代の日本の良質の知識人の中にさえ潜んでいたアジア観の歪みと重ね合わせてみる事は、欧米人やイスラエル人の観点とは異なる、日本人としてのこの問題への視角をつくり出すよすがになると考えるからである。

具体的にはベングリオンは、入植の正当化の重要な根拠としてその地の「圧倒的大部分が無人であり耕されていない」(9)事を挙げ、荒れ地を開墾して肥沃にする事業を文明的な使命として語っている。土地の大半が荒れ地である事に加えて耕作地も充分に耕されていない事から、パレスチナは現にあるよりもはるかに大きい経済的潜在力を持つと彼は指摘し、この潜在力を引き出せないパレスチナのアラブ人にパレスチナを独占する資格はないと論じた。(10)アラブ人のパレスチナに対する所有権を実質的に否定したその議論は、新渡戸の次の言葉とも響き合うものであった。

「……併しながらすべて属領となつた以上は、国家生活における資格なきものと見なければならない。故に彼らに主権を与へざるは勿論のことである」[11]。

他方、ユダヤ人入植はアラブ人住民の利益にもなるはずだとベングリオンは主張した。「我々がここに来たのは〔彼らを〕追い出すためではなく、他者を破壊する事によって建設するためでもなく、荒れた場所を建設し、経済・生産・創造の新しい宝をここにつくり出すためなのだ」と彼は入植のもたらす経済的恩恵を強調する一方、ユダヤ人労働者が地主に搾取されているアラブ人の解放を助けるという側面にも注目している[12]。

この様にベングリオンは入植という行為自体の正当性には疑問を差し挟まなかった。しかし彼は、入植行為がアラブ人住民の既存の権利を侵害する事は道義的に許されず、彼らへの恩恵を伴いつつ人道的に行われるべきであると主張した。それは、新渡戸が植民活動そのものは正当化しながら「我一般国民の植民思想には何か足りないところがある。それは公の良心(public conscience)の不足である。寄附金を出す位の事でない、一身を投じて原住民の為に尽すことである」[13]と語っているのと似ている。一九一九年の「エレツ・イスラエルにおけるユダヤ人とその他の人々の権利」という論文において、ベングリオンは道義的に正しい入植のあり方について次の様に述べている。

エレツ・イスラエルは住民のいない土地ではない。その領域〔ヨルダン川両岸〕……の内側には一〇〇万人を少し超える住民が生活している。ヨルダン川西岸だけでも約七五万人が居住している。決していかなる事があろうとその住民たちの権利を侵してはならない。ザングウィルの様な夢想家だけが、エレツ・イスラエルは非ユダヤ人をその地から追い出す更なる権利をもたらすであろうなどと信じるのである。この言を支持する国は一つもない。たとえこの権利が我々に与えられると我々が想定するにしても、ユダヤ人はそれを使う権限も能力も持たない。その地から現在の住民を追い出す事は望ましくもないし可能でもない。これはシオニズムの目的ではない。もしシオニズムがその地の現在の住民のいる場所を所有する事を望んでいるとしたら、それは危険なユートピア、有害で反動的な誤った予言でしかない。シオニズムの真の願望と現実的な可能性は占有されているものを征服する事ではなく、その地の現在の住民が定住しておらず、彼らの力でそれと結び付く事を禁じられている場所に入植する事なのだ。

彼は続ける。「ユダヤ民族が三千年にわたって自らの内部に擁してきた社会的正義及び諸民族の平等の予言と、ディアスポラにおける、そしてそれより更にもっとエレツ・イスラエルにおけるユダヤ民族の死活的な利益は、絶対的に無条件に次の事を義務づける。その地の非ユダヤ人住民の権利と利益が極めて厳正に守られ尊重される事を」(14)。

別の折にもベングリオンは語っている。「その地の住民に属するすべてのものから髪の毛一本たりとも減じてはならない——そうではなく我々の富と力を増やすのだ、……」(15)「私の道徳的観点によれば、我々には一人のアラブ人の子供をさえ奪う権利はない。たとえこの奪取のお陰で我々が要求すべてを達成するであろうとも。我々の仕事は誰であれその人の権利の奪取の上に築かれる事はあり得ない」(16)。「我々は〔彼らが〕同意しようとすまいとエレツ・イスラエルに来るだろう。……しかしいかなる事があっても打ち砕かれぬこの民族的願望と共に、我々の事柄をその地の住民の利益を侵す事なく成就しようという意識がなければならないのである」(17)。

人道的な入植のあり方を考えるにあたって、ベングリオンはユダヤ人が入植の過程で最初に遭遇する人々であるファッラーヒーンに注目した。バルフォア宣言によってパレスチナへのユダヤ人入植が国際的認知を受けて間もない頃に、彼はファッラーヒーンの民族性を否定する一連の論文を書き、入植の正当性を証明しようとした。

一九一八年の論文「農民の起源の考察」の中で、ベングリオンはファッラーヒーンの大半がアラビア語を話すムスリムである事を認めたにもかかわらず、彼らはアラブ人ではなく古代ユダヤ人の血を引く混血人種であると論じた(18)。

また歴史に根ざす社会構造や意識の面からファッラーヒーンの民族性の問題を扱った同年の論文「農民の歴史」では、アラブの征服以来何世代にもわたって続いた部族抗争の結果として農民共同体には「民族的一体性の欠如」が見られるとしている。[19] それは一九二〇年の論文「農民とその土地について」における次の指摘につながるものであった。「彼ら〔農民〕は、一つの完全な民族集団に自らを結合し一体化する集団的感情を欠いている。共通の祖国としてのその地に対する愛でさえも彼らの中では麻痺している」。

この様にファッラーヒーンがナショナリズムと無縁である事を強調しながらも、ベングリオンは「自らを生かす根に結び付いている様に」分かち難く土地に結び付いている彼らを追放する行為を戒める事を忘れなかった。「どんな事があっても、農民たちに属し彼らの手で耕されている土地に触れてはならない。自らの土地に対する彼ら自らの労働に由来する生活を、たとえ金と引き換えにでも彼らの財産から根絶やしにしてはならない」。万が一小作人が耕している土地を地主から購入する場合にはその土地の一部を小作人が利用するのを許し、それが可能でない場合には別の土地を代償として与えねばならないと彼は説いた。またユダヤ人はアラブ人労働力を搾取してはならず、自己労働('Ab̲ôd̲āh 'Aṣmît̲)のみによって入植地を建設せねばならないとも彼は述べている。[20]

道義的な入植のあり方を説くこれらの言葉の背後には、イギリスと国際世論への配慮や、「正義の運動」を標榜する労働運動の論理的整合性を保とうとする苦心が垣間見える。しかしナショナリズムと共にヒューマニズムにも憧憬を持ったベングリオンの生い立ちや、十九世紀的な普遍主義と無縁ではなかったシオニズム、特に社会主義シオニズムの長期的な流れを念頭におく時、これらの言葉がごく自然な良心や倫理意識にも由来していたと考える事は可能である。一九三〇年代には姿を消す事になる道徳への言及は次の発言にも見られる。

社会主義者として我々は我々のシオニズム行為の正しさや、我々のシオニズムが解放と贖罪の運動であり、隷属や抑圧や剝奪のあらゆる誇りから自由な運動である事への深い信念を持っている。この道徳的意識によって我々はその地における我々の仕事を行っているのであり、この意識は我々にアラブ人労働者は運命に関して我々の兄弟であり、祖国に関して我々のパートナーであると言っている。彼の将来は我々の将来であり、我々は彼に対して責任がある。[21]

我々は真のユダヤ人の道徳的意識……によって我々と隣人との関係における道徳的土台を持つ事を余儀なくされている。……確かに政治についての冷ややかな見方もあり、政治と道徳は二つの違うものだと考える人々もいる。しかし政治が道徳的土台なくして成功し得ると考えている者は事の本質を理解していない。……我々のシオニズムは、我々がその地でしたいと思う事は正しく道徳的であるというこの意識の内部に由来しており、この意識に従って我々は行動する事を強いられる。[22]

しかし同時にこれらの発言が「我々のシオニズム」の正しさを自明とするナショナリズムの枠内でなされている事は明らかである。ベングリオンの語る「道徳的意識」は、シオニズムと入植の正当性を前提とする限り必然的に普遍性を欠いていた。その事は、ベングリオンがアラブ人の利益に配慮を求めながら、ユダヤ人とアラブ人の利益の間には本質的な違いがあるとしてユダヤ人の利益の方が勝る事をほのめかす発言にも表れている。「非ユダヤ人の利益は保守的であり、ユダヤ人の利益は革命的である。前者は既存のものを守る事に向けられており、後者は新しいものの創造、道の修正、変革と建設に向けられている[23]」。

（二）　パレスチナ・アラブ民族運動の否定

ベングリオンの共存の模索のもう一つの前提は、パレスチナのアラブ人が統一性のない集団であり、大アラブ民族の一部であって、彼ら独自のナショナリズムは持っていないというものであった。

ベングリオンは一九二〇年代初頭の一連の暴動の後の一九二〇年代半ばに次の様に述べている。「我々はその地の内部に深く根を下ろしているその地の労働者と出会っているのであり、我々が土の中に下ろしている根は地中深くにある彼らの根と出会っており、それらは共に結び合わされて一つの水源から水を吸うのである――我々へブライ人労働者とアラブ人労働者は一つの地に来ており、我々の生活の道は永久に結び付けられている」[24]。それは満州事変直後に新渡戸稲造が「水は分かれた。新しい水を引こう。もし中国と日本とが、同じ井戸で一緒に水を汲むとすれば、久しく砂漠として蔑まれてきた全東洋を、バラのように花咲かせることができるのである」（「満州での出来事の教訓」一九三三年[25]）と語った事を思い起こさせる。

「一つの水源」と「同じ井戸」にまつわる二人の比喩には、現地住民のナショナリズムへの過小評価に基づく歪んだ平和主義が凝縮されているのではないだろうか。しかし「太平洋の橋」たらんと欲した新渡戸の目がアジア諸国のナショナリズムに対しては実際に見開かれていなかったのに対し、ベングリオンのパレスチナ・アラブ・ナショナリズムへの評価はもっと複雑であった。

前述の論文「農民の起源の考察」においてベングリオンはパレスチナにアラブ民族が存在する事さえ事実上否定している。ファッラーヒーンがアラブ民族であるとは言えないと論じたこの論文の中で、パレスチナ住民を構成する他の集団であるベドウィンと都市民については次の様に説明されていた。――少数者のベドウィンこそ七世紀の征服者の血を引く「純粋のアラブ人」であるが、彼らは未開の野性的な生活を送っている。一方、都市民は人種・民族・言語・宗教の上で雑多な集団であり、支配的な言語であるアラビア語を話す人々ですら出身地の多様性ゆえに一つの民族であるとは言えない。更に七世紀のアラブの征服以来ファッラーヒーンとベドウィンの間には敵意と憎悪が存在する。

この様に論旨を追ってみると、パレスチナにはアラブ民族と呼べる統一的な集団は存在しないという暗黙の結論に読者はたどり着く。すなわちパレスチナにはシオニズムに対する「アラブ民族」の強力な反対はあり得ない事になる。ベングリオンのこの論文は、やはり有機的な観点からファッラーヒーンのアラブ性を否定し彼らのユダヤ人社会への同化を予測した一九〇五年のボロホフの論文「シオンと領土の問題について」と似ているが、その単なる焼き直しと見る事はできない。なぜならボロホフが現地の事情に暗かったのに対し、ベングリオンはセジェラ事件を経た一九一〇年頃にはユダヤ人に対するアラブ人の民族的敵意を認めていたからである。現にこの論文を書いてから時がたたない一九一九年六月の第五回ヴァアド・ズマニ（Wa'ad Zmani，暫定評議会）で彼は次の様に発言している。

あらゆる人がアラブ人とユダヤ人の関係の問題の中に困難を見ている。しかし皆がこの問題に解決がない事が分かっているわけではない。解決はないのだ！　深淵が存在し何ものもこの深淵を埋める事はできない。パレスチナがユダヤ人に属する事にどんなとアラブ人の利益の衝突は詭弁によってしか解決する事はできない。パレスチナがユダヤ人に属する事にどんなアラブ人が同意するか私には分からない——たとえユダヤ人がアラビア語を学んだとしても。……我々は民族としてこの地が我々のものであって欲しいのだ。アラブ人は民族としてこの地が彼らのものであって欲しいのだ。[26]

すなわちベングリオンは本当はパレスチナにアラブ人の民族主義的反対がある事を認めていたにもかかわらず、他方ではその様な反対は存在しないという「詭弁」を、入植を正当化するために敢えて弄していた事になる。彼はパレスチナにアラブ民族は存在せず、アラブ民族運動そのものも存在しないという立場を、結成されて間もないアハドゥト・ハアヴォダーに浸透させた。しかしこの不自然なアラブ観は、委任統治の礎がいまだ不安定であった一九二〇年代初頭の一連のアラブ暴動によって修正を迫られた。

一九二一年五月暴動の直後にベングリオンは暴動は一部の煽動されたアラブ人暴徒の仕業であるとし、彼らは泥棒でありユダヤ人犠牲者は聖人であると断じているが[27]、一九二三年の第三回党会議ではアラブ民族運動の存在に明確に言及している。「我々の将来はアラブの人々と共にある。たとえ我々がこの地で多数派になったとしても、我々は膨大な数のアラブの人々に囲まれるだろう。我々はアラブ民族主義運動といまだに接点を見出していない。なぜなら彼らはアラブの人々を代表していないからだ」。ベングリオンのほかにも数人の発言者がアラブ民族運動の存在を認めたのみならず、それが将来シオニズムに敵対的なエフェンディー(アラブ人支配階級)に支配されなくなればそれと協力する事もあり得る事を示唆した[28]。同じ頃、ハポエル・ハツァイルの党員で後にマパイ(MAPAI、一九三〇年に成立した「エレツ・イスラエル労働者党」の頭文字をとった略称)のアラブ外交の担い手の一人となるハイム・アルロゾロフ(Chaim Arlosorov)も、パレスチナには「アラブ運動」なる「政治勢力」が存在する事を認め、パレスチナをめぐるユダヤ人とアラブ人の「同意の政治」の必要性を主張している[29]。こうして一九二〇年代初頭の暴動を境に労働運動の中には、パレスチナにはアラブ民族の一部が存在し、アラブ民族運動も存在する事を公然と認める空気が広がった。

以後ベングリオンは暴動に備えてイシューヴの自衛力の増強に努めると共に、「政治的・戦略的な理由からではなく原則に関する政治的・道徳的な意識から」、ユダヤ人とアラブ人の間に「祖国における公正で誠実な隣人関係、パートナーとしての関係」を築く必要性を訴えた[30]。「敵」の様な対立関係にはないが「同胞」よりは疎遠で、相互に独立性を保ち融合しない関係を想起させる「隣人」という言葉は、ベングリオンと労働運動の共存の理念と民族分離主義の折衷を象徴する用語として、一九二〇年代から一九三〇年代初頭のパレスチナにこだまする事になる。

しかし一九二〇年代にベングリオンら労働運動の多くの人々は、アラブ世界を包摂するアラブ民族運動の存在は認めても、パレスチナのアラブ人が独自の利害に根ざす別個の民族運動を持つ事までは公に認めるに至らなかった。パレスチナのアラブ人は大アラブ民族の一部であり、エフェンディーと労働者・農民の階級対立によって分裂した集団であると見なされたのである。ベングリオンと労働運動にとって汎アラブ的前提はパレスチナのアラブ人の唯一の祖国を奪っているという良心の呵責を回避させ、内部分裂の前提はユダヤ人労働者がエフェンディーに搾取されているアラブ人労働者との間に階級的な連帯を築く可能性を残した。一九二五年の第十四回世界シオニスト会議でのベングリオンの次の発言は、パレスチナ・アラブ人をパレスチナに現在も未来も住む人々として受け入れ、彼らとの関係改善を真摯に求める反面、彼らを大アラブ民族の一部と見なす事によって汎アラブ的枠組みによる紛争解決の余地を残そうとした事を窺わせる。

……我々とアラブ民族の関係はあまりにも重大で深刻であり、我々の行為の土台までかくも貫通し、我々の運命と未来にとってかくまでも決定的であり、その地における我々の移住と入植にかくも強く重く影響しているので、我々は内容と実質を全く持たぬ同胞愛や平和についての美辞麗句でもって我々の義務を果たす事はしないだろう。諸々の宣言や形式的な意志表示のみでは我々はその問題の重さを避け得ないだろう。

我々はアラブ人がここ数百年にわたって住んできた地に帰還しており、我々は何百万人もの民族（'am）に遭遇している。その一部は我々の地に現在住んでおり、今後も住むだろう。そして残りの部分は南北すべての近隣諸国に以前から根づいている。そして我々はこの民族の心へ向かう誠実な道を見出さねばならないのである。言葉や宣言によってではなく行為や行動によって、我々はユダヤ民族の中に誠実さを獲得せねばならないのである。[31]

総括すると一九二〇年代の共存の模索は、シオニズムの自明の正当性とパレスチナ・アラブ人のナショナリズムに対する過小評価の上に成り立っていた。従ってその模索が対立の抜本的解決につながる可能性は前提の段階で既に限定されていたのである。

第二節　階級団結の理念と現実

本節では前節で述べた前提の下に行われた共存の模索が、社会主義的理念に由来する面を持っていた一方、シオニズム的制約をも負っていたという二面性をベングリオンの階級団結の理念・構想とその実行状況の検討を通して明らかにする。

（一）　階級団結の理念

まずベングリオンが階級団結の理念をどの様に表現したのかを見ておきたい。

ベングリオンがアラブ人労働者との連帯を訴え始めたのは、アラブ問題の解決の緊急性を意識した一九二〇年代初頭であった。一九二〇年に彼はユダヤ人労働者とアラブ人労働者が助け合い、共闘し、将来の国家における同胞となる展望について次の様に語っている。

我々は我々自身のためのみならず現在の住民のためにも〔その地を〕建設する事を欲している。我々はその地の労働者の側からの兄弟の助けを望んでおり、また我々の側から彼らに援助を与える事を欲している。彼らと共に我々は資本の植民地的・帝国主義的政治に反対して闘うだろう。……我々はその内部においてアラブ人労働者が重要な地位を見出す様な社会を建設したいのであり、我々と共に彼らは自由な労働と社会的平等の上に建設された国家における同胞となるだろう。(32)

一九二七年の第五回党会議においてベングリオンは「アラブ人労働者との関係」と題する演説を行っている。まず彼は組織化されていない低賃金のアラブ人労働力が放置されれば高賃金のユダヤ人労働力に基づくユダヤ人産業は成り立たないという考えから、アラブ人労働者の生活水準と労働賃金を上げるべく「活発で誠実な援助」をする事を促した。しかしその一方で彼は「シオニズム意識」と「社会主義意識」に関する彼なりの倫理観から、アラブ人労働者との関係をユダヤ人にとっての利益の観点でのみ捉える事を拒んでいる。

しかし我々が、アラブ人労働者及び我々と彼との関係を利益の観点からのみ見る事は禁じられている。……その地のアラブ人住民はこの地の一部であり、自らのための目的であり、我々の間の関係は絶対的かつ平等な価値の関係であらねばならない。これこそシオニズム意識の真の土台であり、これこそ社会主義意識の不可欠な土台である――そしてその地における我々の仕事において、この意識を偽物とする事は我々にはできないだろう。

アラブ人住民をパレスチナの一部として受け入れる考え方は、民族を現住地と不可分のものと捉えるブントの発想を想起させる。この様な態度を前提としながらベングリオンは、ユダヤ人労働者がシオニズムの目的を曲げる事なく、アラブ人労働者との間に共通の利益や必要性に基づく労働者連合を結成して共闘する事を提言した。(33)

この演説に見られる様に一九二〇年代のベングリオンは、アラブ人労働者との連帯をユダヤ人の利益の観点からのみならず道徳の観点からも考えようとした。当時の彼の発言はシオニズムの枠を出ないにもかかわらず、アラブ人の存在に考慮する事を労働運動の使命の遂行の前提とした点で、シオニズムの遂行はアラブ人の思惑とは無関係であるとした一九一〇年代や一九三〇年代の彼の立場とは明らかに異質な光を放っていた。

……我々はアラブ人労働者を向上させる歴史的義務を持つ。もし我々がその地を建設するのなら、我々はその地に住む労働者人民をも建設するだろう。アラブ人労働者はその地の不可分かつ有機的な一部であり、その地の山脈の一つやその地の渓谷の一つの様に現実である。……そしてアラブ人労働者の重要性と状況の向上なくしては、我々の歴史的行為を達成できないという事を我々は知らねばならない。アラブ人労働者をも進歩させないなら我々は我々の労働者社会を前進させられないだろう。ヘブライ人労働者の運命はアラブ人労働者の運命と結び付いている(一九二四年、第四回党会議[34])。

この〔アラブ〕民族の労働者は、我々に対して全く悪意を持っていない時でも我々の生存を浸食している。彼の低い存在が我々の生存を浸食しているのである。……この労働者に対して我々は同志の手、誠実で汚れない手を差し伸べねばならない。そして……我々の民族的使命を否定する事も全くなく、我々の階級的使命を無視する事も全くなく、我々の生存や労働に対して常に忠実でありつつ、我々はアラブ人労働者に対して同胞としての、労働と分業における同胞としての助けを与えねばならない。〔アラブ人労働者が〕自らの地位の低さからはい上がるために、自らの無知と隷属から脱するために、彼らが力づけられるために――そして我々が力づけられるために(一九二六年、「ヘブライ人労働者とアラブ人労働者[35]」)。

アラブ人労働者との連帯の模索の背景には、一九二〇年代初頭の暴動の衝撃と共に、めざめつつある「東方諸民族と我々の歴史的運命は新たに結び付くであろう、そしてその第一列に立っているのがアラブ民族である[36]」というロシア革命直後に党内で活性化した楽観的なインターナショナリズムがあった事も否定できない。社会主義シオニズムがパレスチナと中東に解放的なインパクトを持つであろうという当時のベングリオンの信念は、第五回党会議における次の発言にも表れている。「我々の行為の遂行によって我々はユダヤ民族に贖罪をもたらすのみならず、……ここアジアにおいて社会主義的解放と労働者社会への道を示す最初の者になるだろうと信じる。我々が励んでいる行為は我々のものであるのみならず、国際労働運動のものでもあるのである」[37]。

ユダヤ人労働者とアラブ人労働者の連帯の彼方にベングリオンが見たものは二つの民族の融和であった。「この問題〔アラブ問題〕は既に長い間、我々労働者の心を理論上のみならず実践上も占めている。我々はアラブ人労働者と同胞の絆を結んでおり、我々は労働者によってアラブ民族への道を探している」[38]。「我々の隣人アラブ人との相互理解と相互合意への道を我々は自ら探し、見出さねばならない。この道を我々は村落と都市におけるユダヤ人労働者とアラブ人労働者の共同の仕事と相互扶助の中に見る」[39]。

（二）　階級団結の構想

民族融和に向けてこの様な理念と展望を描きながら、一九二二年の党会議でベングリオンはユダヤ人労働者とアラブ人労働者の関係について次の様な具体的提案を行っている[40]。

一、ユダヤ人労働者とアラブ人労働者（以下「両労働者」）大衆の間に経済的・政治的・文化的な協力に基づいて友好関係を打ち立てる。これは自由な労働者人民としての我々の運命にとって、またアラブ人労働者人民を抑圧から解放するために不可欠な条件である。

二、ヒスタドルートが政府から請け負っているすべての公共の仕事は両労働者の協力によって行われる。

三、労働の担当部局はアラブ人労働者のためにヒスタドルート付属病院や協同組合の食堂を設立する。余暇にはアラブ人労働者向けに労働運動、集団生活、アラブ及び一般の歴史、衛生などについての楽しく平易な講演を設ける。

四、両労働者が従事する労働のすべての部門(鉄道・金属工業など)では、ユダヤ人労働組合はアラブ人労働者をユダヤ人組合に結び付けられた労働組合に組織する。統一された労働組合は一体となって労働条件の改善を求める行動を指導し、アラブ人労働者の文化事業と医療援助を組織する。

五、ヒスタドルートは都市で両者共通のクラブを設立する。クラブは遠足や共通の娯楽を計画し、労働運動やユダヤ人・アラブ人の民族運動や時事問題などについての二言語での一般向けの講演を企画し、アラブ人労働者のためのアラビア語の大衆的読み物を発行し、アラビア語とヘブライ語の授業を設ける。

六、クヴツァー(Qbūṣah,キブーツとほぼ同義)は近隣のアラブ人村落と、強盗の襲撃に対する共同の自衛、労働の改善、近隣の労働者の相互扶助について交渉する。

過去二年間の暴動の傷痕がいまだ癒えない時期であっただけに、両労働者の社会・経済・文化面での提携、特に公共部門における協力についての提言には説得力があった。同年のヒスタドルート評議会への提案でも、ベングリオンはヒスタドルートの重要な課題として「アラブ人労働者、少なくとも鉄道・郵便・電報の業務においてヘブライ人労働者と共に働いている(アラブの)人々の組織化[41]」を挙げている。そこでまず公共部門における両労働者の連帯の構想を見る事とする。

① 公共部門における連帯

公共部門における両労働者の連帯の問題で焦点となったのが一九一九年に設立された鉄道労働者組織であった。この組織はほぼ同数のユダヤ人労働者とアラブ人労働者から成り、両者はそれぞれ民族部門を持っていたが、ユダヤ人部門だけがヒスタドルートに加入していた。

一九二五年のハイファにおける鉄道労働者評議会でベングリオンはユダヤ人労働者とアラブ人労働者の次の様な形の連帯を提案した。すなわち労働条件や労働者の保護など全労働者に共通する事柄については両労働者は一つの組織の下に共同行動をとり、文化や言語など民族的必要性に由来する事柄については「完全な自治と完全な平等」を維持するというものである。彼は両労働者の協力があくまでも民族的独自性を保持しながらの連帯であり、同化ではないと強調した。

……我々はアラブ人労働者にヘブライ民族組織に入る様にと懇願しているのではなく、ヘブライ労働者組織と結び付く様にと懇願しているのである。我々はアラブ人労働者が自らの民族と言語に対して自らを疎外する事を望まない。

ユダヤ人労働者と結び付く際にはアラブ人労働者はアラブ民族の一員であり続ける。ヘブライ人労働者がヘブライ民族の忠実な一員であり続ける様に。我々は自由なアラブ民族の構成員であるアラブ人労働者と、自由なヘブライ民族の構成員であるヘブライ人労働者の連合を望んでいる。この土台の上にのみ我々の間の統一の計画がある。(42)

この発言は直接的には、労働者の利益に忠実でないユダヤ「民族」組織に入る事になるのではないかというアラブ人労働者側の懸念に応える目的でなされたが、別の角度から見れば労働者の組織化における民族分離というパレスチナ・ポアレイ・ツィオン以来の原則に忠実な態度を表明したものであった。

鉄道労働者組織は第四次アリヤー期（一九二四―二八）に民族部門の廃止と、アラブ人鉄道労働者をメンバーとして受け入れる事をヒスタドルートに要求した。民族部門が失敗であった事は明らかであり、二つの人々の間に民族主義的感情が広がるのを助長するだけだというのがその理由であった。[43] ヒスタドルート内の左派に支持されたこの提案にベングリオンが答えたのが、一九二六年のハイファでの鉄道労働者評議会における演説であった。

この演説でベングリオンはインターナショナルな組織の土台、及び鉄道労働者組織とヒスタドルートの関係の二点について論じているが、前者は民族部門の廃止要求に、後者はアラブ人鉄道労働者をヒスタドルートのメンバーとして受け入れる様にという要求に答えた内容となっている。

ベングリオンはまずインターナショナルな組織の土台という第一の点については、一つの目的を持つ組織において二つの民族部門が存在する意義があるのは、二つの民族集団に共通する事柄とは別に各集団には他方にはない特別な必要性があるからだと述べて、民族部門の廃止には否定的な態度をとった。

第二の点、すなわちアラブ人鉄道労働者をヒスタドルートに受け入れる事については、ベングリオンは民族的出自にかかわりなくすべての労働者を受け入れると言明した。しかしヒスタドルートの正式名称「ヘブライ人労働者総組織」から「ヘブライ人」の語を削除すべきであるという鉄道労働者中央の提案については、組織の内容を変えずに名称のみを変更しても問題は解決しないとして斥け、またもし内容を変えたとしても、ユダヤ人労働者の必要性を満たす別の組織を設立せねばならないだろうと述べている。鉄道労働者組織におけるユダヤ人集団は必然的にヒスタドルートの一部であり、アラブ人集団もヒスタドルートに加入したければする事ができるが、もしこの事が意に反するならアラブ人集団はパレスチナの全労働者のインターナショナルな連合が設立されるまで待つ事になる、と彼は論じた。[44]

更にベングリオンは、ユダヤ人労働者とアラブ人労働者の組織的分離を土台としたこの様な連帯のあり方をパレスチナの全労働者に敷衍しようとした。それが次に見る「エレツ・イスラエルにおけるインターナショナルな労働者連合」の構想であった。

②　インターナショナルな労働者連合

一九二五年のヒスタドルート総会においてベングリオンは、民族や宗教の違いにかかわりなくパレスチナの全労働者を統一してその共通事項を管理する労働者連合の設立を提唱した。彼はこの連合の提案の趣旨を、「その地におけるユダヤ人とアラブ人の労働運動をなお長期にわたって隔てるであろう能力や発展段階の相違にもかかわらず共通の行動を可能にする連合的な組織形態」をつくる事だと説明し、賛否両論を予想しながらも、「ヘブライ人労働者とアラブ人労働者の連合のみがその地におけるヘブライ民族とアラブ民族の連合を確立し成就するだろう」と述べている(45)。その提案によると、連合の行動領域はインターナショナルな労働組合の糾合、労働条件の改善などを求めるその地の労働者階級闘争の管理、労働者保護法の改善のための行動、組織化された労働者のアリヤー、相互扶助のための労働者機関の設立、労働者の読み物や新聞類の発行など多岐にわたり、組織の共通語はヘブライ語とアラビア語であった。注目されるのは連合の組織的形態であり、その内容をまとめると次の様になる。

一、様々な民族の労働者が働いているすべての職種では労働者はインターナショナルな労働組合の中で統一される。

二、インターナショナルな労働組合内のすべての民族の労働者は自治的な民族支部に加入する。

三、すべての民族支部は民族的な労働者総組織（ヒスタドルートなど）において統一される。この組織は自らの規定と、連合及び提携する諸機関の規則に反しないという条件ですべての事項を自己管理する自由と権利を有する。

四、民族支部があるすべての職種においては、自らの民族支部を通じて以外はインターナショナルな労働組合にい

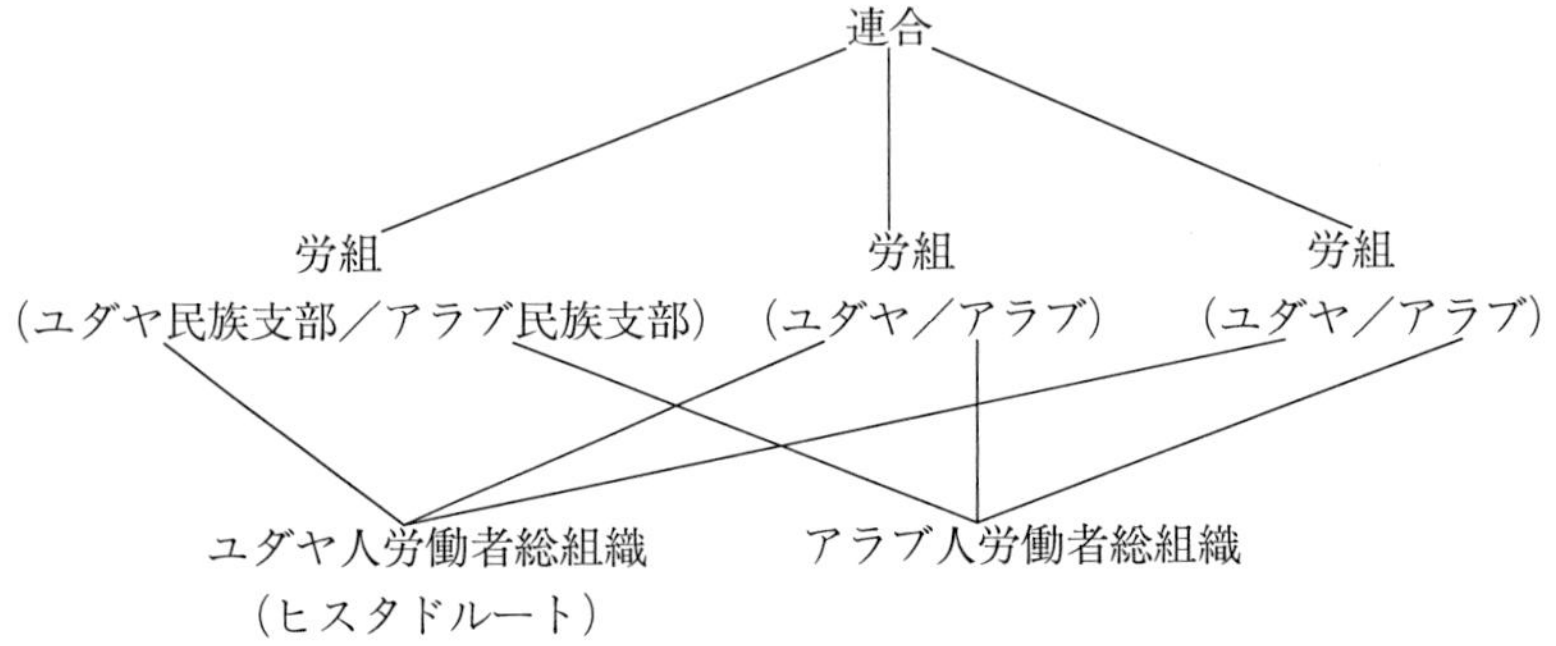

る事はできない。

五、連合の最高機関はインターナショナルな労働者評議会である。労働者評議会は民族的な労働者総組織から比例代表選挙で選ばれた代表たちから構成され、その内部から労働者委員会を選出する。[46]

一～五を図示すると上図の様になる。

この提案が両労働者の連帯と民族的必要性を同時に実現しようとしている事は明らかである。両労働者が民族支部や民族的な労働者総組織に所属した上で共通の組織的枠組みの中に統一されるというこの構想は、民族的な単位を維持しながら統一的な社会主義運動の一部でもあろうとしたブントの路線と類似し、後のパレスチナ連邦構想にも通ずる性格を持っていた。しかしその反面、アラブ人労働者の民族的な自立性を尊重している様に見える「寛容さ」が、彼らをユダヤ人組織の中に受け入れる事を拒む「民族分離主義」と紙一重でもあった事を見落とすべきではないだろう。

ベングリオンの提案したパレスチナの全労働者のインターナショナルな連合について、一九二六年の第三回ヒスタドルート総会は次の様に決議している。

一、会議は両労働者にとって共通かつ死活的な事項における彼らの行動の協調の必要性を見る。

二、共同の行動の土台にはその地におけるヘブライ人移住の積極的重要性と諸権利がおかれる。

三、この行動のためにエレツ・イスラエルの労働者のインターナショナルな連合が自治的な民族集団の土台の上につくられる。

四、連合の共通語はヘブライ語とアラビア語である。

五、連合のすべてのヘブライ人集団はヒスタドルートの有機的な一部であり、連合が創設されてもヒスタドルートの構造と規約は変わらない。その他のすべての民族集団も連合の内部で自治的な民族総組織と一体になる資格を持つ[47]。

右記のベングリオン提案とヒスタドルート決議から、ベングリオンと労働運動の構想したアラブ人労働者との連帯が、ユダヤ人労働者の利益に奉仕する組織としてのヒスタドルートの存在と、両労働者の自治――民族分離――を大前提としていた事を明確に読みとる事ができる。

（三）　階級団結の現実

これまでに見てきたベングリオンの階級団結の構想は、実際にはどの程度実現されたのであろうか。

ヒスタドルートは階級団結のスローガンを受けて、一九二五年四月にベンツヴィの編集の下にアラブ人労働者に対する階級教育を目的としたアラビア語紙「イッティハード・アル＝アマル」(Ittiḥād al-ʻAmal, アラビア語で「労働の統一」)を発行し始めた。都市では両労働者の共闘も見られ、ハイファの労働者評議会はアラブ人労働者のためのクラブを開き、ヘブライ語とアラビア語の夜間授業を行ったりした[48]。アラブ人労働者の側にもヒスタドルートのこの様な試みを受け入れる動きはあった。しかしそれにもかかわらず一九二〇年代の階級団結の試みは両民族の融和につながらなかったのである。

その根本的な原因の一つは、労働運動全体の大きな流れが民族的目標の達成に向かっていた事にあった。ベングリオン率いるヒスタドルートは、階級団結のスローガンの傍らでユダヤ人移民の統合や彼らへの職業斡旋とヘブライ語教育、更に都市や農村でのヘブライ労働（'Abôdāh 'Ibrît, ユダヤ経済においてはユダヤ人労働者のみが雇われるべきであるとする原則）の徹底に精力を傾けていた。一九二七年の第三回ヒスタドルート会議におけるヒスタドルート活動報告書はアラブ人労働者との団結に向けた活動に言及する一方、シオニズム活動の路線としてエレツ・イスラエルにおける生産的なヘブライ経済の創出や民族的入植のための充分な予備地の保証などをうたっている(49)。ヘブライ経済の創出のためにヒスタドルートによって繰り広げられたヘブライ労働のキャンペーンは、第四章で見る様に、入植地でアラブ人労働者を雇おうとする農場主とヒスタドルートに所属する労働者との間に暴力的衝突をもたらしつつ、ユダヤ人労働者とアラブ人労働者の分離を促進していく。

前述のインターナショナルな労働者連合の構想も、一九二四年にユダヤ人とアラブ人の合同労働組合としてヒスタドルートの下につくられた「鉄道・郵便・電報労働者連合」によって部分的に実現されたもの(50)の、パレスチナの全労働者を包摂する組織は遂に実現しなかった。その一つの原因としてはハポエル・ハツァイルがこの構想に強く反対していた事が挙げられる。「労働の征服」を当初からスローガンとしていた同党は、インターナショナルな連合がつくられれば「労働の征服」が危うくなり、しかも両民族の緊張が悪化するだけであると危惧していた(51)。

しかしパレスチナの全労働者のインターナショナルな連合の構想を挫いた最大の原因は、両労働者の協力と連帯が公共部門に限られるという矛盾した前提にあった。一九二二年のヒスタドルート評議会においてベングリオンは、農業などの民族的経済部門ではヘブライ労働によってのみ生産せねばならず、特定の民族に属さない鉄道や郵便などの公共部門においてのみ「その地に暮らす全民族出身の労働者が共に働くだろう」と述べている。[52] この事は彼の念頭にあった階級団結が、現実には民族の利益にとって死活的でない分野に限定されていた事を意味する。

しかしながら階級団結が想定された公共部門においても、組織の内部で両労働者が民族的帰属にかかわりなく混在するのではなく、民族部門に所属する事が前提となっていた事は既に見た通りである。民族部門については一九二四年末から一九二七年の第三回ヒスタドルート会議の後まで論争が続き、ヒスタドルート内では民族部門の存続に反対する左派とそれを擁護するベングリオンらアハドゥト・ハアヴォダーが激突した。注目されるのは、民族部門存続論が民族的利益のみならず民族間関係の公正さという点からも主張されていた事である。たとえばエリヤフ・ゴロンブ（Eliyahu Golomb）は民族部門の廃止をアラブ人労働者を同化する試みとして非難している。[53] これはベングリオンがユダヤ人労働者によるアラブ人労働者の搾取を防ぐという論理によってヘブライ労働を正当化した事とも共通していた。この様にアラブ人労働者との分離は、ユダヤ人による彼らの同化や搾取を避ける方策としても主張されたために、社会主義の理念に反するという誇りを容易には受け付けない複雑な側面を持っていた。

前述の「鉄道・郵便・電報労働者連合」についてもベングリオンは、別個の民族部門を維持してユダヤ人部門だけがヒスタドルートに加入すべきだと主張している。その結果、鉄道・郵便・電報で働く一〇〇〇人以上のアラブ人労働者のうち「連合」に加入したのは僅か一八人であった。「連合」のアラブ人労働者は、ヒスタドルートがヘブライ労働を追求し公共部門におけるユダヤ人労働者の割合の増加を要求している事に不満を抱き、ほどなくしてアラブ民族諸政党の管轄下にある別個のアラブ人労働運動（パレスチナ・アラブ労働者協会）の中核となった。[54] またベングリオンは、シオニズムから逸脱してまでアラブ人の権利を擁護する極左を鉄道労働者組織から追放しようとしてアラブ人の不信感を招き、アラブ人鉄道労働者は一九二九年に自らの組合を設立している。[55] かくしてベングリオンが階級団結の理念を掲げた公共部門においてさえも、両労働者は別個の労働組合に分離したのである。

そもそも階級団結というスローガン自体が社会主義的な動機と同時に民族的動機にも由来していた事に再び注目しておく必要がある。両労働者の協力とアラブ人労働者の組織化は、アラブ人労働者の地位の改善につながるという「利他的」な側面を確かに持っていたが、ユダヤ人労働者にとってそれが利益になるという面も重視されていた。

ヘブライ人労働者の場所と未来は現に存在するアラブ経済とは別の土台の上に、文化的な労働者を支え維持する様な土台の上に意図的に建てられる経済の中にしかない。しかしヘブライ人労働者は、アラブ人労働者が働いているすべての場所において生活の諸条件を改善し、彼の地位の向上を助ける事に多くの利益、死活的な利益を持っている。……ヘブライ人労働者の傍らで一二—一四時間働き一〇—一五ピアストル稼いでいるアラブ人労働者がその地に生きる限り、ヘブライ人労働者が一日八時間労働と三〇—四〇ピアストルの最低賃金を維持する事は不可能である。(56)

すなわちユダヤ経済とアラブ経済は最終的には分離する事になるのだが、分離が完成していない現時点ではユダヤ人労働者の労働条件を維持するためにアラブ人労働者の地位を向上させる事が不可欠であるというのである。それは突き詰めれば両経済が完全に分離すれば階級団結の必要性もなくなるという事を意味する。

この様に労働者階級の連帯というベングリオンの「社会主義的」スローガンは、実はシオニズム的な要素を多分に含んでいたために原理的に脆く、内部から崩壊する危うさを常にはらんでいたと言えよう。特に彼がこだわった民族部門とヘブライ労働は、アラブ人労働者を同化と搾取から守り彼らの自立的な存在を保証する方策としての側面がいかに強調されようとも、本質的に社会主義的理念にではなく、ユダヤ人の民族的利益を優先させてアラブ人を分離・排除する論理に根ざしていたからである。

第三節　自治による分離

労働者の組織化における民族部門の維持というベングリオンの発想は、ユダヤ人とアラブ人の政治的関係についての彼の構想にも適用された。すなわちベングリオンは、二つの民族が混在する労働組合に反対したのと同様に「二民族国家」を否定し、単一の組織における二つの民族部門を擁護したのと同様に、一つの地における二つの民族の自治を構想したのである。

二民族国家案は、ユダヤ人とアラブ人が将来のパレスチナにおいてどちらが多数派であるかを問わず議会制民主主義を通じて一つの国家の中に市民として共存する事を提案しており、ユダヤ人とアラブ人の和解をめざして一九二五年に創設されたブリット・シャローム(Brit Šālôm,「平和連盟」)や労働運動左派に支持された構想である。ブリット・シャロームは決して一枚岩の組織ではなかったが、全体として、パレスチナに民主政体を導入しようとしたイギリスの立法評議会提案を将来の二民族国家につながる措置として支持し、ユダヤ人がパレスチナで多数派になる事をめざすというシオニズムの基本的立場から逸脱する傾向があった。民主主義に基づく諸民族の共存という理想の前に民族的な利益を相対化しがちであったブリット・シャロームや労働運動左派などの「平和論者」との論争は、ベングリオンの共存の模索に潜む民族分離主義の本質を浮かび上がらせ、その論争の過程で彼が提示したユダヤ人自治構想は後のパレスチナ連邦案の土台をなす事になった。

（一）　立法評議会と二民族国家をめぐる論争

立法評議会をめぐる論争はまず、一九二四年の第四回党会議でベングリオンと世界ポアレイ・ツィオンの指導者シュロモ・カプランスキー(Shlomo Kaplansky)との間に繰り広げられて注目を浴びた。

ベングリオンが立法評議会に反対したのは、ユダヤ人が少数派である段階で民主主義を導入すれば必然的に多数派であるアラブ人に有利になるからであった。彼によれば、立法評議会の導入は「その地を建設しそこにとどまる我々の権利」を「土台から根こそぎにしたがっている」アラブ民族運動の指導者層、エフェンディーの手にパレスチナ全土の支配権を委ねる事に等しいのであった。しかしユダヤ人労働者は民族的にも階級的にも異なるエフェンディーとは対話し得ない。またアラブ人住民はそもそも、パレスチナにおける自決権を持ってはいるもののその地を建設しているわけではないので、その地への支配権は持たないと彼は論じた。党内には立法評議会が様々な党派、宗派、階級に属するアラブ人との唯一の会合の場になるとするベンツヴィの様な肯定論もあったが、ベングリオンはユダヤ人に不利になるとしてあくまでも反対し、代案として自治を行う二つの民族の連合を示唆し、二つの民族の労働者連合をその二民族連合の前段階として位置づけている(57)。

一九二七年の第五回党会議でもベングリオンは立法評議会の導入に反対し、「我々の前に一方で民主主義的な定式化が、他方で労働者大衆の生活の利益があった時には我々は現実的な利益を優先する」と述べて、多数派であるアラブ人の意思を反映する民主主義よりもユダヤ人労働者の民族的利益を優先させる事を示唆している。全土的な民主主義の代わりに彼は再び民族自治を提案した。「その地の住民の各部分が意のままに自らの事柄を秩序づける自由と自治の約束によって、正に我々は最大限の平和と相互理解を約束し、紛争を回避するのだ」と彼は述べ、自治が諸民族を分離する事によって民族紛争を防ぐ側面に注目している(58)。

立法評議会へのベングリオンの反対は二民族国家への反対につながるものであった。ブリット・シャロームや労働運動左派が最終目標として二民族国家を主張したのに対し、ベングリオンはあくまでもユダヤ人国家を最終目標としており、ユダヤ人が多数派になるまでの過渡期において自治を行う二つの民族の連合を想定した点で前者と本質的に異なっていた。ブリット・シャロームは将来の国家においてユダヤ人が多数派になる事を死活的であるとは考えなかったが、ベングリオンは「シオニズムは国家の建設を意味している。シオニズムからこの内なる土台を取り去った瞬間シオニズムは歪められその内実を失う。このシオニズム的観点は我々に何よりもまずその地におけるユダヤ人多数派をつくり出す事を義務づける(59)」と述べて、シオニズムの実現がユダヤ人多数派の創出と結び付いている事を強調している。

この様な相違は一九二五年秋にエルサレムで開かれたブリット・シャロームの会合で表面化している。ベングリオンは、ブリット・シャロームの「多数派ではなく『多くの人々』になる」という二民族国家の定式化をシオニズムからの逸脱であると非難した。ロシア、ポーランド、アメリカの様にユダヤ人口が多い所でもユダヤ人が少数派である限りユダヤ人問題が存在するからだ、と彼は言う。彼はアラブ問題に対処する方法として三つの可能性を挙げた。第一にその地における「我々の民族的・政治的目的の修正、第二にその地の現在の政治的状態の修正、第三に日常の諸関係の修正」であり、ブリット・シャロームが「我々の目的に加えようとしている修正」、すなわち第一の「民族的・政治的目的の修正」は反シオニズム的であるとして拒否している。更に彼は「我々の志向する国家は社会的正義と民族的正義の両方の上に建てられる」と述べて「民族の民族に対する支配のない」社会主義国家をめざす事を表明したが、その国家とはあくまでもユダヤ人多数派を擁するユダヤ人国家であった(60)。ベングリオンがアラブ人との関係で求める「正義」や「倫理」はここでも民族的願望に従属していたのである。

(二)　民族自治と隣人関係

二民族国家につながる立法評議会構想の代案としてベングリオンが提示したのが、ユダヤ人国家の前段階として二つの民族が自治によって分離する構想であった。もっとも当時の彼の関心は専らユダヤ人自治にあり、アラブ人自治の具体的内容については全く触れていない。彼の自治構想の原型は、一九一〇年代後半のユダヤ人自治構想(前述)と一九一八年末にジャボティンスキーらと共に起草した「パレスチナ暫定政府計画」(後述)に見られるが、彼個人の構想として包括的な展開をみたのは、一九二七年のエルサレムでの第二回アセファト・ハニヴハリーム('Asēpat ha-Niḇḥārîm, 委任統治領パレスチナのユダヤ人の議事機関である「選出議会」)における「民族自治と隣人関係[61]」と題する演説であった。

①　〈モシャヴァー型自治〉と〈ケヒラー型自治〉

この演説でまず目を引くのは、ベングリオンがアラブ人の権利を尊重するためではなく、高い文化的水準を誇るユダヤ人少数派と非文化的なアラブ人は同一の体制の下には生きられないので分離する必要があるという見地から民族自治を擁護している事である。

ベングリオンによれば、パレスチナでは住民が宗教・人種・言語などの面で多様なので「全土における単一の行政と一つの法の余地はない」のであった。従ってその様な多様性は「地方分権化、つまり住民の中のあらゆる特定の部分の特殊な必要性に応じた様々なシステム」をつくる事を余儀なくする。彼は一段と高い文化の持ち主であるユダヤ人が一律に法を適用されて非文化的なアラブ人多数派に合わせさせられ、また政府が多数派への考慮からユダヤ人を差別する恐れもあるとして、少数派としてのユダヤ人の特殊な立場が彼らの利益の法的・行政的・政治的な特別の保護を余儀なくすると論じた。

全国的な運営を必要とするものは中央政府の管轄下におかれるが、地方的・共同体的・人種的・民族的・宗教的事項は各人種や共同体などの権限の下におかれねばならない。委任統治政府であれ将来パレスチナに樹立される政府であれ、中央政府の権限は最低限にすべきであるというのがベングリオンの考えであった。ここでいよいよ彼はパレスチナにおけるユダヤ人の自治という本論に入る。

イシューヴの自治を考えるにあたって、ベングリオンは東欧と中東のユダヤ人の自治の伝統やオーストリア社会主義における民族自治の理論を振り返った。彼はバビロン捕囚時代まで遡るディアスポラのユダヤ人の「個人的自治」の伝統をポーランド・リトアニアのヴァアド(Wa'ad)やケヒラー、オスマン帝国のミッレトなどを列挙しつつ説明している。(62)「個人的自治」とは、民族の居住地単位ごとに行われる「領土的自治」とは異なり、ある民族に属する人々が居住地の違いにかかわりなく、自らの民族的帰属意識のみによって民族としての自治を各居住地において享受するという自治のあり方を指しており、オーストリア社会主義者も提唱していたものであった。

パレスチナでは既にユダヤ人は入植地という領土的な自治制度を持っているので、ディアスポラのケヒラーの様な精神的自治を改めて移植する必要はないとベングリオンは論じた。彼によればユダヤ人が再び領土的民族になる事の方が個人的・精神的自治を享受する事よりもはるかに重要であった。

ディアスポラでは「市民」としての必要性は市町村で、「ユダヤ人」としての必要性はケヒラーによって満たすという二重の生活を余儀なくされていたが、ベングリオンは「市民」としての必要性も「ユダヤ人」としての必要性も同時に満たす装置として自治を提案する。しかしここで彼はユダヤ人自治の計画がアラブ問題を避けては通れない事を率直に認め、「我々が我々自身のために要求するもの――それを我々は他者のためにも要求し、我々が他者から与えられる事を望むものを我々は他者にも与える用意がある」と述べてアラブ人にも自治を認める意向を示している。また民族間の公正な関係は人口的な力関係には左右されないと彼は強調した。

アラブ人住民に対する公正な処遇を前提として、ベングリオンは旧オーストリア＝ハンガリー帝国で領土的自治の補完として個人的原則に基づく文化的自治が唱えられた事を引き合いに出しつつ、パレスチナのユダヤ人が〈モシャヴァー型自治〉とも言うべき領土的自治を基本としながら、ユダヤ人が少数派である所でのみ例外的に小規模の自治である〈ケヒラー型自治〉を行う事を提案した。ここで「モシャヴァー」(Mōšābāh)の語は彼自身が断っている様に入植地の一類型を指すのではなく、「人が定住している所」を指す聖書の用法で用いられている。また彼の文脈において、領土的性格の強いモシャヴァーに対してケヒラーは、将来的に領土的単位に発展する可能性は否定できないものの、基本的に文化的自治の単位であったと考えてよい。

② ユダヤ人自治構想

領土的自治である〈モシャヴァー型自治〉と文化的・個人的自治に近い〈ケヒラー型自治〉が併存するユダヤ人自治構想の詳細を、ベングリオンは「民族自治と隣人関係」の演説の最後に「党の一グループの名で出されている提案」に沿って紹介している。

まず挙げられているのは「エレツ・イスラエルのユダヤ人クネセト」の機能である。ここでのクネセト(Knesset)とは一九一八年に設けられ一九二七年に委任統治政府によって公認された、パレスチナにおける政治的単位としてのユダヤ人共同体を指す。彼によれば、クネセトは「自らの権威によって自らのすべての内部事項を運営する」自治的共同体である。クネセトの最高機関はアセファァト・ハニヴハリームであり、それはクネセトの規則と地方的諸単位を設け、クネセトの執行部を選出し、クネセトの予算と税制を確立し、内外に対するエレツ・イスラエルのユダヤ人の代表として機能し、クネセトの権限に委ねられている全事項と住民の内部事項についての決定を行う。

クネセトの地方的単位はモシャヴァーとケヒラーである。

モシャヴァーとは常住の住民の四分の三以上がユダヤ人である連続的な居住空間である。村や都市におけるすべてのモシャヴァーは自治体を構成してクネセトに参加し、アセファァト・ハニヴハリームの権威に服し、自らの権限において地元の諸事項を処理し、住民の共同体的・経済的・文化的な必要性を満たす。モシャヴァー諸機関の選挙権と被選挙権は、アセファァト・ハニヴハリームの選挙権を持ち現地に六か月以上定住したすべての者に与えられる。

モシャヴァー外に住んでいるユダヤ人は各場所においてケヒラーを構成してクネセトに参加し、自らの権限において地元のユダヤ人のすべての民族的・共同体的・文化的事項を管轄する。モシャヴァーがなく、かつその内部に二十人以上のユダヤ人成年男女がいる所ではケヒラーが形成される。

アセファァト・ハニヴハリームによって選出されたヴァアド・レウミ（Wa'ad Le'umi,「民族評議会」）はクネセトの執行機関として、クネセトの権利と利益、クネセトの諸機関や諸単位や構成員をその地の政府と国際連盟の前で法的・政治的に守り、クネセトとその地方的単位であるモシャヴァーとケヒラーの教育・文化諸機関に対する監督を行い、クネセトとその地の非ユダヤ人住民の間に相互扶助と協力に基づく隣人関係を確立するなどの任務を負う。

③　連邦構想の土台としての自治構想

ユダヤ人自治構想を具体的に提示したところで「民族自治と隣人関係」という演説は締め括られているが、このユダヤ人自治構想はその前後の文脈の中で見るとどの様な特徴を持っていたと総括できるであろうか。

第一に、ユダヤ人自治は領土的自治と文化的自治の組み合わせで構想されていたのみならず、地方分権的な体制の中に位置づけられていた。地方自治と民族自治への並列的な言及は一九二〇年一月のポアレイ・ツィオン会議の決議や[63]、一九二九年半ばにアハドゥト・ハアヴォダーが第二回大英帝国労働者会議に寄せた文書の中にも見られる。後者の中でベングリオンは次の様に述べている。「〔この地における自己統治において〕最初にもたらされねばならないのは各市町村における自治と、……各共同体の民族自治である[64]」。

第二に、ユダヤ人自治は将来ユダヤ人国家に発展すると想定されていた。ベングリオンは一九二二年に「森を植えたい者はまず木を植える」と述べ、民族的郷土を望むならまず自治を実現させねばならないとして「木を植えるのに反対して森だけを望む」者を批判している[65]。また彼は一九二四年の第四回党会議でも「都市と村における領土的居住地の増加と共に、それらの拡大と共に、それらの土地のヘブライ人クネセトの権限内への集中と共に、……我々の領土的自治は実現され拡大され強化されてユダヤ人国家が建設されるだろう」と予測している[66]。

第三に、自治はイシューヴのみならずアラブ人共同体にも適用されるとされた。ユダヤ人自治とアラブ人自治の関係がどの様に考えられていたのかは、一九二〇年のポアレイ・ツィオン会議で示唆されている。アハドゥト・ハアヴォダーの指導者たちは二つの民族の自治を要求したが、その一方でパレスチナに対するユダヤ人の民族的な権利への信条で一致し、当時のユダヤ人口がパレスチナ人口の一〇％程度であったにもかかわらず、パレスチナのアラブ人の権利を大きなユダヤ人共同体の中の民族的少数派の権利として定義する必要性を主張している[67]。ベングリオンの自治構想は将来のユダヤ人国家におけるアラブ人の地位について明示的に触れていないが、この党指導部の立場を考えあわせると、ユダヤ人自治がユダヤ人国家の前段階として明確に位置づけられているのとは異なり、アラブ人は自治を享受するものの、将来のユダヤ人国家においては単なる民族的少数派にとどまる事が想定されていたと考えられる。

以上の三点のうち、領土的自治と文化的自治、民族自治と地方自治が併存するという第一の点と、自治はアラブ人にも適用されるが彼らはパレスチナに対してユダヤ人が持つのと同じ権利を持ち得ないという第三の点は、次章で検討するベングリオンの一九二九年連邦案に受け継がれた重要な前提であった。何よりも自治による二つの民族の分離を想定した事においてユダヤ人自治構想は連邦案の原型であった。しかし、連邦案はパレスチナ全土におけるユダヤ人国家の樹立という原則を条件付きながら再考したものであった点で、ユダヤ人自治がパレスチナ全土におけるユダヤ人国家に拡大発展する事を自明としていた自治構想と不連続な面も持っていたのである。

第四節　模索の限界

前節まではベングリオンの共存の模索が民族分離主義に制約され、論理的に一貫性がなかった事を見てきた。この事を踏まえつつ、本節ではパレスチナにおけるユダヤ人・アラブ人関係の現実と、その現実を直視してアラブ問題の力による解決を唱えたジャボティンスキーの議論という外部要因からベングリオンの模索の限界を照射する事としたい。

（一）　民族間関係の現実

ベングリオンの共存の模索の前提であった入植の正当性とパレスチナ・アラブ人の民族としての独自性を否定する主張は、パレスチナの現実に照らすと客観的にはどの程度正しかったのであろうか。ベングリオンの主張の中から三つの論点を抜き出してこの問題を検討してみよう。

第一に、シオニズムはパレスチナのアラブ人に恩恵をもたらしているという主張は現実と合っていたであろうか。

ここでパレスチナにおけるシオニストの活動がイギリスの政策を媒介として現地のアラブ人に及ぼした影響を概観してみよう。ユダヤ人移民の失業は不必要な公共事業につながり、また行政規模や暴動を鎮圧するための軍・警察の規模が大きくなったために、委任統治政府は多額の負債を抱える事になり、アラブ人住民に重税を課さざるを得なくなった。また一九二〇―二一年に政府は、パレスチナ内の穀物価格を下げてユダヤ人が買いやすくするためにアラブ人が生産する穀物の輸出を禁じた。重税や穀物価格の下落に加えて移民の流入によってパレスチナの生活必需品の価格が高騰したため、アラブ人の間では貧困化が進んでユダヤ人に土地を売らざるを得ない人々も出てきた(68)。

しかしその一方でシオニズムの恩恵を受けていると感じるアラブ人がいた事も事実である。土地価格が高騰したので地主はユダヤ人への土地売却によって莫大な利益を手にし、農産物を売る都市市場の拡大、賃上げ、公共サービスの改善は低階層の間にある種の繁栄の感覚をもたらした。

この様にパレスチナ・アラブ人は、シオニストの活動によって不利益を蒙っていると感じる人々と恩恵を受けていると感じる人々とに二分されていた。ただし恩恵を受けているとしてもそれはあくまでも経済的な利益であり、政治的な利益を享受していると考えるパレスチナ・アラブ人は当時でさえ皆無であった事(69)を考えれば、第一の論点は現実を正しく反映しているとは言えないのである。

第二に、パレスチナのアラブ人は内部分裂した集団で統一的な一個の民族ではなく、大アラブ民族の一部であるという見解は現実に照らして正しかったであろうか。

確かに一九二〇年代のパレスチナ・アラブ人社会においては分裂の要素は大きかった。一九二〇年代初頭の一連の暴動の後、一九二九年暴動までユダヤ人とアラブ人の関係が小康状態を保った一因は、パレスチナ・アラブ人社会のエネルギーが指導者層の内紛に費された事にある。一九二〇年十二月に設立されたアラブ執行委員会(The Arab Executive Committee)は内紛によって一九二〇年代末までには力を失い、それに代わって、一九二二年一月に設立されたハーッジ・アミーン・フサイニー(al-Ḥājj Amīn al-Ḥusaynī)率いる最高ムスリム評議会(The Supreme Muslim Council)がシオニズムへの反対における決定的な勢力となっていた。しかし指導者層の間ではハーッジ・アミーンの属するフサイニー家とナシャーシービー(al-Nashāshībī)家という名門同士の抗争が絶えず、ムスリムとキリスト教徒の対立も根強かった。また都市では早くからイギリス当局に対して反シオニズムの陳情が行われていたのに対し、農村では政治意識の欠如から親シオニズムの請願に署名する光景が見られたと言う。土地を奪われたファッラーヒーンは入植地を襲撃する一方、ユダヤ人の経営する農園で働く事もあった。また地主階級でもあるパレスチナ・アラブ民族運動の指導者層は政治的には土地売却に反対したにもかかわらず、私的なレベルでは利益を得るために売却し続けていた。この様に一九二〇年代のパレスチナ・アラブ・ナショナリズムは、私利を捨ててまで反シオニズムを貫くほど成熟した段階には達していなかったと言えよう。

しかしこの様な内部分裂と矛盾を抱えながらも、アラブ民族運動一般とは区別されたパレスチナ・アラブ民族運動は着実に成長していった。特に、最高ムスリム評議会議長となったハーッジ・アミーンはギリシア正教の復活祭とほぼ同時期に行われるナビー・ムーサー祭を大きな民族的祭典とし、一九二〇年代末には無教育な人々にシオニズムの危険を知らしめる事に成功した。こうしてパレスチナ・アラブ人社会は対立の契機をはらむ多様な集団を抱えながらも政治的・民族的統合の兆しを見せ始める。地方の人々は都市、特にエルサレムの政治エリートの地位を認め、ギリシア正教徒はムスリムに対する不信を完全に払拭したわけではないものの、自らをパレスチナ・アラブ人の一部と見なす様になるという重要な変化が起きつつあった。

またパレスチナ・アラブ人は汎アラブ主義の影響を受けてはいたが、必ずしも自らを大アラブ民族の一部とのみ位置づけていたわけではなかった。オスマン帝国下のエルサレムの特別な地位などの要因により十九世紀末から二十世紀初頭の時期に芽生えた「フィラスティーン」(Filasṭīn, アラビア語で「パレスチナ」)と呼ばれる地域に根ざすアラブ人ナショナリズムは、シオニズムという外圧を受けて政治化し始める。確かにパレスチナ・アラブ人はダマスクスのファイサル政権が崩壊する一九二〇年七月まで、パレスチナは南シリアの一部であると主張しつつシリアとの統合を要求していた。しかしこの要求は理念としての汎アラブ主義よりも、パレスチナがユダヤ人支配に委ねられる位ならば自らの政府を選ぶ事を約束されているシリアと統一される方がよい、という現実的な考慮にむしろ由来していたのである。アラブ統一王国の夢が潰え、パレスチナが歴史的に結び付きを持っていたシリアと政治的に分断されてイギリス委任統治下の自己完結的な領土的単位となった事により、パレスチナ・アラブ人は周辺アラブ地域とは異なる利害を持つ、反シオニズムを原動力とした領土的な民族意識を結晶化させていった(70)。

以上の事からすると第二の見解は、シオニズムの道義的ジレンマを回避し、パレスチナ・アラブ人との和解の余地を残すためにわざと主張された面も見逃せない一方、パレスチナ・アラブ人社会の急速な変化への理解不足にも由来していたと言えよう。パレスチナ・アラブ人社会における多様性や分裂、アラブ世界に連なるアイデンティティーの存在についての個々の指摘には正しい部分もあったが、一九二〇年代のこの社会が全体として内包していた太く力強いナショナリズムの流れを直視する事を避けて、ユダヤ人とアラブ人の対立の現実への目を曇らせたのである。

現実の直視を避けるという姿勢は、自分たちはアラブ人を追い出すために来たのではないという第三の主張にも表れている。統計によると、一九二〇年代には非常に大きな土地の購入が行われたために、アラブ人からユダヤ人へ移譲された土地の面積は一九三〇年代の三〇万デュナムを上回る五三万二九四四デュナムに上っている。この様な大きな土地の購入の際には小作人の大量追放が行われる事があった[71]。ベングリオンは小作人への正当な補償など土地を失った後の彼らの状況への配慮を求めているが、実際には労働運動も含めてシオニズム運動全体は小作人の保護に消極的であった。従ってアラブ人を追放する意図を否定する発言は理念的なものにとどまり、大土地購入の傍らで多くの小作人が生活の糧である土地を失った一九二〇年代の現実とは乖離していたのである。

これまでの簡単な検討から、ベングリオンが党内に定着させた共存の模索の前提に関する主張がパレスチナの現実と乖離していた事が明らかになる。彼の主張の背景には良心のジレンマを避け、階級団結による民族融和の可能性を失うまいという意図が垣間見える。しかしそれだけではなくパレスチナ・アラブ・ナショナリズムへの過小評価と、優越したユダヤ人社会がいつの日か強大になってアラブ人を妥協させるであろうという、バルフォア宣言後にシオニズム運動全体で支配的になった楽観があった事も否定できない。第四次アリヤー（一九二四―二八）の到来はこの様な楽観を支えるのに充分であった。結局ベングリオンと大半の党員は一九二九年暴動に至るまで、パレスチナに対する命を賭した愛が、徐々にではあるが着実にパレスチナ・アラブ人の間に成熟しつつあった現実から目をそむけ続けたのである。その無私の愛を、ハーッジ・アミーンは既に第一次大戦中に自作の短い詩の中でひそやかにうたっていた。「これぞ我が国、我が父祖の地なり――我その子らがために己を犠牲にせんとするものなり[72]」。

（二）　ジャボティンスキーとの共通点と相違点

ベングリオンやアハドゥト・ハアヴォダーの大半の党員とは対照的に、パレスチナのアラブ人が一個の民族としてシオニズムに反対している事を明確に認め、イギリスに依存しつつアラブ問題を軍事力で解決する事を主張したのが一九二五年にシオニズム右派の運動である修正主義運動を創始したジャボティンスキーであった。一九二〇年代のベングリオンとジャボティンスキーの間にはアラブ人との共存をめぐって重要なアプローチの違いがあったが、一方で本質的な共通点も存在した。一見意外に思われるこの様な共通点の存在は、ベングリオンの共存の模索につきまとうシオニズム的限界を早くから可視化する事となったのである。

①　パレスチナ暫定政府計画をめぐって

二人の共通点を最も早く浮き彫りにしたのは、一九一八年十二月末にイシューヴの全代表が一堂に会した「エレツ・イスラエル会議」で議論された「パレスチナ暫定政府計画」であった。この計画はジャボティンスキーらが起草しベングリオンも加わって最終草案をつくったもので、パレスチナの将来の政体をパリ講和会議に提案する事を目的としており、アラブ問題との関連では次の二つの重要な点を含んでいた。第一に、宗教・教育などに関する民族的・共同体的自治がすべての集団に与えられ、ヘブライ語とアラビア語が完全に平等な公用語である事である。第二に、ユダヤ人が多数派になった暁にはユダヤ人国家の樹立が想定されていた事である。そのユダヤ人国家は立憲民主国であり、その内部のアラブ人は少数派としての適切な権利を認められるとされていた。[73]

一九二〇年代のベングリオンのユダヤ人自治構想にも通ずる「パレスチナ暫定政府計画」は、講和会議に既に提出されていた世界シオニスト機構の公式提案の陰で結局日の目を見る事はなかった。しかしユダヤ人とアラブ人が自治を享受し、ユダヤ人が多数派になった時点でユダヤ人自治がユダヤ人国家に発展し、アラブ人はその国家内の少数派として生きるという展望をベングリオンとジャボティンスキーがこの時点で既に共有していた事が分かる。イシューヴが民族自治を経て民族国家へ成長する強大化のプロセスをアラブ人は黙認するであろうという前提も両者は明らかに共有していた。

②「鉄の壁」をめぐって

更にベングリオンとジャボティンスキーの共通点を逆説的に照射したのが、ジャボティンスキーの一九二三年の二つの論文「鉄の壁」と「鉄の壁の道義性」であった。

「逆説的に」というのは、ジャボティンスキー論文は表面的にはベングリオンと労働運動の共存の模索に正面から挑戦するものであったからである。しかし同時にジャボティンスキー論文は、ベングリオンと労働運動が向き合う事を避けた共存の模索の道義的矛盾や限界を容赦なく指摘し、彼らの立場は本当は自分と変わらないのだという事を強く示唆したのである。

第一論文「鉄の壁」におけるジャボティンスキーの基本的前提は「我々とパレスチナのアラブ人の間の自発的合意は現在あるいは予見できる将来において考えられない」というものであった。なぜなら生活空間がいかに広くとも土着の住民が外部からの入植者を受け入れたためしは歴史上なかったからである。「この原則はアラブ人にも当てはまる。我々の間の平和の擁護者たちは、アラブ人が我々の目的についての穏当な解釈によってだまされ得る愚か者か、文化的あるいは経済的利益と引き換えにパレスチナに対する彼らのより重要な権利を放棄する用意のある貪欲な部族であることを我々に納得させようとしている。私はアラブ人の性格のこの様な評価を完全に拒否する。」アラブ人の文化的水準は低いけれども、「彼らは少なくともアステカ族がメキシコに対して、スー族がプレーリーに対して示したのと同じ本能的な愛と原初的な熱狂でもって」パレスチナと結び付いている。この様に論じた彼は、個人としてのアラブ人は買収できても人々としてのアラブ人は愛国的情熱を売り渡す様な事はしないと断言した。

アラブ人の反対の原因はシオニズムの目的についての彼らの不完全な理解にあると主張する人々をジャボティンスキーは嘲笑し、アラブ人はシオニズムの目的をあまりにもよく理解しているからこそ激しく反対しているのだと指摘した。「入植には一つの目的しかあり得ない。この地のアラブ人にとってはその目的こそが本質的に受け入れられないものなのである。これは自然の反応であり、何ものもそれを変える事はないだろう」。

それではアラブ人との合意の可能性はあるのだろうか。ジャボティンスキーは、たとえ汎アラブ的な枠組みでの合意が万が一に可能だとしてもパレスチナのアラブ人の精神構造を根本的に変える事にはならず、彼らにとってはパレスチナこそが依然として自らの祖国であり続けるだろうと明言している。

ジャボティンスキーの結論は次の様であった。――アラブ人との合意をシオニズムの必須条件と見なす人々は、その様な合意はもともと不可能なのでシオニズムを放棄するしかない。「我々は我々の入植努力を中止するか、地元民の気分に注意を払わずにそれを続けねばならないか、そのいずれかなのだ。入植は地元民に依存しない力の保護の下で、彼らが破壊する力もない様な鉄の壁の背後で発展する事ができる」。彼の言う「鉄の壁」とはイギリスと協力してつくられるユダヤ人の自前の軍事力であった。「我々を追い出す事に成功するだろうという希望がほんのかすかでもアラブ人の心の中に残っている限り、希望を捨てるべく彼らを説得する力を持つ甘言や約束は全くあり得ない――なぜなら正に彼らは暴徒ではなく生きた民族だからだ」。頑なな反対が「鉄の壁」に当たって砕け散った時に初めて、穏健な反応とより実際的で控えめな分子が前面に出て来て交渉への道が開かれるであろう。「それから彼らを満足させるであろう保証を我々が申し出て、双方の人々が良き隣人として平和のうちに暮らすという事が私の希望であり信念である。しかしこの合意への唯一の道は鉄の壁を通っている。それはつまりアラブ人の圧力に絶対に影響されない力をパレスチナに確立するという事である。すなわち将来において協定を達成する唯一の道は、現在において協定に達しようとする試みを完全に避ける事である(74)」。

第二論文「鉄の壁の道義性」においてジャボティンスキーは先の論文への批判に応えて、自らの理論の道徳的含意に焦点を絞っている。彼は軍事力に基づく和平という自らの提案自体を道徳的であるとしてはいないものの、「シオニズムは……正義を味方とする道徳的運動である」と主張する。そして「大義が正しいなら他者が同意するか否かにかかわらず正義が勝利せねばならない」のであり、言い方を換えれば公正な目的は暴力的手段を正当化するのであった。道徳的問題の根は「鉄の壁」にではなく、パレスチナにおけるユダヤ人入植という概念そのものの中にあるのだと彼は論じた。道徳的に無欠であろうとする者はユダヤ人入植の考えを放棄せねばならない。しかしアラブ人が自らの意のままになる豊富な資源を持っているという観点から見れば、いかなるシオニストの「平和論者」も自らの領土についての希望を放棄しようとは思わないだろう、と彼は述べる。

さまよえる人々に故郷をつくるために、広大な領土を持つ民族から一片の土地を徴用する事は正義の行為であり、もし土地を持つ民族がそれを割譲する事を望まないなら(そしてこれは全く自然な事だが)それは強制されねばならない。神聖な真実は、その実現に力の行使が必要だからという理由で神聖な真実でなくなるわけではない。これがアラブ人の反対に対する我々の立場の土台である。そして我々は彼らが合意について話し合う用意ができた時に初めて合意について語るだろう(75)。

パレスチナを唯一の祖国と見なすアラブ人ナショナリズムの存在を明確に認め、和解の余地を否定したこの二つの論文は、労働運動の共生の理念に挑戦するものとして大きな波紋を投げかけた。ベングリオンは一九二六年に次の様に書いている。「シオニズム運動がその地のアラブ人住民の問題を完全に無視し、あたかもエレツ・イスラエルが無人で全く住民がいないかの様に自らの計算をした時があった。この様な素朴なシオニズムの時代は既に永久に過ぎ去った。多分いまだに、その地におけるアラブ人住民の存在について確かに知ってはいるけれども、それを直す事のできる誤りと見ているジャボティンスキーの様な個々のシオニストはいるだろう……。責任あるシオニズム、特に社会主義シオニズムはこの誤った幻想によって間違いを犯す事はできない」(76)。

ベングリオンにとってアラブ問題に真摯に対応する事は、社会主義的理念と共に「責任あるシオニズム」の観点からも避けて通れなかった。アラブ人やイギリス世論を考慮する事もなくアラブ問題の力による解決を声高に唱えるジャボティンスキーら修正主義者は、シオニズム運動そのものに対して無責任であると彼は考えていた。一九二五年の第十四回世界シオニスト会議での彼の発言からは、修正主義者の現実感覚の欠如やアラブ人との対立を煽る無責任な言動への怒りが読みとれる。

ヘブライ人労働者を非難する人々は、ヘブライ人労働者がアラブ人労働者に差し伸べる援助や、労働者組織〔ヒスタドルート〕がインターナショナルな組織を支持する用意がある事や、アラブ人労働者の生活水準と意識を高めようとするそれ〔ヒスタドルート〕の努力を非難している。――ユダヤ人労働者は『ドアル・ハヨム』〔修正主義者の機関紙〕のこれらの非難ゆえに後退する事はないだろう。それらの非難は、私はそう望むのだが、イシューヴ全体の世論を表現してはいない。その地における我々の行為の運命を真に憂慮するあらゆる者や建設の責任を負うあらゆる者は、たとえ労働者の隊列に属していなくとも、その地におけるユダヤ人労働者とアラブ人労働者の間の協力の道を見出したいという我々の道徳的・政治的願望を正しく認識するだろう(77)。

共存の模索と共存の否定というベングリオンとジャボティンスキーの主張の相違の背後には、一九二〇年代の労働運動と修正主義運動とを分けたナショナリズムと道徳についての異なる世界観が横たわっていた。一九二〇年代のベングリオンと労働運動の人々はシオニズムの制約を受けながらも、シオニズムとは別の次元に普遍的な正義が存在するという信念を完全には失わなかった。その信念の故にこそ彼らは労働運動を正義に基づかせるためにパレスチナ・アラブ人との共存を模索したという面があったのである。これに対して、ジャボティンスキーと彼が後に創始する修正主義運動がパレスチナ・アラブ・ナショナリズムを公然と認め、共存の可能性を否定したのは、彼らがシオニズムそのものを無批判に正義と同一視したために道義的ジレンマを感じる必要がなかったからである。

更に踏み込んでジャボティンスキーは労働運動の共存の模索を偽善であると批判し、その模索の根底に潜む民族分離主義が自らの主張と本質的に変わらない事を強く示唆した。彼は自らの「鉄の壁」の主張がシオニズムの願望の本質を突いているが故に、労働運動を含むシオニスト全体の暗黙のコンセンサスになっているとさえ自負していた。「この意味で我々の『軍国主義者』と『菜食主義者』の間に意味のある違いはない。ある者はユダヤ人の銃剣の鉄の壁を好み、他の者はイギリス人の銃剣の鉄の壁を提案し、第三の者はバグダードとの合意を提案しバグダードの銃剣に満足している様に見える――奇妙で幾らか危うい風情だが――しかし我々は皆、昼も夜も鉄の壁をほめそやしているのである(78)」。

ジャボティンスキーのこの指摘はベングリオンにとって耳の痛いものであったはずである。ベングリオンが階級団結によるアラブ人との相互理解の選択肢を捨てなかった一方でハガナー(Haganāh, イシューヴの自衛組織)による自衛力増強やヘブライ労働によるイシューヴの強化を進めた事実、そして、アラブ人がユダヤ人を追い出す力がないと悟った暁に「我々は共に働く事ができる」(一九一六年)、「我々がここで三万人ではなく三〇万人の労働者になった時、我々が五〇ではなく五〇〇のクヴツァーになった時にこの時〔アラブ人労働者が我々を理解する時〕は来るだろう」(一九二七年)[79]と述べている事は、彼が「鉄の壁」の主張を正に共有していた事を物語るからである。

こうしてジャボティンスキーの「鉄の壁」は、普遍的な正義をめぐる一九二〇年代のベングリオンらの世界観との断絶を示す一方、民族分離主義に制約された彼らの共存の模索の限界を鏡の様に映し出した。一九二〇年代にはまだ失われていなかった道徳意識に基づく共生の理念は、ジャボティンスキーによって根幹から揺るがされる事になったのである。

ベングリオンの共存の模索が倫理意識のみならず、パレスチナ・アラブ・ナショナリズムへの過小評価から来る楽観を背景としていた事をもはや繰り返す必要はないだろう。しかし後の展開は、彼が満州事変に際してもなお調和的な日中関係への幻想を捨てる事ができなかった同時代の新渡戸稲造ほど、現地住民のナショナリズムに関して素朴な認識の持ち主ではなかった事を示す事になる。「昨日せねばならなかった事を今日否定し、今日否定した事を明日課す事を恐れない」[80]というベングリオンの一九二三年のレーニンへの評言は、一九三〇年代に彼自身がアラブ問題に対して選択する事になる道をはからずも予言していた。

第三章　分離する「隣人」

――パレスチナ連邦構想の挫折――

一九二〇年代のユダヤ人自治構想に見られた〈分離しつつも共存する隣人〉とも言うべき考え方は、一九二九年暴動後にベングリオンが起草したパレスチナ連邦構想に結実した。それは二つの人々が民族自治によって分離しながらも一つの連邦国家の中に共存する事を構想したものであり、民族分離主義の要素を色濃く持ちつつも、パレスチナ全土におけるユダヤ人国家の樹立というシオニズム全体のコンセンサスを再検討しようとした点で、アラブ人との共存の選択肢となる可能性を秘めていた。労働運動内で連邦構想が議論された一九二九年末から一九三〇年初頭の数か月は、一九三〇年代にパレスチナ・アラブ人との暴力的分離を選択する事になるベングリオンと労働運動という漸近線が、二民族国家を唱えるブリット・シャロームという軸とかつてなく接近した瞬間であった。

パレスチナ連邦構想は、ナショナリズムが暴力的に高揚し社会主義労働運動が行き詰まりを見せた一九三〇年代の世界の中で、社会主義シオニストのたどった民族分離への道における短期間の「脱線」として位置づけられる。本章では以下の構成によりその失われた共存の選択肢に光を当てる。第一節では連邦案のつくられる背景となる一九二九年暴動後のベングリオンの発言や態度表明を検討し、第二節では連邦案の内容とその挫折の過程をたどり、第三節では連邦案の性格と意義を考察して結びとする。(1)

第一節　分離と共存のはざまで

（一）　一九二九年暴動

シオニズムという一線を決して踏み越えないながらも、一九二〇年代を通してアハドゥト・ハアヴォダー内に根強く残っていた労働者階級の団結に対する楽観的な信頼は、一九二九年八月にエルサレムの聖地「嘆きの壁」をめぐって起きたユダヤ人とアラブ人の流血の衝突を機に大きく動揺する。この暴動が単なる局地的な宗教紛争ではなかった事は、二つの人々の衝突がヘブロン*などの聖地にとどまらず、瞬く間にパレスチナ各地のユダヤ人入植地に波及した事が物語っていた。

しかし社会主義シオニストの中には、カツネルソンやタベンキンの様にこの暴動を一部の「暴徒」による煽動や「聖戦」と位置づけ、その政治性を認めようとしない人々もいた。それはパレスチナ・アラブ人の「後進性」に対する侮蔑に由来していたと共に、暴動の背後に政治的目的を持つアラブ民族運動が存在する事を認めれば、「正義の運動」を標榜してきた労働運動が社会主義の理念と民族問題をめぐる深刻な道徳的ジレンマに陥るのは目に見えていたからでもあった。当初、暴動を民族紛争ではなく、「血に飢えた暴徒」や委任統治政府やシオニズム右派である修正主義者の煽動の結果であるとする見解を示していた党の指導者ベングリオンも、そうした人々の一人であるかの様に見えた。

彼は暴動の直後に次の様に述べている。

> 壁の事件においては、我々はここで血の宗教戦争に火をつけたがっている我々の敵どもの罠にかからぬ様に注意せねばならない。これは我々とアラブ人の間の紛争ではない。（ヴァアド・レウミでの演説[2]）

その地のテロ暴動の責任はすべて――殺人や掠奪に直接的に罪ある人々、つまり血に飢えた暴徒や彼らの煽動者を除いて――その地の当局の長にある。……〔委任統治政府は無策によって〕暴徒や殺人者の手を強めたのだ。(アハドゥト・ハアヴォダーとハポエル・ハツァイルの共同声明)(3)

我々の道徳的力のすべてを挙げて〔修正主義者の〕この歪んだ民族主義的情熱に対して……抵抗せねばならない。それは……我々の民族運動の道徳的純粋さを曇らせ、シオニズム概念の贖罪的・人道的内容を歪めているのである。(同上)(4)

(二) パレスチナ・アラブ民族運動の承認

しかしベングリオンは実際には、一部の人々の煽動という評価では説明できないこの暴動の大衆的性格や広域性にはっきりと気付いていた。彼はアラブ人の中にも暴徒に手を貸さずにユダヤ人を守った人々がいたと留保を付けながらも、暴動が基本的にイシューヴへのアラブ人大衆の敵意に根ざすものであった事を指摘している。

エルサレムのムフティー〔エルサレムのムフティーの地位にあったハーッジ・アミーン・フサイニー〕一派によって準備され組織されたヘブライ人イシューヴへの攻撃は、単に〔最高〕ムスリム評議会やムスリム・キリスト教徒協会を支配している一団のエフェンディー〔アラブ人支配者階級〕による行為というだけではない。襲撃には都市や村の大衆、特にベドウィンが参加したのである。掠奪や殺戮の願望がその地のアラブ人の多くの部分を近づけたのである。……我々は野蛮な人民大衆の最も恐ろしい本能の爆発の前におかれたのだ――苛立つまでの宗教的情熱、強奪や掠奪への願望、血への渇望。その目的……はユダヤ人イシューヴ全体の根絶と、その地におけるイ

シューヴの行為の破壊である。(5)

更に重要であったのは、ベングリオンが労働運動の指導者として初めて、パレスチナ・アラブ民族運動の存在を事実上認める発言を公の場で行った事であった。

アラブ人の間での民族運動の存在を否定する同志たちがいる。彼らはアラブ人と自分たちの間にアラブ人の分裂を見ているのである――ムフティーと反対派の分裂、ムスリムとキリスト教徒の対立、名家の抗争、農民とベドウィンの間の憎悪を。アラブ民族運動は積極的な内容に欠けるという事は正しい。運動の指導者たちは農民の援助者であるどころか彼の血を吸い、民族的覚醒を私利のために利用している。しかしもし我々がアラブ人と彼らの運動を我々の尺度ではかるなら我々は誤りを犯すだろう。すべての民族は自らにふさわしい民族運動を持っている。政治運動の明らかなしるしはそれが自らの周りに大衆を集める事を知っている事である。この観点からすれば我々の前に政治運動がある事は疑いない。だからそれを軽視しない様にしようではないか。(6)

この発言の前半にある「アラブ人の分裂」とは、パレスチナ・アラブ民族運動の存在を否定する論拠としてベングリオン自身が一九二〇年代にしばしば言及していたものである。党はこのベングリオンの説に倣ってエフェンディーとアラブ人労働者階級の対立が「その地の住民」を一体にする事を妨げていると主張してきた。今やベングリオンは自らが確立したこの様な見解にこだわる同僚のベンツヴィやカツネルソンを逆に批判して、「積極的な内容に欠ける」という軽蔑をこめた留保を付しながらも、それまで少なくとも公式には否定してきたパレスチナ・アラブ人の運動の政治性を認める立場に転じたのであった。暴動の大衆的広がりを前にしてはアラブ人労働者と農民の利益がエフェンディーのそれと対立しているという党の説明は明らかに説得力を欠いていた。パレスチナにおける二つのナショナリズムの存在を公認したベングリオンは、アラブ問題の政治的解決を正に模索していたのである。

（三）「隣人」として

ベングリオンが模索したアラブ問題の政治的解決は、パレスチナをユダヤ人とアラブ人から成る連邦制国家にしようとする構想として暴動から約二か月半後に結晶した。党の同僚たちに提示される前にこの構想が記された当時の日記は、彼が連邦という枠組みの中での二つの人々の共存の可能性を誰にも打ち明けずに熟考していた事、すなわち政治的解決としての連邦案を「本命」と捉えていた事を行間に伝えている。

しかしその二か月半の間にもベングリオンは暴動の衝撃に揺れるイシューヴに対して何らかの解決策を提示せぬわけにはいかなかった。この頃の彼の公の場での発言には、シオニストである事を放棄せずにアラブ人との間に平和的な「隣人」関係を築く事は可能かという切実な問いかけが滲んでいる。彼が強調したのは、アラブ人との合意のためにはユダヤ人がパレスチナで多数派になるのを諦めるべきであるというブリット・シャロームの平和主義とも、アラブ人との合意の見込みは全くないというジャボティンスキー ら修正主義シオニストの非妥協的な態度からも距離をおく、プラグマティズムに基づく共存であった。

永久に我々にはアラブ人と共に生きる事が、それもこの地に住む何十万人というアラブ人のみならず、近隣諸国の何百万人というアラブ人と共に生きる事が課せられたのである。……何千万人というアラブの人々や何億人というムスリム世界との平和的な関係、これこそ我々の歴史的運命の聖なる命令である。……私はシオニズムの一%たりとも「平和」のために手放す用意はない。しかし私はシオニズムがアラブ人の権利と彼らの正当な利益を一%たりとも侵害する事を欲しない。この我々は一〇〇%シオニストであるけれども理解と合意の道を求めねばならない。そしてもしその地〔パレスチナ〕のアラブ人や今彼らの名において語っている人々がいまだに我々を理解できないなら、我々は何百万人ものアラブ人と世界のムスリムへの道を求めるであろう。……我々がイスラエルの地において欠いているのはユダヤ人である。そして我々のすべての努力はこの欠如を埋める事に向けられねばならない。……そしてかくなるための重要な条件は我々の隣人たちとの平和的な関係である。(7)

ジャボティンスキーが一九二三年の論文「鉄の壁」の中で、アラブ人はシオニズムの目的を知りすぎているが故にシオニズムに反対していると指摘したのに対し、ベングリオンは逆に、シオニズムについての正しい知識を持たせる事が相互理解の出発点になるとも述べている。

我々はアラブ人をシオニストに変えようと試みはしないだろう。……しかし我々は彼にシオニズムとは何かを説明せねばならない。……シオニズムは何を欲しているのか、それは誰に依存しているのか、それの力と能力はいかなるものか、そしてその地のアラブ人や近隣のアラブ民族とそれとの関係はいかなるものか。アラブ人を追い払ったり隷属させたり……するために我々が来たのではない事をアラブ人は知る必要がある。……アラブ人への理解と公正な隣人関係の為に我々の共同体を教育する必要がある。……我々の隣人を知る事を学ぼう、そして我々についての正しい知識を我々の隣人に与える事に骨を折ろう。相互に認め合う事こそ相互理解の第一の条件である。

しかし彼の言うシオニズムについての正しい知識とは、アラブ人から見れば矛盾に満ちたものであったに違いない。なぜなら彼によれば、アラブ人はシオニズムが「一過性の偶然の事柄ではなく必然性であり……やめさせたり黙らせたりする事ができない」事を知らねばならないと同時に、「イスラエルの地の住民の権利を奪うのではなく逆に彼らに祝福をもたらしている」事をも悟らねばならなかったからである。

シオニズムがアラブ人に「祝福をもたらしている」事を納得させるものとしてベングリオンが主張したのはアラブ

人との社会経済関係の改善であった。「いまだに我々の隣人たちの間では〔シオニズム〕運動への信頼はないが、友人になるための個人的ステップを踏む事はできる。共同の会合と対話、政府に対する政治的な共同歩調。我々は生産物の販売、土地の信用貸し、税制の改善を求める闘争、農業の改善においてどの程度協力が可能なのかを検討せねばならない(8)」。

(四) ヘブライ労働とイシューヴの要塞化

しかしアラブ人との社会経済関係の改善というこの提案は、一九二〇年代にベングリオンが繰り返してきただけに、他の党員にとってのみならず彼自身にとっても新鮮味を欠いていたはずである。現に彼は他方で、その後のイシューヴがたどった民族分離への道を予兆させる主張を二つ行っている。それはユダヤ人入植村におけるヘブライ労働の徹底化とイシューヴの「要塞化」という議論であった。

① ヘブライ労働

「ヘブライ労働」とは、労働運動の基礎が築かれた第二次移民期(一九〇四―一四)に確立された、ユダヤ経済においてはユダヤ人労働者のみが雇われるべきであるとする原則であり、階級と民族を結び付けた社会主義シオニズムの中心的な概念である。それはユダヤ人入植村において低賃金のアラブ人労働者との経済的競合に直面したユダヤ人労働者が、アラブ人労働力の排除をめざした「労働の征服」運動の根底にある考え方であった。

しかし社会主義シオニズムに基づかずに建設された個人所有・個人経営の入植村であるモシャヴァーの大部分では、当時はまだアラブ人労働者数がユダヤ人労働者数を上回っていた。ベングリオンは公共事業については「混合労働」

を否定しなかったが、モシャヴァーについては「ヘブライ労働」の徹底を強硬に主張した。暴動という「大きな災いがイシューヴとシオニズムの盲目の目を開いたのなら、我々はその目を閉じようとしてはならない」と彼はヒスタドルート評議会で呼びかける。「我々は九九％ではなく一〇〇％〔のヘブライ労働〕を要求せねばならない。……長年の間にモシャヴァーに定着したアラブ人労働者は、充分な補償と自由な労働者として入植する可能性を得なければならない」。「反セム主義者だけが、モシャヴァーにおける我々の闘争をアラブ人労働者を害する行為と見なすだろう。アラブ経済がユダヤ人労働者の前に閉ざされている限り、我々はユダヤ経済における完全な形での労働の完全な権利を持つ(9)」。

ユダヤ人の生存の基盤を敵対的なアラブ人から守らねばならないという暴動後の危機感の中で、ベングリオンはユダヤ人とアラブ人の経済的分離を以前にも増して擁護する様になったのである。この様な議論は彼自身が提唱した二つの人々の社会経済的関係の改善の努力を根本から破綻させるものであった。実際にヘブライ労働を徹底化させようとする闘争は暴動後強まり、ベングリオンがその指導的地位にあったヒスタドルートは都市のユダヤ人産業からアラブ人労働者を排除するキャンペーンを実施していく事になる。

②　イシューヴの要塞化

第十六回世界シオニスト会議の行われたチューリッヒからの帰途、船上で暴動の報を受けたベングリオンは直ちに次の様な電報をパレスチナの同志たちに打っている。「イシューヴとシオニズムへの攻撃に対する我々の答えは、早急に人と資本をエレツ・イスラエルに入れる最大限の努力でなければならない。……イシューヴ、シオニズム、ユダヤ機関〔The Jewish Agency〕のすべての力はアリヤーと建設というこの行為に直ちに集中せねばならない。流された我々の血は助け……ではなく、エレツ・イスラエルにおける我々の勢力と労働の拡大を求めて叫んでいる。(10)」また九月六日にはワルシャワのヘハルーツ(He-Ḥalūṣ, ヘブライ語で「開拓者」)に宛てた電報で「あなた方は最初の船で出発せねばならない(11)」と即時のアリヤーを促している。暴動直後にベングリオンの頭をまずよぎったのは、大規模なアリヤーによるイシューヴの迅速な増強の緊急性であった。

イシューヴの強化の必要性はそれまでにもベングリオンがしばしば言及していたが、一九二九年暴動後に注目されるのはそれがイシューヴの「要塞化」という形で具体的に構想された事であった。暴動直後の声明の中でベングリオンは、「イシューヴ内部の要塞、移住と入植の迅速な拡大」のみが状況を決定づけるとして次の様に述べている。

すべての努力はイシューヴを大きくするため、イシューヴを大きくするためだけである。その地〔パレスチナ〕への人々と資本の緊急かつ迅速な動員。何千もの家族が吸収される新しい入植の行為。すべてのヘブライ都市やモシャヴァーを囲む労働者の共同体の鉄の壁。孤立した入植地を結び付け近づける土地と人間の橋。村と都市に現に存在する経済を強化するヘブライ労働の拡大。その地の全住民の利益のためのその地の建設の促進──これこそがその地における流血の暴動に対してヘブライ民族に求められている唯一の答えである。(12)

また別の機会には次の様にも述べている。「我々の隣人たちの力に依存しないヘブライ人の力をその地に確立すること──これこそが今、イシューヴとシオニズムにとっての死活問題である。イシューヴにいかなる襲撃の恐怖もふりかからないほどの、イシューヴの根本的な要塞化──これこそが我々が今できる限り早く到達せねばならない第一の地点である」。

それではイシューヴをいかにして「要塞」とすればよいのか。ベングリオンはこの問題についてイシューヴの人員、土地、入植地の分布という三点から更に具体的な提言を行っている。

第一に人員の増加については、「我々のすべての隣人が一人残らず居住地を去って我々を攻撃しに出て来るだろうと恐れる必要はない」とし、自衛にあたる事のできる若年層を移住によって四万五千人増やせば襲撃の抑止力になり得ると述べている。

第二に土地については、安全保障の問題は人間のみによっては解決できないとして、ユダヤ人の所有する土地を増加させる必要性を強調している。

第三に入植地の分布については、入植地が分散しているために個々の入植地の自衛能力には限界があるとして、諸入植地をひと続きのブロックとする事を主張している。入植地の集中する三つの地帯の間はほとんど無人であるので、入植地帯を結合させるためにそこに入植するに際しては障害はないと彼は論じた。

この「要塞計画」において特別な地位を占めるのがエルサレムであった。「エルサレムのヘブライ人住民がその生活の糧を近隣の非ユダヤ人村落だけに依存する事は不可能だ。……我々の民族的名誉と死活的利益は、ヘブライ人自治体をエルサレムに設立し、分散している居住区をひと続きの土地ブロックに結合させ、かの都市を、ユダヤ人住民が必要とするすべての食糧を供給するであろう労働者の居住区と農業共同体で囲む事を余儀なくする」と彼は述べている。

一方ベングリオンは、土地を購入して(「贖って」)移民を入植させるための費用を試算している。それによると、イシューヴの防衛に必要な四万五〇〇〇人の新移民を入植させるためには六〇〇〇万リラが必要であり、入植させる期間を四―五年と想定すれば年間一二〇〇―一五〇〇万リラを調達すればよいのであった。暴動直前に非シオニストを取り込んで拡大された全民族的なユダヤ機関がこの資金を調達すべきであると彼は論じている。(13)

この一連の発言から浮かび上がるのは、イシューヴが、多数派であるアラブ人住民のただ中に築かれた要塞の様に軍事的にも経済的にも孤立している姿である。ベングリオンは後のイスラエル国家において周囲のアラブ人社会と断絶しつつ屹立する占領地のユダヤ人入植地のあり方をあたかも予言したかの様であった。「すべてのヘブライ都市やモシャヴァーを囲む労働者の共同体の鉄の壁」への言及は、アラブ人が破壊できない様な強大なイシューヴの創出を唱えたジャボティンスキーの「鉄の壁」の主張を紛れもなく想起させるものであった。ジャボティンスキーはこの語をイギリスと協力してつくられるユダヤ人の軍事力の意味で用いているので、ベングリオンの用法と意味合いが多少異なるが、アラブ人に対する防壁のイメージを持つ点では二つの「鉄の壁」は共通している。ベングリオンが労働運動と激しく対立していた右派の象徴的な用語によってアラブ問題を論じ始めた事は、労働運動と修正主義運動の立場がアラブ問題をめぐって一九三〇年代に急速に収斂していく兆しでもあった。

第二節　パレスチナ連邦構想とその挫折

ヘブライ労働の強化やイシューヴの要塞化の議論は、ベングリオンと労働運動の中で従来にも増して強烈な民族分離のヴィジョンが暴動後に形をとりつつあった事を端的に物語る。

またベングリオンは暴動後に設けられたブリット・シャロームとの討論の席で、ユダヤ人が少数派である事を理由に、二つの人々が民主主義に基づいて一つの国家を構成するというブリット・シャロームの二民族国家の理念を再びはっきりと拒絶してもいる。ここで彼は「我々は我々のアラブ隣人に対する否定的な正義にのみ満足する事はできない。……私の意見では、我々はエレツ・イスラエル全土の住民の生活、経済、文化の向上のための積極的な計画を命じられている」と、一九二〇年代を通じて繰り返し強調してきたシオニズムの道義的使命に言及する一方、パレスチナはユダヤ人とアラブ人にとって等しく祖国であるとするブリット・シャロームの定式化を強く斥けた。「我々の地はアラブ人が住む広大な領土の小さな一地域にすぎない。……ユダヤ民族との関係ではそうはいかない。ユダヤ民族全体……にとってこれこそは民族としての自らの歴史的な運命と未来が結び付いている唯一の地なのである」。

ベングリオンはユダヤ人が少数派である現状で立法評議会を導入する事は「二民族国家でさえもなくアラブ人国家」を意味すると述べ、パレスチナの「アラブ人のこの地に対する単独の支配権を拒否」した。但しパレスチナのアラブ人の「完全な市民としての権利、完全な民族的・政治的平等を認める必要がある」事にも彼は注意を促している。彼は立法評議会の代案として地方自治と民族自治に基づく体制を要求するという従来の立場を繰り返したが、それまでと明らかに違ったのは彼がユダヤ人自治のみならず、アラブ人との政治的結合への関心を次の様に示唆した事であった。「共同体的・民族的自治の範囲を超える共通の領土的事項に関しては……均衡の土台の上にユダヤ人とアラブ人を結び付けねばならない。この地にふさわしい唯一の体制は私の意見では、その中にイギリス人、ユダヤ人、アラブ人という三つの要素の平等な協力がある様な体制である(14)」。

アラブ人との全面対決を唱える修正主義からも、シオニズムから逸脱しがちであったブリット・シャロームからも一線を画すベングリオンが模索したのは、二つの人々が〈分離しつつも共存する隣人〉として一つの地に生きる事であった。紛争を防ぐための分離がいかに望ましくとも、イシューヴが脆弱である現段階で強硬手段に訴えるのは政治的に極めて危険である事を彼は認識していたのである。イシューヴがアラブ人の暴力によって破壊されかねないという危機感の中で、連邦制は人道や社会主義の理念にも増してプラグマティズムから要請されたものであった。

（一）　当初の連邦案

暴動から僅か二か月半で連邦案が党に提示された背景としては、この間にサウディアラビア国王イブン・サウードのイギリス人顧問フィルビー（H.St. John Philby）と、ブリット・シャロームの指導的人物の一人であったユダ・マグネス（Judah Magnes）が共同でつくった政治的計画が高等弁務官によりイギリス植民地省に報告されたという出来事があった。パレスチナの政府と議会が民主的に選出される事などを内容とするこの計画はブリット・シャロームが擁護してきた立法評議会構想と酷似しており、アラブ人が多数派を占めている現状ではユダヤ人にとって極めて不利なイニシャティヴと考えられた。ベングリオンはマグネスに自制を求める一方、一刻も猶予ならぬと判断し、十一月九日朝に安息日であるにもかかわらず自宅にて二時間半にわたり、マグネスと党の同僚たちに日記に記していた連邦案を披瀝する。それは次の様なものであった。

別個のユダヤ人とアラブ人の自治体が確立され、それらは委任統治行政においてイギリスに協力する。各自治体は州に発展し、民族的・文化的・宗教的事項と州議会の統治における完全な自治権を持つ。二つの民族自治州は高等弁務官と連邦政府の下でやがて結合して連邦となる。高等弁務官は安全保障と外交に責任を持ち警察と軍を統轄する。連邦政府はイギリス人、ユダヤ人、アラブ人三名ずつの閣僚から構成される。イギリス人は法務・大蔵・運輸の大臣職を、ユダヤ人は移民・入植・公共事業の大臣職を、アラブ人は文部・厚生・通産の大臣職を占める。各閣僚はユダヤ人とアラブ人一名ずつの補佐を持つ。

その案においては連邦議会に全く言及されていない事と、ユダヤ人州の内部では移民と入植の完全な自由が保証されている点が特徴的であった。連邦議会の欠如の理由についてベングリオンは「半々の代表を持つ議会という考え方はよくない。その様な議会は闘争の場となるだろう」と日記の中で説明している。更にベングリオンは次の様な条件を付け加えた。「アラブ人はこの地の市民としての完全な権利を持つが、この地への所有権は持っていない」[15]。

この様な留保にもかかわらず連邦案は同僚たちを動揺させるのに充分であった。彼らを特にとまどわせたのはベングリオンがこの案に基づいてアラブ民族運動を率いるエフェンディーらと交渉する用意があると宣言した事であったろう。それはエフェンディーとは合意の余地もないとした一九二〇年代の立場からの一八〇度の転換を意味したからである。他方マグネスは民主主義を土台とした二民族国家という考え方に反対してブリット・シャロームと論争を繰り広げてきたベングリオンが、今自分たちの立場に最も接近し、パレスチナ全土におけるユダヤ人国家の樹立という主張を条件付きながらも正に再考しようとしているのを見たのであった。

(二)　修正連邦案

その連邦案はしかし二週間以内に修正された。修正案は当初の案より詳細であり、連邦の成立するまでの期間を三期に分けている。以下にその骨子を再現してみよう。

〈第一期〉　ユダヤ人の民族的郷土にとっては「土台の時期」、アラブ人の観点からは「抗争と蜂起の時期」であり、現時点から十五年間(一九四五年頃まで)である。「我々の敵」アラブ人はユダヤ人を憎悪しつつ民族的郷土を破壊しようとする。この時期には高等弁務官と事実上の政府である統治評議会の下で地方自治と民族自治が展開する。

地方自治は「その地の自己統治の第一の基本的な細胞」と位置づけられ、二十歳以上のすべての男女市民に選挙権が与えられる。ここで特徴的なのは自治体の領域ができる限り民族単位ごとに定められるとされている事である。それが不可能な所では自治体はできる限り民族単位の領域に従って支部に分けられ、中央の自治体によって処理される必要のないすべての事項を処理する。

民族自治の単位は高等弁務官に承認されたクネセト(組織化された「共同体」の意)である。クネセトは教育や文化に関する事柄、裁判を行う民族的法機関の設立、戸籍と財務の管理、クネセトの成員への援助と慈善機関の監督などの「すべての内部事項を自らの権限において処理する権利」を持つ。クネセトの最高機関は選出議会であり、二十歳以上の全成員に選挙権が与えられる。クネセトの法、予算、税制は高等弁務官の賛成を必要とする。

興味深いのはアラブ人が宗教ごとに異なるクネセトにまとまる場合が想定されている事であり、その場合は全アラブ人住民を代表するアラブ機関が設立される。このあたりはベングリオンが一九二〇年代半ばにおけるパレスチナのユダヤ人自治構想でもモデルにしている、オスマン帝国のミッレト制にヒントを得た事が想像される。

政府にあたる統治評議会はイギリス人、ユダヤ人、アラブ人各三人のメンバーと各六人の補佐から成り、高等弁務官の管轄外のすべての共通の全国的事項において委任統治条項に反する事なく立法権および執行権として機能する。評議会のメンバーは閣僚職を分担し、各閣僚はイギリス人ならユダヤ人とアラブ人の補佐を、ユダヤ人ならイギリス人とアラブ人の補佐を、アラブ人ならイギリス人とユダヤ人の補佐を持つ。メンバーと補佐はそれぞれ委任統治政府、(ユダヤ人の)民族議会、アラブ機関の提案に基づいて高等弁務官に任命される。評議会の法案はユダヤ機関とアラブ機関の検討に付され、両機関は修正と変更を提案する権限を持つ。法案は評議会の多数派の議決と弁務官の承認によって法的効力を得る。

委任統治政府に任命される高等弁務官は統治の頂点に立ち、防衛、治安、外交、聖地の管理などに責任を負う。

〈第二期〉　ユダヤ人の民族的郷土にとっては「強化の時期」、アラブ人の観点からは「和解と妥協の時期」である。ユダヤ人口は全住民の四〇—五〇%に達し、「我々の隣人」アラブ人はイシューヴを尊重する事を学ぶ。第一期に醸成された委任統治政府、アラブ人、ユダヤ人の相互信頼を土台として地方自治は町と村を超えて県に拡大され、統治評議会のメンバーであるユダヤ人とアラブ人はユダヤ人とアラブ人自身によって任命され、高等弁務官の法的権限が縮小される代わりに統治評議会の権限が拡大される事になる。

〈第三期〉ユダヤ人の民族的郷土にとっては「完成期」、ユダヤ人とアラブ人の関係の観点からは「平等と連合の時期」である。ユダヤ人口は非ユダヤ人口を下回らず民族的郷土は完成をみる。ユダヤ人とアラブ人の連合の利点が双方にとって明らかとなり委任統治は廃止される。その地には高等弁務官の代わりにイギリス自治領の総督と同等の権限を持つイギリス人使節が国際連盟の代表としてとどまる。

自治諸県は自治国家(複数形)を構成する諸州に変わり、イスラエルの地は連邦制国家となる。この国家においては村と町の自治体は完全な自治を享受し、二万五〇〇〇人以上のひと続きの共同体は州にまとまる事ができる。各州は他州の住民の権利や平等を制限したり侵害したりしない限りで、自らの権限において法を制定する事ができる。民族自治は法律の範囲内で教育、文化、言語全般にわたる絶対的な権限を持ち、宗教上の諸事項は法律によって承認された権限を持つ自治的な宗教共同体に任される。

連邦評議会はユダヤ人とアラブ人が同数参加する民族院と、州の選出議員が住民数に比例して参加する住民院から成る二院制である。連邦法とその改正は二院の合意による。連邦執行部は二院の全員の絶対多数によって三年に一度選出される。またユダヤ人とアラブ人は連邦、州、自治体のすべての領域と機関において絶対的に平等である。(16)

以上が修正案の内容であるが、最初の案と比べると幾つか重要な修正が施されている事が分かる。第一に委任統治が漸次的に廃止されるとしている点である。第二に連邦議会の設立について明確に言及されている点である。これは連邦成立の過渡期にユダヤ人口がアラブ人口を下回らなくなる事が想定されているので、住民院でもユダヤ人が不利にならないと考えられたためであろう。第三に、最初の案ではユダヤ人州とアラブ人州が連邦をつくる事が明記されていたのに対し、修正案では複数の州が前提となっている上に、ユダヤ人諸州とアラブ人諸州がそれぞれユダヤ人国家とアラブ人国家を構成する事になるのかどうかについては明確にされていない。

その主な理由は連邦案がパレスチナの分割に等しいという印象を弱める事にあったのではないだろうか。その他にも「自治国家」の内容に踏み込めば国境線の問題や混合州の帰属問題が必然的に出てくるという技術的な理由も考えられる。

この様に重要な相違が見られるものの二つの案の基本的な前提は変わらなかった。修正案の前書きの中でベングリオンは「ヘブライ民族とその歴史的祖国との切れない結び付き」や「主権と民族的独立に対するユダヤ人の権利」、パレスチナに「住民が少ない」ことや天然資源が「利用されていない」こと、「何世代にもわたるユダヤ人の入植の行為」などを根拠として「イスラエルの地に自らの民族的郷土を新しく樹立するユダヤ民族の権利」を正当化する一方、「現在のその地の住民は単独ではその地への所有や支配の権利を持たない」と述べてここでもアラブ住民の自決権を実質的に否定している。パレスチナにおける自決権はユダヤ人のみが持ち、アラブ人住民は「等しく完全な市民としての権利」を保障されるにとどまるのであった。他の多くのシオニストと同様に彼も、パレスチナはユダヤ人にとって唯一の祖国であるのに対し、アラブ人はパレスチナ以外にも広大な領土を持っていると考えていた。つまりアラブ人に対しては領土的自治権は認めても領域主権までは認めないという立場が推測される。「自治国家」の内容を曖昧にしたのはこの問題にさしあたり立ち入らないためであったとも考えられよう。パレスチナに対する二つの人々の平等な民族的権利を認めないというベングリオンの前提は、「ヘブライ民族」に対して「アラブ人住民」という語を用いる周到さにも表れている。

この様な限定にもかかわらずベングリオンが「多数派と少数派の関係に左右されないユダヤ人とアラブ人の公正な関係」を確立する様な政治体制のあり方を模索したのは、パレスチナがアラブ人主権国家へ移行する事を拒否するなら、その地がユダヤ人主権国家へ移行するというテーゼも必然的に再検討を迫られたからであった。党内での孤立を覚悟の上で、時間稼ぎとのみ評するにはあまりにもリスクの大きいこの提案にベングリオンは政治生命を賭けようとしたのである。

(三)　連邦案の挫折

連邦案は三つの点で従来の党の路線から逸脱していた。第一にパレスチナ全土におけるユダヤ人社会主義共和国の樹立を求めた党の設立憲章と矛盾していた。第二に党が暴動の煽動者と非難してきたエフェンディーや聖職者との交渉が提案されていた。第三に彼らとの交渉は彼らの率いるパレスチナ・アラブ民族運動の承認を意味した。

一九二九年十一月末に党は連邦案に関する明確化の準備作業を極秘で行ったが、この時党は非マルクス主義的な労働者政党ハポエル・ハツァイルとの統一交渉の途上にあったために最終決定は合併後に持ち越される事となり、ベングリオンはそれまで自らの案の公表を党から禁じられる。

辞任が脳裏をかすめるほどの孤立状態にあってベングリオンが口にしたのは「深いシオニズム」という言葉であった。深いシオニズムの持ち主だけがシオニズムを段階的に実現するという自分の主張を理解するだろう。連邦案は一時的には譲歩に見えても、ユダヤ人が多数派に達するまでに必要な十年の平和な期間を保証するだろう(17)。多数派であるアラブ人に対するイシューヴの弱さを痛感する彼にとって、連邦はユートピアではなく必要悪であった。

一九三〇年一月の合併会議でベングリオンは、「我々がアラブ問題を解決すべく懸命に努力しようとしているのは偉大なシオニズムの観点からのみである」と強調した。更に彼はシオニズム運動と委任統治政府との関係もアラブ人との合意にかかっているとして、「アラブ人との合意と理解に達するために我々の側が真剣な努力をする時が来た」と述べ、次の様に訴えている。

もし我々が合意への道を見出す事を心から望んでいるのなら、経済的合意では充分ではない。……ヘブライ民族の権利とその地における彼らの死活的な利益を侵害する事なく、アラブ人の……政治的諸要求に対しても完全な満足を与える様な道を我々は見出さねばならない。ユダヤ人とアラブ人の協力の成功のためには我々とアラブ人の政治的合意が必要であり、その地に現に存在している体制の重要かつ根本的な変化が不可欠である。

ベングリオンは自らの連邦案の利点を列挙した。第一に、パレスチナの体制がイギリス、ユダヤ人、アラブ人の三者の利益を反映するためには、委任統治を可能にする、ユダヤ人とアラブ人の支配・被支配を防ぐ、住民を支配に参加させる、ユダヤ人とアラブ人の接近と協力を助けるという四点を満たさねばならないが、連邦案はこれらを満たしている。第二に、市町村自治は住民を自己統治のために訓練する事になり、二つの人々の協力関係を醸成し余計な紛争と対立を防ぐのに適している。第三に、ユダヤ人とアラブ人が合意すれば全土的事項においてイギリスを凌ぐ決定権を持つ事ができ、立法評議会を導入するより有利である。以上の事から連邦案は政治的合意の土台となり得ると彼は主張した。彼にとってこの案は、ユダヤ人が平等と相互扶助に基づいてパレスチナの統治に「我々の隣人」と共に参加する用意がある事を「世界、イギリス、ヨーロッパ、アラブの世論」に知らしめる上でも重要であった(18)。

一九三〇年一月、合併によって成立した新党マパイ(「エレツ・イスラエル労働者党」)は限定された党員のみで極秘の会合を行い、ベングリオンは三時間にわたって自らの案を説明する。「政治的必要性はパレスチナにおける戦争状態の終止符を要求しているのであり、それはアラブ人との合意を意味する」と訴えつつ、彼は交渉の具体的手順についても提案している。連邦案がシオニストに受け入れられた暁には移民、土地の購入、政府の形態についてイギリスとの交渉が開始され、並行してアラブ人との交渉が連邦案に基づいて行われる。アラブ人が連邦案を拒否するなら、イギリスは和平への意欲を示したシオニズム運動に対してより多くの移民と土地購入を許可しやすくなる。この過程が加速するにつれてアラブ人はイシューヴを破壊する事はもはや不可能であると悟り、連邦案を受け入れざるを得なくなるであろうというのであった。

これを聞いた党員たちの間に失望が広がった。翌日短い討議が行われたが、反対が圧倒的であったため票決は見送られた。ここで名誉ある撤退をする事もできたはずであったが、ベングリオンは公正に選ばれた党中央委員会が自らの案について決定する様に要求したのである。三日後、二十六人から成る党中央委員会が彼の案に再び耳を傾けた際に、初めて彼は具体的な交渉相手に言及している。「私は明日にでもムフティーと共に座らぬ理由を見出さない」。それは党が暴動の煽動者として交渉を拒否してきたハーッジ・アミーン・フサイニーその人であった。

主だった党員は連邦案に様々な理由から反対した。タベンキンとカツネルソンは民族自治という一点のみに賛成しただけであった。ベングリオンの批判者は全員、現状でのアラブ人と共通の統治評議会の開設は不可能であると主張した。アルロゾロフはベングリオン案は危険なほど非現実的であり、イギリス政府の支持は得られそうにないとした。モシェー・ベイリンソン(Moshe Beilinson)は連邦案はユダヤ人国家という考えの完全な放棄であり、許容できないと述べている。またタベンキンはアラブ民族運動の存在を認める事を依然として拒否し、それは人民のテロ運動であると主張して、パレスチナにおけるアラブ民族運動の存在を前提とした連邦案に難色を示した。

党内での討議を総括すると連邦案への反対の最大の理由は、イギリスの支持が得られそうもない事などにより実行不可能であるという事にも増して、連邦案がシオニズムの大前提に抵触すると考えられた点にあった。アラブ人の自決権に関するベングリオンの留保にもかかわらず、連邦案はパレスチナ全土におけるユダヤ人国家というシオニズムの暗黙のコンセンサスの譲歩を意味し、事実上パレスチナの分割案に等しかったからである。暴動後のシオニズム運動全般における民族主義的な論調の高まりや、マパイの成立後は特に党のイデオロギー的重点が階級から民族へ移行した事を考えあわせると、この譲歩がいかに受け入れられ難いものであったかが想像できる。

強い批判を浴びながらもベングリオンは動じなかった。彼は自らの案がユダヤ人の弱い立場、パレスチナ・アラブ人のシオニズムへの不安、イギリスの苦境に対する答えになり得ると信じ続けた。

しかし、票決の際に連邦案に賛成したのはベングリオンただ一人であった。彼は連邦案の棚上げとその公表の禁止を受け入れざるを得なかった。ベングリオンの敗北を目のあたりにした党員の一人は「偉大な男にとっての悲劇」であったと日記に記している。(19)

かくして連邦案はシオニズム運動全体の議論の俎上に載せられる事すらなく潰えた。

第三節　パレスチナ連邦構想の性格と意義

パレスチナ連邦構想は政治的選択肢としては短命に終わったが、二つの人々が国民と難民という形で暴力的に分離する事を回避させ得たかも知れない重要な「脱線」であった。本節ではこの連邦案の性格、可能性と限界について考えてみたい。

（一）　連邦案の性格と背景

①「次善の策」としての連邦案

連邦案は当初から、暴動が提起した自衛力の強化、イシューヴの拡大、政治的な諸条件や諸関係の変化という三つの課題[20]のうち、政治的な諸条件や諸関係の変化という課題の一環として位置づけられていた。またこの構想においてユダヤ人とアラブ人の関係が「敵」ではない代わりに「同胞」でもなく、「隣人」と規定されていた所にも、「分離しながらの共存」ないし「消極的な統合」の選択肢としての連邦構想の複雑な性格が窺える。ベングリオンにとって連邦案はアラブ人への友愛に溢れた提案ではなかった。むしろそれは、パレスチナに対するユダヤ人の権利を不動のものとしつつパレスチナのアラブ人の存在を現実として受け入れ、その現実と折り合う解決策を見出さねばならないという現実的な判断の産物であった。

その政治的判断は将来の連邦国家が周辺アラブ諸国や国際社会と取り結ぶ関係をも視野に入れたものであった。「アラブ民族は我々の地の一部であり、我々が平和と政治的・経済的な協力の生活を共に生きねばならない広大な後背地とのつながりを持っている」「我々が自らの行為のためにその承認と同情を必要としている世界世論は、我々に、我々以外の人々との関係における一〇〇％の正義の尺度を要求するだろう」――一九三〇年秋のベルリンにおける「ヘブライ民族の対外政策」と題する講演におけるベングリオンの言葉は、連邦が周辺アラブ諸国との正常な関係と国際社会の認知を強く意識しながら考案された政治体制であった事を示唆している。

その同じ講演でベングリオンはパレスチナに対するアラブ人の自決権と所有権について次の様に語っている。

私は現在のその地の住民が単独でエレツ・イスラエルの将来を決定する権利に反対する。私がこの様に反対しているのは、一般的な社会主義的理由と、ユダヤ民族の民族的な利益と権利の観点からである。……

世界にはその名を自決権という原則がある。……我々はすべての民族、その民族のすべての部分、すべての人間集団のための自決権を心から支持するし、エレツ・イスラエルにおけるアラブ民族が自決権を持つ事は疑いない。……アラブ人にとっての自決の自由を、それが我々の仕事を困難にするであろうという恐れから減じてはならない。シオニズムの概念の中に潜んでいる道徳的な核心は、民族は、すべての民族は、それ自体のための目的であり、他の民族の目的のための手段ではないという事だ。……我々はエレツ・イスラエルのアラブ人を我々にとっての手段と見たり、我々の利益の観点から彼らの権利の運命を決める事はできない。たとえその事がすべて我々の手と意志に委ねられたとしても。……アラブ人の権利について一〇〇%の正義を気にかけない、シオニストの力の政治への夢は、正義のあらゆる感情の欠如のみならず現実政治に対するあらゆる感覚の欠如をあらわにしている。……

しかしアラブ人の自決権とは、アラブ人のエレツ・イスラエルに対する所有権を意味しない。ここで我々は否定のあらゆる言葉でもって、その地全体に対するアラブ人住民の単独の所有権を否定する。……アラブ人はこの地の住民としてエレツ・イスラエルから利益を得る完全な権利を持っているが、個人的な財産の持ち主として我々がその地から利益を得るのを禁止する権利は持たない。アラブ人にとって自決の意味するところは、彼らの手で彼らの運命を形成し、彼らの意志や傾向に適する様に彼らの生活を形づくり、彼らの手からつくり出すものを創造し発展させる事である。しかしそれは、彼らがつくらなかったもの、彼らの労働の成果でないものについて彼らが所有者になる事ではない。我々が彼らを犠牲にする事なく自らの額に汗して行う限り、生存、労働、入植に対する我々の権利を決める力は彼らにはない。……アラブ人の自決権は彼らの内部的な利益の境界を超える資格はなく、ユダヤ民族の諸権利の障害として機能する事があってはならない[21]。

この発言から分かる様に、ベングリオンがパレスチナのアラブ人に保障すると言明している「自決権」の中にはパレスチナの所有権は含まれていなかった。彼の言う「自決権」はむしろ「自治権」に近かったのである。ユダヤ人が主権を持つ事ができるのに対し、アラブ人は自治を享受するにとどまるという連邦案の前提がここで再確認されていると言えるだろう。

結局のところ連邦案は、ユダヤ人だけがパレスチナにおいて主権を持つというシオニズムの排他的な原則を完全に超克するものではなかった。逆に言えば、ベングリオンはこの踏み越えられぬ一線を強く意識していたからこそ、この原則のはらむ避けがたい不平等を緩和する「次善の策」として連邦制を提示したのではないだろうか。その構想においてアラブ人はパレスチナの命運を左右する本来の意味での「民族自決権」に至らない限りで、最大限の領土的・文化的「自治権」を認められていたのである。

②　連邦案の背景

しかし連邦案が「次善の策」としての消極的性格のみならず、社会主義的理念とかかわる積極的性格を備えていた面も見逃せない。この事を見る前に、連邦案の形成に影響を与えたと考えられる背景を挙げておく。

連邦案は一九二〇年代のユダヤ人自治構想と類似しているが、既に述べた様に、自治構想ではユダヤ人自治が拡大してユダヤ人国家が樹立される事が想定されていたのに対し、連邦案ではパレスチナ全土におけるユダヤ人国家の樹立が明言されていなかった事に大きな違いがあった。また連邦案は一九二三年にアヴィグドル・ヤコブソン（Avigdor Jacobson）が提案した「中東諸国連合」構想とも主要な点で共通している。ヤコブソン案は第一段階としてパレスチナ連邦を形成し、その後にそれが近隣諸国との連合に加入する事を想定していた(22)。

他方、連邦案の東欧・中欧的背景も無視できない。

ベングリオンの個人的経歴に則して考えるなら、連邦案の描くユダヤ人とアラブ人の関係は、ユダヤ人とポーランド人が隣り合って生活しながらも共同体としては分離していたベングリオンの故郷プウォインスクの風景を彷彿とさせる。

また民族自治論一般とのかかわりで考えるなら、修正連邦案にはオーストリア社会主義者の民族自治構想の影響が認められると言ってほぼ誤りはないであろう。修正連邦案の中にオーストリア社会主義者の民族自治構想に直接言及している箇所があるわけではないが、この連邦案の雛型になったと考えられる一九二〇年代のユダヤ人自治構想が前章で見た様にオーストリア社会主義者の民族自治論、特に個人的自治論に言及していること、また客観的に見てもベングリオン案とオーストリア社会主義者の民族自治構想が構造的に酷似している事から、ベングリオンが連邦案の作成にあたりオーストリア社会主義者の民族自治構想から大きな示唆を受けた事が推定されるのである。また社会主義シオニズムへのオーストリア社会主義の影響については従来の研究においても指摘されてきた。次項ではオーストリア社会主義者の民族自治論を必要な限りで振り返り、ベングリオンの連邦案との接点について考察する事としたい。

③　オーストリア社会主義者の民族自治構想との接点

オーストリア社会民主労働党の代表的理論家であるオットー・バウアー(Otto Bauer)とカール・レンナー(Karl Renner)は、オーストリア゠ハンガリー帝国における民族問題を領土的に解決しようとすると多数の独立国家に分解してしまうという危惧から、領土的自治に加え個人的・文化的自治を併用する事の重要性を説いた。「オーストリアを民主的な諸民族の連邦に改組すること」をうたった一八九九年のブリュン党大会における決議は、彼らの立場を集約するものとしてよく知られている。

主著『民族問題と社会民主主義』（初版一九〇七年、第二版一九二四年）においてバウアーは、この様なオーストリア社会主義者の民族自治論を包括的に展開している。彼の出発点は「資本主義が労働者から祖国を奪ったとしてもそれは彼らの言語や文化を決して取り去る事はできない」[23]という、民族の文化的独自性への正当な評価であった。

「領土的原則に基づく民族自治は疑いなく民族的な勢力圏の境界画定の手段であり、民族的な勢力争いの調停の手段である。しかしそれも最も適当な手段であるかは疑わしい」[24]とバウアーは言う。なぜなら領土的原則を一貫して適用すると、少数民族は「多数派に完全に引き渡される格好になる」からだ。領土的原則は一方では民族的な差異の意味を誇張し、他方ではある民族のかなりの部分を他の民族に委ねる事にもなる。具体例に則して言えば、ボヘミアで領土原則が適用されるなら、ドイツ人もチェコ人も自らの少数派の放棄により同じ位多くを失う事になる。ボヘミアに限らずドイツ人は他のすべての民族領で少数派を構成しており、彼らの放棄はドイツ民族にとって少なからぬ損失となるだろう。帝国内のイタリア人、スロヴェニア人、クロアチア人、ルテニア人なども人口分布から見て領土的原則の適用によって多くを失う事が予想される。

領土的原則に基づく民族自決は、各民族が他の民族領域に住む自らの少数派を心にかけるが故に新たな民族紛争を呼び起こす。「他の諸民族の少数派に彼らの民族性を守る可能性を保証し、それと引き換えに自民族の少数派にもこの権利を要求する事によって」領土的原則のこの様な欠点を補う必要があるという考えからバウアーが重視するのが、個人的原則に基づく文化的自治であった[25]。

個人的原則とは、人々が自らの居住地において自らの民族性に基づいて文化的自治を享受し、その自治を通じて居住地を異にする自民族の同胞とも結合するという考え方である。それは民族領土の線引きが難しい多民族混住地域で、諸民族の願望をある程度満たしながら地域の一体性を保持する事を可能にするものであった。バウアーは領土的原則に個人的原則を加味したオーストリア社会主義者の民族自治構想を、レンナーの著書に依拠しながら紹介している。

それによればできる限り民族的に均質になる様に区切られた領域を郡とし、自治機関として郡議会を設ける。ただしその郡が民族的に均質にならない場合には、個人的原則に従って文化的自治を行う郡代表部を併設する。従って民族的に均質である郡では郡議会が公的な事柄の処理と民族自治の両方を行うのに対し、二つの民族から成る郡では郡議会が公的事項を、各民族の郡代表部が民族文化にかかわる事項を処理する事になる。

この構想において注目されるのは、郡を越えるより広い地域の一体性と、各地の郡に分散する個々の民族の統一性の両方が共にバランスよく重視されている事である。たとえばボヘミアのすべての郡は民族の別なくボヘミア地方を構成し、民族的に中立的な事項を処理するための領土的連合を成す。一方、帝国内のすべてのドイツ人は所属する郡を超えてドイツ民族を構成し、ドイツ人の民族的事項の処理と徴税にあたる民族議会を選出する。ドイツ民族議会はドイツ人ばかりで構成される郡に対しては思いのままに管轄権を行使できるが、他の民族と共に構成される郡については他の民族の民族議会の同意を得た上で政策を行わなければならない。ドイツ人以外の民族についても同様の事が当てはまる。

民族自治を民主的な国家体制の上に基礎づけたバウアーは、少数民族に個人的原則によって民族的な権利を保障するこの様なシステムこそ「民族自治の最も完全な形」であり、労働者階級の文化的必要性を満たすと主張した。また彼は、この体制がすべての民族の労働者に共通の階級闘争の法的・心理的条件をつくり出す事によって労働者階級の進歩主義的・民族的政治に貢献する上に、民族文化をブルジョワの独占物ではなく人民全体の所有物にして人民全体を民族にするという大きな目的のための手段にもなると述べている。[26]

この様に見てくると、ベングリオンの連邦案が次の二点においてオーストリア社会主義者の民族自治構想と共通している事が分かる。

第一に、民族自治を補う制度として地方自治が重視されている事である。パレスチナ連邦案では必ずしも民族的に均質であるとは限らない「州」に独自の法を制定する権限を与えており、バウアーがボヘミアなどの地方的単位を「民族的に中立的である事項を処理するための領土的連合」と位置づけたのと共通している。二つの構想において地方自治は、民族自治によって分断されがちな地域の一体性を保つ重要な役割を担っていた。

第二に、民族自治の形態として、領土的自治とそれを補完する個人的・文化的自治の併存が想定されている事である。パレスチナ連邦案では自治体の領域はできる限り民族単位ごとに定められるとされ、それが不可能な所ではできる限り民族単位の領域に従って支部に分けられ、中央の自治体によって処理される必要のないすべての事項を処理するとされていた。これは民族領域としての郡を郡議会が統轄し、民族的に不均質な郡では各民族が文化的自治を行う機関である郡代表部を設置するという、バウアーがレンナーの案として紹介する構想と類似する。また二つの構想においては共に、各民族が居住地の如何にかかわらず単一の民族的連合をつくり議会を選出する事が想定されていた。すなわち領土的原則の適用によって不可避的に生じる少数民族に、他の領域に住む自民族の同胞と結び付きつつ文化的自治を享受する権利を保障する事によって、彼らの不利益や不公平感を軽減し、際限ない民族分離主義を生む領土的原則の悲劇的限界を克服しようとしたのである。この点に二つの構想の根本的な共通点を見る事ができよう。

オーストリア社会主義者の民族自治論は、諸民族の居住地が錯綜している中欧・東欧にあって、民族を異にする人々が現住地における民主主義的な地方自治に共に参加しながら、他方で現住地の異なる自らの民族共同体との絆も確保する事を可能にした点で異彩を放っている。それは民族的に純粋な地域をつくるために少数民族を追放するという狂信的な考え方とは対照的であり、人々の現住地を変えさせたり民族的アイデンティティーを放棄させる事なく地域社会や国家の果てしない細分化を防ぐ叡智であった。市民的良識とバランス感覚溢れるその処方箋は、二十世紀初頭にロシア帝国という多民族国家の中でユダヤ人ナショナリズムを考えようとしたボロホフやブントにも影響を与えている。彼らの思想的系譜とかかわりのあるベングリオンが、修正連邦案の中で「自治国家」に言及しながらパレスチナにユダヤ人国家とアラブ人国家ができるのかどうかについて明言していないのは、パレスチナの分割に対するシオニストの抵抗に配慮したという事情からであったと共に、オーストリア＝ハンガリー帝国の諸国家への分解を回避しようとしたバウアーらの構想を意識していた事とも関係しているのではないか。

しかし二つの構想には重要な相違もあった。バウアーらの民族自治構想がドイツ人の民族的権利の擁護を強く意識しながらも、帝国内の他の諸民族との関係においては「民族的な特権を全く認めない」というブリュン決議の精神に忠実であろうとしたのに対し、ベングリオンの連邦案はパレスチナに対する二つの民族の平等な政治的権利を認めていなかった。オーストリア社会主義者の民族自治構想がベングリオン案に受容されたと見られるその過程で、諸民族の政治的平等という前者の基本的理念は採り入れられず、その代わりに〈主権を持つ民族〉と〈自治を享受するにとどまる民族〉を区別するというシオニズムに根ざす重大な修正が施されている事を見落とすべきではないだろう。

（二）　連邦案の意義

①　連邦案の波紋とその後

当初公表が禁じられたにもかかわらず、ベングリオンの修正連邦案は一九三一年六月に刊行された彼の著書『我々と我々の隣人』の中に収められ、カツネルソンら党指導部のためらいを押し切る形で公表される。一九三一年のマクドナルド書簡が前年のパスフィールド白書を事実上破棄し、ユダヤ人とアラブ人の経済面などにおける分離を認めた事に勇気づけられた彼は、シオニズム運動とイギリスの関係のためにこそアラブ人との対話が必要であると考える様になっていた。アラブ問題に関する自身の論文や演説を集めたこの書物は、アラブ人に労働運動の「努力」を認識させるという実際的な目的で刊行され、一九三〇年代前半におけるベングリオンの対アラブ交渉の布石となった。

ベングリオンの連邦案そのものは党員の間に受け入れられなかったが、二つの民族の共存のあり方について再考を促す契機となった。マパイは「ユダヤ人とアラブ人の合意の下に、委任統治政府と並んでユダヤ人・アラブ人代表が〔立法評議会に〕平等に参加する事を土台として憲法上の秩序を修正する必要性」を宣言するに至っている[27]。とりわけカツネルソンは一九三〇年末の党評議会における「パレスチナにおける政治体制の諸問題」と題する演説で、二つの民族の協力の条件が熟するまでの過渡期の政治体制について提案を行っている。

ベングリオンとは対照的にアラブ人の抵抗を民族運動と見なす事を拒んだカツネルソンは、この演説において二つの人々の紛争を先進社会と後進社会の遭遇が必然的に生み出す緊張に由来すると論じた。彼はユダヤ人がアラブ人を支配する事にもアラブ人がユダヤ人を支配する事にも反対し、二つの民族自治の漸次的発展と均衡に基づいてその地の行政が行われる事を提唱した。彼によれば民族自治は、ユダヤ人の歴史に根ざしている上に社会民主主義理論とも調和するものであった。二つの民族的単位の均衡は、両者がすべての重要な事柄について合意に達する事を余儀なくし、いかに協力すべきかを両者に教えるであろう。この協力が最終的には二つの民族ブロックの解体と社会的・階級的ラインに沿った協力の強化につながる、と彼は予想したのである[28]。

ベングリオンが二民族でつくる連邦制を必要悪と捉えていたのに対し、カツネルソンがユダヤ人の歴史的伝統と社会主義理論をもとに多民族国家を肯定的な現象と見なしていた事は注目される。カツネルソン案は民族ブロックが最終的には消えて階級的結合に取って代わられるだろうと想定した点において、二つの民族的単位の存続を前提としていたベングリオン案よりも更に二民族国家案に近かった。しかしこの提案がベングリオンの「危険なイニシャティヴ」を牽制する意図にも多分に由来していた点を考慮するなら、それが二つの民族の紛争を解決するための提言であったと同時に、パレスチナの事実上の分割に等しい連邦案を斥けるための緊急避難的な代案として提示された側面も見えてくるのではないだろうか。

一九三〇年代前半のドイツ系移民の流入に伴うユダヤ人・アラブ人関係の更なる緊張を前に、ベングリオン自身はそれから程なく、連邦案は実行可能でないばかりかイシューヴが強大化するなら不必要であると考えるに至り、ユダヤ人多数派が達成された暁にはユダヤ人国家が樹立されるべきであるという従来の立場に立ち戻る。以後彼は、委任統治が続く間はユダヤ人とアラブ人の均衡に基づく統治への参加が保証され、ユダヤ人国家が樹立された際には「アラブ連邦」に加盟する(29)という青写真の下にパレスチナ内外のアラブ人指導者との交渉を推し進めた。かくしてベングリオンは一九三〇年代前半にはパレスチナ連邦構想を自ら進んで放棄していたのである。イスラエル建国に至る流血を伴ったその後の展開から振り返ると、ベングリオンの連邦案とそれに触発されたカツネルソンの二民族国家構想は様々な面で限界を伴っていたとは言え、労働運動のたどった民族分離主義の軌跡の中で共存の可能性が放った、最後の束の間のきらめきであった様に見える。

② 連邦案の限界と可能性——ジャボティンスキー構想との比較——

公表されたベングリオンの連邦案に触発されたのかどうかは定かでないが、ジャボティンスキーも一九三四年にアラブ自治構想を起草している。ここではベングリオンの連邦案をジャボティンスキー構想と比較しながら、その限界と可能性について考えてみたい。

ジャボティンスキーは自らの草案に影響を与えたものとしてオーストリア社会主義者の多民族国家の理論やオスマン帝国のミッレト制などを挙げている。その構想の中で重要な部分を抜粋すると以下の様である。

一、市民的平等

(一) いかなる外国のユダヤ人もパレスチナに帰還し……パレスチナの市民となる事を妨げられないという条件の下に、いかなる人種、信仰、言語、階級であれすべての人のための平等な権利の原則が……法制化されねばならない。

(二) 首相がユダヤ人であるすべての内閣においては副首相の地位はアラブ人に与えられねばならない。逆もまた同じである。

(三) 国の義務と利益の両方におけるユダヤ人とアラブ人の人口に比例した分担は、議会選挙、行政事務と軍勤務、及び予算の交付に関して規則とならねばならない。

(四) 同じ規則は〔ユダヤ人とアラブ人が〕混合した自治体あるいは郡の評議会に適用されねばならない。

二、言語

(一) ヘブライ語とアラビア語は平等な権利と平等な法的有効性を享受せねばならない。

(二) 国のいかなる法律、宣言、条例も、国のいかなる貨幣、銀行券、切手も、……ヘブライ語とアラビア語の両方が等しく用いられていなければ有効とされてはならない。

(三) ヘブライ語とアラビア語は……議会、法廷、学校、そして一般に国のいかなる役所や機関においても、平等な法的効力でもって用いられねばならない。
（四） 国のすべての役所はいかなる申請書にも、ヘブライ語であれアラビア語であれ、その人の申請の言語で口頭及び書面で答えねばならない。

三、文化的自治

（一） ユダヤ人とアラブ人のエスニック共同体は法の前の自治的な公の組織体として承認されねばならない。……
（二） 次の事項は国によって各エスニック共同体に、その成員に関して委任される。
(a) 宗教と個人的地位。
(b) 共同体の……教育。特に義務である初等教育。
(c) 社会的扶助のすべての形態を含む公の生活保護。
(d) 上記の事柄から起こる通常の法律上の訴訟の解決。
（三） 各エスニック共同体は自らの民族議会を選出する。この議会は自治の範囲内で条例を出し徴税し、議会の前で責任を負う民族執行部を任命する権限を持つ。
（四） 内閣の常設の閣僚の地位は全政党から独立し、国の政府においてそれぞれのエスニック共同体を代表する。

この構想においてはアラブ人に対してユダヤ人と同等の市民的権利と民族的・文化的自治が認められ、両者はそれぞれ民族議会を選出し、首相と副首相には両者が一人ずつ就任するとされている点が特徴的である。しかし両民族の平等な権利に基づく連邦制を描いている様に見えるこの構想は、あくまでもユダヤ人国家の枠内のものであった。ジャボティンスキーは「ユダヤ人国家」という形でパレスチナにおけるユダヤ人の自決権を認めた一方、アラブ人は既に九つの国家を持っていると述べて彼らのパレスチナにおける自決権を事実上否定しているのである。(30)

二つの人々が民族自治によって分離しつつも共存するという発想や、パレスチナにおけるアラブ人の自決権の否定という点でベングリオンとジャボティンスキーの構想が共通している事は、アラブ問題をめぐる労働運動と修正主義運動のイデオロギー的立場が一九三〇年代には変わらなくなった事を象徴している。民族自決権は連邦制の根幹にかかわる問題であるだけに、たとえパレスチナ連邦が成立していたとしても、この点に関してアラブ人の不満が残る限り体制を絶えず揺がす不安定要因となったであろう。四半世紀前にボロホフが「我々の綱領」で提示した、政治的自決権を持つユダヤ人と文化的自治を享受するにとどまるアラブ人という社会主義シオニズムの矛盾に満ちた前提を、ベングリオン案も基本的には免れていないからである。

また連邦が成立する以前の段階で、アラブ人の自決権の否定という前提が障害となって連邦交渉そのものが途絶した可能性は大きい。更に連邦交渉に入る事すら当時の状況では極めて困難であったに違いない。シオニズム運動やパレスチナ・アラブ民族運動がこの案を受け入れるかどうかという大問題もさることながら、交渉の成否を握るイギリスの支持を得られる可能性が低かったからである。インドのムスリムの動向に神経を尖らせていた時のイギリス首相ラムゼイ・マクドナルド(Ramsey MacDonald)が、彼らが事あるごとに共感を寄せるパレスチナ・アラブ人の少しでも不利になる様な案を後押しする事は考えにくかった[31]。初代高等弁務官を務めたハーバート・サミュエル(Herbert Samuel)も一九三〇年七月にベングリオンらに対して、アラブ人は民族自治を受け入れないだろうという悲観的な見通しを語っている[32]。この様に実現の可能性という点でもベングリオンの連邦案には大きな限界があった。

しかしジャボティンスキー案と比較してみると、ベングリオン案の特徴が鮮やかに浮かび上がる。ジャボティンスキー案が本質的に文化的自治の色彩を帯びるのに対し、ベングリオン案はアラブ人に対して文化的自治に加えて領土的自治を認めようとしていた点で画期的であった。この点でベングリオンはジャボティンスキーよりも忠実なバウアー構想の継承者であったと言えるかも知れない。この領土的自治という発想はイシューヴの要塞化の議論に見られた空間的な分離主義の一つの表現と見る事もできよう。しかし別の見方をすれば、一つの地を一方が占有するのではなく分かち合うという考え方に基づく、民族紛争の素朴ではあるが根源的な解決策をベングリオンの連邦案が提示し得た事もまた否定できない。

地方自治と民族自治を柱としたその連邦案の意義を人々が理解するには半世紀以上早かった。〈共存する隣人〉のあり方を模索した連邦案そのものはこうして失われたが、連邦案が他方で胚胎していた〈分離する隣人〉の概念は失われる事なく生き続けた。ユダヤ人とアラブ人の生活空間を分離するというその発想は、ベングリオンが連邦案を起草する傍らで推進したヘブライ労働とイシューヴの要塞化の路線に支えられながら、パレスチナにおける分断国家のヴィジョンにつながる地下水脈として活力を保ったのである。

第四章　階級から民族へ（一九二〇年代―一九三〇年代）

――ヘブライ労働とキブーツ運動――

パレスチナ連邦構想が挫折した後の一九三〇年代前半、ベングリオンは対アラブ交渉を担当していた党の同僚モシェー・シェルトク（Moshe Shertok, 一八九四―一九六五）と共に、パレスチナでユダヤ人が多数派となりユダヤ人国家が樹立された後に「アラブ連邦」に加盟するという案を提示しつつ、パレスチナ内外のアラブ人指導者との交渉を精力的に行った。しかしベングリオンとハーッジ・アミーン・フサイニーの直接対話すら実現しないまま、シオニストとパレスチナ・アラブ人の交渉はやがて断絶する。パレスチナを自分たちのものであるとする双方の相容れぬ主張が最大の原因であるが、シオニストによる対英交渉の優先やパレスチナ外のアラブ人との交渉、更には交渉の傍らで常習化していたシオニストによるパレスチナ・アラブ人の買収が相互の不信感や軽蔑の念を増大させた事も、この「不毛の外交」の重要な背景であった。[1] 一九三〇年代前半にナチの迫害から逃れてパレスチナに流入した大量のドイツ系ユダヤ人移民の人口圧力も社会的緊張を高め、パレスチナ・アラブ民族運動の更なる高揚と組織化につながった。

連邦案の挫折に続く「不毛の外交」をもたらした長期的要因としては、ヘブライ労働とキブーツ運動の進展によって一九二〇年代から一九三〇年代にかけて深化した、パレスチナのユダヤ人共同体とアラブ人共同体の社会経済的分離を挙げる事ができよう。ヘブライ労働とキブーツ運動という労働運動の主体的な営みは、放任主義的なイギリス委任統治政策に助けられつつこの時期に急速に展開した。更にこの二つは、一九二〇年代から一九三〇年代に労働運動内で顕在化した「階級から民族へ」のプライオリティーの移行を支えた核心的要素でもあったのである。この移行を意図的に選択し確信を持って推し進めたのが、一九二〇年代にはヒスタドルート総長を務め、一九三三年にはユダヤ機関執行部のメンバーに、一九三五年にはユダヤ機関執行部議長に選出されてハイム・ワイツマン（Chaim Weizmann，一八七四—一九五二、初代イスラエル大統領）と並ぶシオニズム運動全体の指導者にのし上がったベングリオンであった。彼の一九三三年の著書『階級から民族へ』は彼自身の言葉によると「エレツ・イスラエルの労働運動の道と使命を明らかにするための論文集[2]」であり、労働運動におけるイデオロギー的重心の明らかな変化を内外に印象づけた。しかしその変化は一夜にして起こったものではなかった。この〈異端の社会主義〉の書物を読むと、変化の重要な兆しが、階級闘争を大きく後退させたマパイ党綱領の成立に先立って、アラブ人労働者階級との連帯がうたわれた一九二〇年代に既に紛れもなく存在していた事を知る事ができる。

我々の文脈で重要なのは、「階級から民族へ」のイデオロギー的移行をベングリオンが公言した事によって、労働運動の民族分離主義に歯止めをかける「社会主義」という理念的装置が名実共に外された事の政治的意味である。労働者階級の団結による二つの民族の和解という社会主義的理念は、労働運動が自ら推進したヘブライ労働とキブーツ運動によって徐々に浸食された。マパイ綱領とベングリオンの『階級から民族へ』の刊行はその様な長期にわたる変化のプロセスの追認であったと言えよう。

本章は、一九二〇年代から一九三〇年代にかけてベングリオンと労働運動のアラブ人との共存にかかわる社会主義的理念を形骸化に向かわせた構造的要因、言い換えれば、この時期に彼らの民族分離主義を支え急進化させた構造的要因であるヘブライ労働とキブーツ運動に注目しつつ、アラブ人との共存を考える上での拠り所であった「労働者階級」概念がベングリオンの思考の中で社会主義的な意味合いを失い、専ら民族的な意味を持つものと化していった過程とその背景に迫ろうとするものである。本章における考察は、第二章で分析したベングリオンの共存の模索の矛盾や、第三章で扱った連邦案の傍らで強化されていた分離のヴィジョンについての理解を深めると共に、次章で検討するアラブ人住民のパレスチナからの移送という結論が導かれるに至る思想的過程を明らかにする事になるだろう。

第一節　ヘブライ労働と分離の深化

ヘブライ労働とは労働のすべてをユダヤ人が行う事を意味し、パレスチナ労働運動を創始した第二次移民の間に発展した考え方である事は既に述べた。ベングリオンと労働運動の民族分離主義の性格を掘り下げ「階級から民族へ」の力点の変化の背景を知るためにも、労働運動の共存の模索に常に影を落としていたヘブライ労働の本質をまず見極める事としたい。

(一)　社会主義シオニズムの核心としてのヘブライ労働

社会主義シオニズムにおけるヘブライ労働の概念の起源をたどると、歴史的事情から農業を欠いていたディアスポラのユダヤ人の経済構造の正常化を主張したボロホフの思想にもつながる。しかし肉体労働も含めてすべての労働をユダヤ人が自ら行う事により健全な経済を生み出すという発想は初期シオニストに共通して見られたのであり、従ってヘブライ労働が社会主義シオニズムに特有の概念であるとは言い難い。それにもかかわらずヘブライ労働がシオニズムのいずれの潮流にも増して社会主義シオニズムの不可分の一部となったのは、パレスチナの労働運動が「労働者」という概念を媒介にヘブライ労働を擬似社会主義的な概念として受容したからではないかと思われる。

ヘブライ労働が一見社会主義と調和する面があった事は次の事から理解できよう。第二次移民がアラブ人労働者を雇うモシャヴァーを批判してヘブライ労働を主張したのは、ユダヤ人労働者が失業するという理由のほかに、ユダヤ人雇用者がアラブ人労働者を低賃金で搾取する事は道義に悖るという懸念からであった。[3] この様にある角度から見れば、ヘブライ労働は労働者を低賃金で搾取する事に反対する社会主義的倫理観と合致していた。

しかし雇用が死活問題であるという実生活の面からすると、ヘブライ労働はアラブ人労働者を放逐してユダヤ人労働者の雇用を確保するという紛れもなく民族主義的性格を帯びた運動であった。ベングリオンも一九三五年に「ヘブライ労働の要求は社会主義的理論と言うよりもシオニズム的理論である」事を認めている。[4] ヘブライ労働のこの様な民族主義的性格があらわになるにつれ、アラブ人労働者の搾取を防ぐという「社会主義的」側面はヘブライ労働を正当化する口実の役割を果たす様になる。

ヘブライ労働はユダヤ人がディアスポラで就く事を禁じられていた農業に端を発して、工業、建設業、港湾労働など他の肉体労働に広がり、やがてすべての経済活動をユダヤ人が自ら行う事によりエレツ・イスラエルはユダヤ民族の所有物として「贖われる」という考え方につながった。この様な考え方は、土地はそこで労働して富を生む者に属するという、第二次移民に共有された強い確信に根ざしていた。

アラブ問題がイシューヴを脅かす様になるにつれて、ヘブライ労働は個人の良心の問題であるにとどまらず、アラブ人に依存しない自己完結的なユダヤ経済をつくるための運動として急速に政治性を獲得していった。一九二〇年代から一九三〇年代のヘブライ労働は、初期の入植者が持っていた「土に帰れ」という素朴な理想主義や雇用の確保という日常の要求の域を超えて、ユダヤ人国家の前提となる「アラブ人との社会経済的分離」をめざす、排外的で民族主義的リアリズムに貫かれた政治運動に変貌していたのである。

（二）　ベングリオンのヘブライ労働観

それでは次にベングリオンのヘブライ労働観を見てみよう。

ベングリオンがヘブライ労働をシオニズムそのものの本質と見ていた事はあらゆる発言から知る事ができるが、一例を挙げると一九三二年の党評議会で彼は次の様に語っている。「シオニズムの内容を凝縮するものがあるとすれば、それはヘブライ労働である。……ヘブライ労働なきエレツ・イスラエルはユダヤ人なきエレツ・イスラエルと同様である。ヘブライ労働の否定は……エレツ・イスラエルの否定、シオニズムそのものの否定である(5)」。

この様なヘブライ労働の位置づけは彼のシオニズム観と結び付いていた。「シオニズムは土地を持たない民族の生活における二つの歴史的欠点を修正するために到来した。それは土地の基盤の欠如と、創造的労働への掌握の欠如である(6)」と彼は一九三二年に述べているが、この「二つの歴史的欠点を修正する」不可欠の手段と考えられたのがヘブライ労働であった。

ベングリオンはヘブライ労働の特に重要な役割を、ユダヤ民族をエレツ・イスラエルに結合させる紐帯としての側面に見ていた。その事は「ヘブライ労働は民族と土地の間の糊であり、我々が過去の地と新たに結ぶ生活と未来の契約である。労働は我々が何千年もの間切り離されていた地に我々が根づく……事の唯一の真正の証である(7)」、「土地を実際の民族的所有物に変えるものはヘブライ労働である(8)」という一九三〇年代の彼の発言からも窺える。この様に、土地なき民族を特定の領土に根ざす「国民」へと変貌させる契機をベングリオンがヘブライ労働の中に見ていた事は注目に値する。

ヘブライ労働のこの様な側面を強調した際に、ベングリオンが引き合いに出したのがラトヴィアの例であった。ラトヴィアでは数百年前にドイツ人貴族がドイツ文化を花開かせたが、最終的にはラトヴィア人大衆がすべてのドイツの遺産を破壊し、今やドイツ人の精神的中心地の面影はない。その代わりに興ったのがラトヴィア人の民族国家と独立したラトヴィア文化である、と彼は説明した。土着の民族大衆こそが民族文化と民族国家の永続的な担い手となり得ると考えた彼は、「エレツ・イスラエルはヘブライ労働の上以外には……興らないだろう」と述べている。[9] ヘブライ労働がエレツ・イスラエルのユダヤ化の手段であるという彼の見方は、出身地である東欧の民族と国家への歴史的視座に支えられていたのであった。

しかし何にも増して一九二〇年代から一九三〇年代のベングリオンをヘブライ労働に固執させたのは、パレスチナにおいてアラブ経済と分離したユダヤ経済を一刻も早くつくり出さねばならないという切実な意識であった。ユダヤ人国家を樹立するための既成事実として外部に依存しない「国民経済」の原型を創出する事は不可欠であり、その唯一の手段がヘブライ労働であると彼は考えたのである。「国民経済」と「ユダヤ経済」の等置を前提としたこの様なヘブライ労働観は、一九二〇年代の労働運動のアラブ人との共存の模索と原理的な次元で衝突する事になった。パレスチナにおけるユダヤ人とアラブ人の対立が激化の一途をたどる一九三〇年代になると、ベングリオンが以前にも増してヘブライ労働を純粋なユダヤ経済の創出と結び付けて言及しているのが目立つ。

我々は……産業が他者によってなされるイシューヴを想定する事はできない。ヘブライ労働の問題はエレツ・イスラエルに我々が生存する事の問題であり、……いかなる経済的尺度でも図ってはならない。（一九三一年、農業会議）[10]

ヘブライ労働がエレツ・イスラエルの建設の土台の土台であり、ヘブライ労働なくしてはエレツ・イスラエルにイスラエル大衆の吸収の余地はなく、ヘブライ労働なくしてはユダヤ経済も祖国の樹立もないという事をシオニズム運動は片時も忘れる資格はない。（一九三五年十二月十日、書簡）[11]

暴動の第一の教訓は……我々が最大限にアラブ人への経済的依存から解放されねばならないという事である。この不必要な、不正な依存ゆえにヤッフォでは少なからぬ犠牲者が出た。……しかしそれは物理的な安全保障の問題にとどまらないのだ。それは我々の生存と再生の根本的問題である。我々は、我々によってそれが実際につくられさえするなら、エレツ・イスラエルにユダヤ経済を建てるだろう。これは何よりもまず、ユダヤ経済の全部門、ユダヤ人イシューヴの全入植地における完全なヘブライ労働の問題である。（一九三六年五月五日、ヴァアド・レウミ）[12]

これらの言葉は、ベングリオンにとってのヘブライ労働が、自らの生存を他者に依存しないという主権や自立、更にはそれに由来する誇りや尊厳といった「国民」にとっての根源的な問題にかかわるものであった事を端的に物語っている。

前章で見た様に、ベングリオン率いるヒスタドルートは一九二九年暴動後にヘブライ労働のキャンペーンを強化したが、ここで当然問題となったのは一九二〇年代を通じて追求してきたアラブ人労働者との連帯の理想と矛盾するのではないかという点であった。これに対するベングリオンの答えは「矛盾しない」というものであった。その理由として彼は、ヘブライ労働が成功すればアラブ人労働者も刺激を受けてユダヤ人労働者と同じ経済的・社会的水準に達するべく自らの労働条件の改善のために闘う事になり、ユダヤ人労働者との共闘の機会が生まれるからである、と説明している。[13] しかし論理的には正しい様に見えるこの説明も、アラブ人労働者の職場からの追放という形で展開したヘブライ労働の現実の前には真の説得力を持たなかった。

ベングリオンによればヘブライ労働はアラブ人労働者との団結と矛盾しないばかりか、他の国民の例と比べてみても正当化される権利であった。たとえばイギリス人雇用者がインドや中国からの安い労働力を使う可能性は常にあるが、彼らが大々的にそうしないのはイギリス国民の生存の基盤を掘り崩すからである。確かに「我々はアラブ人労働者の向上のプロセスを助けねばならない」が、多くのアラブ人労働者が「自らの要求を意図的に上げる必要性を全く感じていない」という状況ではヘブライ労働のための闘争は不可避であると彼は論じた[14]。

すなわちベングリオンにとってのヘブライ労働は、土地・社会・経済のユダヤ化をめざした、言い換えればユダヤ民族の土着化をめざした運動であった。この様な死活的な重要性を持つヘブライ労働と比べると、一九三〇年代の彼にとって「社会主義」がはるかに色褪せてしまっていた事は、「ヘブライ労働なくしては我々はエレツ・イスラエルにも組織化にも社会主義体制にも関心はない[15]」という一九三一年の発言からも窺う事ができる。

最後に言及しておかねばならないのは、ベングリオンの思考においてヘブライ労働が「贖罪」(geʾulāh)というメシア主義的な概念と混淆して無謬の聖性を獲得した事である。彼は「ヘブライ労働の中に真の恒常的な贖罪がある[16]」、「我々が一〇〇%のヘブライの贖罪を達成したいと思うなら、一〇〇%のヘブライ人イシューヴ、一〇〇%のヘブライ人モシャヴァー、一〇〇%のヘブライ港が必要である[17]」などの発言をはじめとして至る所でヘブライ労働との関連で「贖罪」に言及している。それらの言葉には、ヘブライ労働は自らの手で生産活動を行わなかったディアスポラのユダヤ人自身の「罪」の贖いであると同時に、ゴイーム(gôyim, ヘブライ語で「異教徒」の複数形)であるアラブ人の混住するパレスチナをユダヤ人だけが住む地として「浄化」する営みでもあるという考え方が表れている。ヘブライ労働がベングリオンの言う「贖罪」の美名の下に秘めていたのは、アラブ人住民のパレスチナからの追放をも正当化しかねない危険な論理と暴力性であった。

ヘブライ労働に対するベングリオンの上記の考え方はマルクス主義的な左派を除く労働運動全体に共有された。それでは実際にヘブライ労働がいかに拡大されたかを概観してみよう。

(三) ヘブライ労働の拡大

ここでまず、一九二〇年代から一九三〇年代にかけてヘブライ労働の拡大を助長した外部要因としてイギリスの政策について触れておく。一九二九年暴動の原因を調査する任にあたったショー委員会(The Shaw Commission)とホープ＝シンプソン(Hope-Simpson)の報告書がいずれもヘブライ労働をアラブ人の深刻な失業の原因になっていると批判したのに対し、一九三一年のマクドナルド書簡はシオニストがアラブ人労働力を経済活動から排除する権利を認め、経済的分離主義を事実上承認した。[18] この頃までにヘブライ労働は労働運動の内部的・道徳的問題の域を超え、シオニストと高等弁務官やイギリス政府要人との会談の席でも中心的話題に上るほど第一級の政治問題となっていたのである。

イギリス政府は反英独立運動に揺らぐインド統治との関連でインドのムスリムが共感を寄せるパレスチナ・アラブ人への配慮を余儀なくされていたが、実際の委任統治政策はバルフォア宣言の精神を受け継ぐ「民族的郷土(national home)政策」にかなりの程度傾いていた。委任統治下のパレスチナに対するイギリスの一九二〇年代の経済政策を分析したスミスは、当時のイギリス植民地政策が一般にリベラルなレッセ＝フェール思考に影響されており、教育や労働政策などにおける行政的責任の放棄が二つの共同体の経済的・文化的な分離の固定化につながった面がある事を指摘している。更に委任統治政府は公共部門におけるユダヤ人の優先雇用、ユダヤ人産業への保護政策、入植地を結ぶ道路建設への支出などのユダヤ人に有利な政策によってユダヤ人の飛び地の形成を促した[19]。イシューヴの分離主義的傾向を抑制するどころか放置ないしは促進さえした委任統治政策は、ヘブライ労働の拡大に明らかに有利な状況をつくり出したのであった。

この様なイギリスの政策の下で一九二〇年代は、アラブ人労働者との連帯への努力の傍ら、私的経済部門におけるヘブライ労働がヒスタドルートによって一貫して追求された時期であった。ベングリオンも「ユダヤ人労働者のすべての努力は新しいユダヤ経済がヘブライ労働によって建設され実現される事……に向けられた[20]」と振り返っている。また一九二〇年十一月二十八日にベングリオンがヒスタドルート評議会に宛てて「ヘブライ労働の内部的必要性は〔労働運動の〕統一を不可欠にする[21]」と書き送っている事は、労働運動の統一という一見社会主義的な努力にさえも、ヘブライ労働を効果的に推進するという民族主義的動機が忍び込んでいた事を物語る。

しかし現実には一九二九年暴動までヘブライ労働の普及は一進一退であった。ベングリオンは一九二三年の第二回ヒスタドルート会議で一九二一年五月のアラブ暴動以来の二年間を振り返り、都市でのヘブライ労働の状況は改善したもののモシャヴァーではユダヤ人労働者は増加せず、治安上の理由から実質的にユダヤ人モシャヴァーに変わったペタハ・ティクヴァ*とハデラ*でもヘブライ労働は長続きしなかったと報告している[22]。暴動の緊張が過ぎるとモシャヴァーに再びアラブ人労働者を入れてしまうという現象が繰り返されたのは、ユダヤ人農園主が当時はまだシオニズムの大義よりも経済的利潤をはるかに優先したからであった。

ベングリオンが長を務めたヒスタドルートによるヘブライ労働の追求は、この様なシオニズム意識の薄い農園主との暴力的衝突をしばしばもたらした。一九二七年末にペタハ・ティクヴァ*で起きた事件はその典型である。失業しているユダヤ人労働者をよそ目にアラブ人労働者を雇っていた果樹園経営者は、アラブ人労働者の雇用を阻止するために果樹園の近くにいたヒスタドルートの労働者警備隊を排除すべく、イギリス人とアラブ人から成る警察を呼んだ。警備隊の人々は警官に暴行を受けた上、逮捕され裁判にかけられた。ベングリオンは事件の二日後の労働者評議会宛ての書簡の中で警察の粗暴な振舞いを非難すると共に、ユダヤ人労働者が大量に失業している時に彼らの雇用を拒否する果樹園経営者への憤りをあらわにし、早急に抗議集会を開く様に求めている[23]。この様にヘブライ労働をめぐってモシャヴァーではユダヤ人雇用主とユダヤ人労働者の対立が激化したが、雇用者側の論理を代弁していたのがジャボティンスキー率いるシオニズム右派の修正主義運動であった。

中産階級を主な支持基盤とする修正主義運動は、シオニズムを曖昧にするという理由から階級闘争に反対しており、労働者よりも雇用者の利益を優先させがちであった。修正主義者はヘブライ労働などをめぐる労使対立を階級闘争によって解決する事に反対して「民族的な強制調停制度」の確立を要求し、スト破りなどの手段でヒスタドルートの労働者に対抗した。こうしてヘブライ労働はヒスタドルートの労働者と、雇用者及び修正主義者との間の亀裂を深めたのである。

ヘブライ労働は右派ばかりではなく、労働運動左派や共産主義者からも批判を浴びた。ユダヤ人の移住と入植の権利すら否定する共産主義者は、ユダヤ人労働者がアラブ人労働者の雇用の機会を奪う事に反対し、入植地でヒスタドルートの労働者と衝突する事件も起こしている[24]。ユダヤ人共産主義者の「自虐的な憎悪」に劣らずベングリオンを悩ませたのは、労働運動左派のハショメル・ハツァイル(Ha-Šômēr ha-Ṣā'îr, ヘブライ語で「若き警備員」)の態度であった。ハショメル・ハツァイルは一〇〇%のヘブライ労働はユートピア的であるとして綱領に組み込んでおらず、モシャヴァーにおけるアラブ人労働者の組織化さえ主張していたからである。ベングリオンはこれら左派との確執の中で、ヘブライ労働がアラブ人労働者を追放したり害したりするものではないとしつつ、次の様に強調した。「ヘブライ人労働者は民族の使者であり、もし彼が……闘うのをやめたら……エレツ・イスラエルにおけるヘブライ労働は躓き、民族の贖いのために購入され獲得されたこの地のすべての土地は我々のものとならないだろう」。更に彼はヘブライ労働が完全に勝利を収めるためには「平和の道であれ戦争の道であれ」手段を選ばない、とまで宣言している。[25]

一九二九年暴動を契機に強化されたヘブライ労働のキャンペーンは、ドイツからのユダヤ人移民が大量に流入した一九三三―三五年に頂点に達した。パレスチナ経済が繁栄したこの時期にヘブライ労働の闘争が強まったのは、都市の好況を背景としてユダヤ人労働者の農村離れが起こり、農村で不足した労働力を補うべくアラブ人労働者が入りこんで来たからである。アラブ人労働者は都市の建設現場や、それまで一〇〇％ヘブライ労働であったシャロン*の新しい入植地にも浸透しつつあった。この危機的な状況に対応するため、ヒスタドルートは一九三三年に初めて都市からアラブ人労働者を排除するキャンペーンを実施し、強制排除にも及んでかつてない民族間の緊張を生んだ。アラブ人労働者を雇うシャロンのシトラス園に対する全土的規模での妨害行動を断行したのもこの頃である。[26] マパイ内には都市や農村でのアラブ人労働の拡大を懸念しながらも、アラブ人労働者を雇用の場から追放する事に伴う民族間関係の悪化の危険を指摘する声もあったが、[27] ヘブライ労働の闘争はエスカレートの一途をたどる。

同じ頃ベングリオンはシェルトクと共にアリヤーの人数枠を広げるよう高等弁務官に再三圧力をかけているが、この要求の理由として彼が度々言及したのがヘブライ労働の潰滅の危険であった。[28] 彼にとってアリヤーの加速はドイツと東欧のユダヤ人を救済する第一義的な手段であると共に、ヘブライ労働を維持するという重要な側面も持っていたのである。

ヘブライ労働をほぼ完成させたのが一九三六―三九年のアラブ反乱であった。ベングリオンも一九三六年九月に、この反乱の「成果」はテルアヴィヴ港などのヘブライ港の建設と農村におけるヘブライ労働の強化である、と発言し

ている。(29)
この様にヘブライ労働の拡大は、二つの民族の分離の深化と相互に作用を及ぼしつつ進行した。一方、二つの民族の分離が決定的になっていくのと並行してヘブライ労働をめぐるイシューヴの「内戦」は終熄の方向に向かい、ヘブライ労働はイシューヴ全体に共有される価値観となったのである。この現象の重要な推進力となったのは、シオニズム運動全体の指導者の地位に上昇しつつあったベングリオンの、「労働者民族」という独特の概念に基づく大胆な階級融和路線であった。

第二節　労働者階級から「労働者民族」へ

本節ではベングリオンの論文・演説集『階級から民族へ』に主に依拠しながら、アラブ人との共存の模索の終焉を理論的に可能にしたベングリオンの階級融和路線の出現に焦点を当てる事としたい。

(一)　民族的使命としての階級闘争

ベングリオンは早くも一九二五年に、「労働者」が民族的使命を帯びた存在である事を包括的に論じていた。「労働者階級の民族的使命」と題する演説において、労働者は「民族の使者」としてエレツ・イスラエルに来たと明言した上で、ベングリオンは次の様に述べている。

……他の階級の使者たちとは対照的に、労働者は自らの階級的必要性や願望と、民族的関心や利益の間の矛盾に直面していない。……労働者は一体である二つの使命を一時に果たしている。階級の使命と民族全体の使命を。……労働者の階級闘争は……民族の分裂や弱体化を意図しているのではなく、それどころか民族の真の統一を、民族の諸勢力の完成や強大化とそれの繁栄を意図しているのである。

言うまでもなく他の諸階級の中にも自らの階級の利益を超えて民族的必要性を認識している人々はいるが、この様な人々は例外的であり、基本的に他の階級は自らの特別な階級利益と合致する限りにおいて民族の必要性に忠実である。それに対して労働者階級は「民族的利益に対する恒常的な誠実さ」において他に追随を許さない。労働者階級には階級闘争によって階級対立から民族を解放するという使命が課されている、と彼は主張した[30]。

それでは、具体的にどの様に階級闘争は労働者の民族的使命と結び付くのだろうか。その答えの手がかりは彼の別の折の発言中に見出す事ができる。「エレツ・イスラエルにおける階級闘争は本質的に実践的シオニズムの使者たちと、それを否定し憎む人々との間の闘争である」（一九三二年[31]）。「シオニズムにおける我々の階級闘争は、イシューヴにおける我々の階級闘争と同様に、民族の歴史的使命を果たし民族全体の解放と再生と贖罪を心にかける階級の闘争である」（一九三三年、ヒスタドルート会議[32]）。「エレツ・イスラエルのヘブライ人労働者は常に自らの民族的使命の意識から自らの仕事を行ってきたのであり、彼の階級闘争は民族的使命を否定する人々に対するシオニズムの実現者の闘争であった」（一九三四年、ヒスタドルート会議[33]）。

すなわちここでベングリオンの言う「階級闘争」とは「民族的使命を否定する」他の階級、つまりブルジョワに対する「シオニズムの実現者」たる労働者階級の闘争なのであった。別の機会にもベングリオンは「労働者と農場主の紛争の核心には常にヘブライ労働があった[34]」と述べ、ユダヤ人労働者の階級闘争をヘブライ労働を求める闘争として捉えている。それはマルクス主義的な「階級闘争」とは明らかに異質であった。ユダヤ人労働者は「民族的内容から次第にかけ離れ、かなりの程度階級的利益のシオニズムに転化した」[35]ブルジョワ・シオニズムに対して妥協する事なく闘争せねばならないという意識において、正に「民族の使者」として立ち現れたのである。

一九三二年七月初めの党評議会においてベングリオンは、ブルジョワ・シオニズムを奉ずる一般シオニストこそシオニズムにおける現在の危機の元凶であると主張している。彼は労働者にも階級的必要性がある事を認めたが、労働者とブルジョワの間の違いは民族全体の利益と調和している階級利益と、民族全体の利益に反している階級利益の間の違いであると論じた。

世界シオニスト機構内で従来圧倒的多数を占めてきた一般シオニストが民族的大義から遊離した事に由来するシオニズムの危機は、機構内の主要勢力の交替を必然的にするというのが彼の結論であった。エレツ・イスラエルのシオニズム運動と世界シオニズム運動の間の整合性を実現するためには、労働運動が世界シオニスト機構内で決定的な勢力となる事が求められている、と彼は力説している[36]。

つまりベングリオンはユダヤ人「労働者」の「階級闘争」の先に、労働運動が世界シオニズム運動における覇権を一般シオニストから奪取する事を明確に構想していたのである。彼のその構想の原動力となっていたのが、「労働者階級政党は他の階級の諸政党とは逆に、専ら階級利益を心にかける階級政党であるにとどまらず、民族全体の将来に責任を持ち、自らを将来の国民('umāh)の敵ではなく核と見なす民族政党である」(一九三一年第十七回世界シオニスト会議後の演説[37])という強烈な自覚であった。そして一九三三年の第十八回世界シオニスト会議選挙でマパイは投票数の四四%(一九三一年には二九%)を獲得し、名実共に運動の主要勢力として擡頭したのであった。

(二)　シオニズムと社会主義の調和

一九三二年十一月三日の党会議における「シオニズムにおける労働者」と題する演説[38]で、ベングリオンは再び、労働運動がシオニズム運動全体の主導権をとる意志がある事を確認しつつ次の様に述べている。

我々の運動がシオニズムにおける一つの党派である事をやめて、シオニスト機構全体の束縛と全責任を自らに引き受けるべき時が来た。……それは我々がシオニスト機構を社会主義組織にしたり、我々がかつてより非社会主義的になるという事ではない。我々は一〇〇％のシオニストであり、一〇〇％の社会主義者であって、一％たりとも我々のシオニズムや社会主義から減ずる事はできない。……シオニズム的でもあり社会主義的でもある労働運動は……自らの社会主義的方向性に忠実であると同時に〔シオニズム〕運動やシオニスト機構内で影響力を持ち、決定的に重要である事ができる。

それでは「一〇〇％のシオニスト」である事と「一〇〇％の社会主義者」である事とは矛盾しないのか。この当然出てくる疑問は、社会主義シオニズムの揺籃期から常に影を落としてきた根本的な問いであった。恐らく緊張して耳をそばだてたであろう党員たちを前に、ベングリオンは初めてこの問いに真正面から答えようとした。

彼によれば社会問題についての何らかの立場なきシオニズムはなく、社会主義シオニズムはシオニズムを解放的労働体制、諸民族の平等、世界平和への労働人民の願望と混合させている。

しかしだからと言ってシオニズムと社会主義そのものの間に完全な一致があると語るつもりはない、とベングリオンは続ける。シオニズムと社会主義を理論的な概念として取り上げると、この二つは理論的内容においても人間的モチーフにおいても全く異なっている。シオニズムが正常で安全な生存基盤を欠いているディアスポラのユダヤ民族の状況にかかわるのに対し、社会主義は人間社会の内部対立という全く別のカテゴリーの問題を扱う。組織化された運動としても社会主義とシオニズムは互いに異なっている。社会主義が労働者の運動、それも労働者の民族横断的な運動であるのに対し、シオニズムはユダヤ人の運動、それもユダヤ民族の中の階級横断的な運動である。歴史的目的、内容、実現時期においても二つの運動の間に一致はない。

この事から「我々のシオニズム」と「我々の社会主義」は内容の異なる別個のものであるという事になるのだろうか。労働運動は対立や矛盾のあり得る二つの権威の中にあり、時としてどちらがより優位に立つ権威であるかを決めねばならないのだろうか。この様に党員に問いかけたベングリオンは、社会主義とシオニズムを交わる二つの円になぞらえる事によって両者が矛盾しない事を説明しようとした。

一見我々はシオニズムの円と社会主義の円という、二つの相異なる分離した円の中にいる様に見える。しかしそれは視覚的誤りにほかならない。……我々の立場は二つの円の内部にある。……互いを切る二つの円の共通の領域に。……我々が立っている部分の外にある円の続きだけが次第に別個になっていくのだ。……我々のシオニズムと社会主義の一致は客観的な一致の中にあるのではなく、……シオニズムと社会主義の担い手の一致に由来するのだ。シオニズムと社会主義の実現者――ヘブライ人労働者――の意志、必要性、願望、希望、行動の一致に由来するのだ。一般的・抽象的な社会主義からはエレツ・イスラエルにおける我々の行動を引き出す事はできない。……しかし自らの民族を否定しないユダヤ人社会主義者は――真の社会主義者は自らの民族を否定する事はできずその資格もないのだが――、……自らの民族が解放されて自らの権威によって立つ労働者民族と化すのを見たいユダヤ人社会主義者は、……我々がエレツ・イスラエルで行っている仕事と闘争を行わねばならない。

しかし「客観的一致」のないシオニズムと社会主義を同時に担う事がそもそも可能なのか。この点についてベングリオンはこう言い切っている。「シオニズムも社会主義も我々のためにつくられたものにほかならないのだ。我々の贖罪、解放、再生の為に。その二つは我々の内部に、我々の統一的な意志と我々の生活の深い必要性の内部に由来する。我々がシオニズムの名で呼んでいるものと社会主義の名で呼んでいるものは、贖罪と解放と再生への我々の意志と願望を実現するために到来したものにほかならないのだ」。

シオニズムと社会主義のこの様な共通性の上に成立している社会主義シオニズムは、労働者階級のイデオロギーであるにとどまらず、全民族的な性格を帯びるはずであった。「社会主義シオニズムは完全なシオニズムを意味し、イスラエル民族の無条件の贖罪の歴史的内容のすべてを凝縮している。それは民族の一部の贖罪に満足せず、民族全体の贖罪と民族の完全な贖罪を欲するシオニズムである」とベングリオンは述べる。従って労働運動は民族運動に変わる事を知らなければ、忠実に完全に自らの使命を果たせないであろう。労働運動は今まで自らと「民族」の間にあった分裂を克服せねばならない、と彼は論じた。

すべての国の労働運動が今日直面している中心的問題はそれが階級運動にとどまるのか、それとも社会革命の力によって民族に変わらねばならないのかという事である。こう続けたベングリオンは、演説の最後にユダヤ人労働運動が階級運動と民族運動の両方であり得る事を次の様に強調する。

……エレツ・イスラエルのヘブライ人労働者の「階級性」は根本と本質において民族的である。エレツ・イスラエルのユダヤ人ブルジョワの「民族性」は根本と本質において階級的である。民族とシオニズムの使命を忠実に行う労働者は、その反対者によって階級の冠をかぶせられている。自らの狭い階級的利害から民族の必要性を破壊しているブルジョワは自らに民族の冠をかぶせている。……ブルジョワの階級性は民族全体と矛盾している。……労働者の階級性は国民全体と調和している。……労働者にあっては階級的利益と民族的利益は一致している。階級的利益とは労働者個人の私的な利益を意味しない。……ここで語られているのは労働者共同体の利益と民族共同体の利益である。この二つの間には対立も矛盾もないのである。

……階級的行為と民族的行為は我々の運動において分裂なく結び付けられている――そしてこの結び付きにこそエレツ・イスラエルの労働者の力と征服の秘密がある。イシューヴとシオニズムにおいて民族的行為の領域を広げる事は、階級的行為を犠牲にして行われる事はないだろう。……

この演説においてベングリオンはシオニズムと社会主義が客観的に見れば異質な理念である事を認めながらも、労働運動の主観においては結合し得ると主張した事になる。注目されるのは、彼が社会主義をシオニズムと同様に、「我々のためにつくられた」民族的目的に奉仕するもの、と捉えている事である。比喩的に言うなら「民族」という器に満たされた「社会主義」という水は器の形に応じて自在に形を変えられるが、決して器の形を変える事はないのであり、「民族」に対する「社会主義」の従属へのこの様な理解こそ、シオニズムと社会主義は労働運動において「分裂なく結び付けられている」という自信に満ちた予定調和論につながったと言えるだろう。

「我々にとって社会主義とは我々の救済への道である。なぜなら社会主義は諸民族のためにあるのであってその逆ではないからだ。諸民族が社会主義のためにあるのではないのである」[39]――ベングリオンの高らかな宣言は、シオニズムに固執しながらも社会主義の中にアラブ人との共存を可能にする普遍的な正義がある事を否定しなかった、一九二〇年代の彼の社会主義観の変質を象徴していた。

(三)「労働者民族」と階級融和

①「労働者民族」概念の誕生

民族の大義に忠実な「労働者」と自らの階級利益ばかり考える「ブルジョワ」を対置し、後者に対する前者の「階級闘争」を主張したにもかかわらず、ベングリオンは両者の関係を敵対一辺倒で捉えていたわけではなかった。むしろその対立は、ブルジョワが民族的大義を労働者と共有する様になれば解消すると想定されていた。彼の言う「労働者」は労働者階級のみならず、ブルジョワを含む民族全体を包摂し得る概念に発展したのである。かくして一九二〇年代末から登場した用語が「労働者民族」（'Am 'Ôḇeḏ）であった。

「労働者民族」はベングリオンにとって、「労働者階級」が「民族」というより大きな単位への歩み寄りによって到達する事のできる理想の姿であった。一九二九年のヒスタドルート評議会でベングリオンは次の様に述べている。

エレツ・イスラエルの労働者の階級意識は贖罪のヴィジョンの光に照らされている。彼はヘブライ民族の価値や歴史的遺産を否定せず、それらを征服し獲得する事を望んでいる。彼の政治的な道は民族共同体から区別される事ではなく、その先頭に立つ事だ。自らの対峙、闘争、征服、創造の中に彼は自らの前にある自らの歴史的将来を見る。それは労働者階級から労働者民族になる事だ。これこそが労働者階級の民族的使命なのである。[40]

他方、彼の考えによれば「労働者民族」となる事ができるのは労働者階級だけではなかった。後述するジャボティンスキーとの交渉のさなかの一九三四年十月二十八日にロンドンから党員に宛てた極秘の書簡の中で、彼はこう書いている。

その地において労働者民族となるであろう労働者階級は存在しない。それ〔その様な労働者階級〕はその地でアリヤーの中から初めて育ってくるものである。それは用意されたものの中からここに来るのではない。労働者組織〔ヒスタドルート〕の七万人のメンバーは労働者でも労働者の子弟でもなかった。〔彼らは〕民族のすべての階層、列、階級から来て労働する人々となり、一つの社会的・文化的・概念的な単位に一体化し結晶したのである。そして民族のすべての階層、列、階級から希望に満ちた上り来る大衆が彼らの後を追ってやって来るだろう。かつて労働した事もなく、労働の価値に具体的に根ざしそれを把握した事もなく、労働を試みた事も労働に向かった事もなく彼らはここに来るだろう。そして歴史的必然性の命令によって彼らはここで労働する人々となるだろう[41]。つまりディアスポラにおいてどの階級に属していようとも、エレッツ・イスラエルに来住して自ら労働する「労働者」となれば「労働者民族」の一員となる、とベングリオンは主張したのである。ここにおいて「労働」は、ディアスポラの非生産的生活からユダヤ人を脱皮させて土地と結び付いた正常な民族に再生させるという役割を担っている。「イデオロギーは決定的ではない。……その地におけるヘブライ労働の中にこそ、私は我々のシオニズムと我々の社会主義の両方の教義を見るのだ[42]」とベングリオンが別の機会に述べる様に、彼の主観においてシオニズムと社会主義は「労働」を媒介にしてこそ結合するのであった。この様な民族的な性格を持つ「労働」を行う「労働者」は、ディアスポラの非生産的なユダヤ人のアンチテーゼであり、エレッツ・イスラエルに蘇生するユダヤ民族の理念型であった。従ってマルクス主義的な意味での「労働者階級」に限らず、ブルジョワ出身者であってもエレッツ・イスラエルで生産的労働に携われば「労働者」と呼べる事になる。「エレッツ・イスラエルの労働者階級は、いまだにエレッツ・イスラエルにおらずいまだに労働の中にないユダヤ人大衆の中に隠されているのである[43]」というベングリオンの一九三五年の言葉もこの解釈を裏付ける。

こうして労働運動の指導者の知性の中で、労働者階級とブルジョワがエレッツ・イスラエルにおける「労働」という民族的行為を共有する事を通じて階級対立を解消させ、「労働者民族」という一つの集団の中に融解する事が可能となったのである。階級融和的な性格を持つ「労働者民族」は、社会主義シオニズムにおけるイスラエル国民概念の原型と考えてよいだろう。この概念の誕生と共に、ベングリオンの言説から階級的な意味を持つ「労働者」の語と、アラブ人労働者との階級団結への言及が事実上姿を消したのは偶然ではなかった。

②　ベングリオン＝ジャボティンスキー合意

「労働者民族」の概念を背景としたベングリオンの階級融和路線は特にヘブライ労働をめぐって顕著であった。一九三三年にシオニスト執行部入りしたベングリオンは、今や世界シオニスト会議内の主勢力となった労働運動がヘブライ労働の原則を代償としてブルジョワ勢力と連立を組む事はないと明言しつつも、ヘブライ労働の原則を大幅に崩さない限りで彼らとの融和をめざした。彼はヘブライ労働の実践をめぐって対立しているヒスタドルートとユダヤ人農園主の関係の修復を説き、労働者共同体と農園主と世界シオニスト機構の協力が必要であるとした[44]。またアラブ反乱勃発後の一九三六年八月十七日の党中央への手紙では、一〇〇％のヘブライ労働を求める努力から遠ざかってはならないが、農園主が一〇〇％のヘブライ労働を認めなくても合意が妨げられてはならないとも述べている[45]。

この階級融和路線は一九三四年に、ロンドンでのベングリオン＝ジャボティンスキー合意において最も顕著な形で表れた。階級闘争を否定してストライキを妨害する修正主義者とヒスタドルートの衝突が暴力化する中で、ベングリオンは修正主義派の労働者とも統一を図る必要があると語り（一九三四年八月二十四日の党評議会）、党指導部の反対を抑えてジャボティンスキーとの交渉に踏み切る。彼はジャボティンスキーとの間で二つの合意に達した。一つは労働運動と修正主義運動の間の非暴力に関するもので、もう一つはヒスタドルートと修正主義運動の組織する「民族労働者組織」の間の労働協定に関するものであり、前者にはベングリオンはシオニスト執行部代表として、後者には個人として署名している。ベングリオンとジャボティンスキーは後者の合意をそれぞれの運動に諮る事になったが、その合意草案はマパイ党員の間に驚愕と非難の渦を巻き起こした。それはヘブライ労働をめぐる共闘とスト破りの禁止を修正主義者に認めさせるのと引き換えに、修正主義者側が主張してきた「中立的な（ヒスタドルートの労働者を偏重しない）職業紹介」と労使紛争の「民族的な強制調停制度」を認める内容だったからである[46]。特に労使紛争の強制調停は、マパイが社会主義政党として曲がりなりにも維持してきた階級闘争の事実上の放棄を意味していた。

合意草案を党に提示するにあたってベングリオンは、ソ連のブレスト＝リトフスク条約の締結、ネップ、国際連盟加入などの例を挙げて「運動には時に変節というものがある」という事を党員に納得させようとした[47]。しかし党内の反対は依然として大きく、ベングリオン＝ジャボティンスキー合意は一九三五年三月二十四日のヒスタドルートの一般投票により否決された。他方、修正主義運動の側もジャボティンスキーの説得もむなしく合意を否決した。こうして指導者同士の意見の一致にもかかわらず、合意は発効するに至らなかったのである。

合意自体は不成立に終わったものの、ベングリオンが階級闘争を否定する修正主義者と条件付きながらも妥協しようとしたこと、またその過程でジャボティンスキーとの間に党派の違いを超えたシオニストとしての根本的な共通性を発見したことの意味は大きかった。ロンドンにおける交渉の席でのベングリオンとジャボティンスキーの話題は、シオニズムの目的と手段、階級と民族、シオニズムと社会主義、ヒスタドルートの性格、ヒスタドルートに加入していない労働者に対する労働運動の態度、シオニズムの他の諸潮流に対する労働運動の態度など核心的な問題にも触れた。二人はシオニズムのために互いがそれぞれの運動のイデオロギー的立場について譲歩する用意があること、更に二人の違いはシオニズムの目標についてではなくその実現方法についてのみであることを見出したのである。ジャボティンスキーはベングリオンと話すうちにマパイが「いかなる階級的・イデオロギー的な組織でもなく包括的な組織である」事を知って非常に驚き、「もしそれの名がマバイ(MABAI,「エレツ・イスラエル建設者党」(架空の党名)の略称)であったなら、私はマパイに入っただろう」とさえ述べている。「〔二つの〕運動の指導部の知性が同一の事を表明」するなどという事を、ベングリオンと鋭く敵対してきたジャボティンスキーは「想像すらしなかった」からであった[48]。

かねてよりジャボティンスキーは「純粋なシオニズム」を求める立場から、社会主義シオニズムにおける二つの理念の総合を「シャアトネズ」(ša'aṭnez, 毛とリンネルを混ぜた衣服の事で聖書で禁じられている）であるとして厳しく批判してきた。彼はインターナショナリズムとナショナリズムの間に横たわる本質的に越え難い溝に注目し、労働運動の掲げるユダヤ人労働者とアラブ人労働者の連帯のスローガンとヘブライ労働の闘争は矛盾すると指摘した。プロレタリアートは根本的に国際主義的ではあり得ず、実際には民族主義的であり、従って労働者諸政党はイデオロギー的に中途半端であると彼は考えていた。しかしロンドンでジャボティンスキーが見出したベングリオンは「シャアトネズ」的思考の持ち主であるどころか、「我々の階級闘争の内容はヘブライ労働だ」[49]と断言する強烈な民族主義者にほかならなかった。

ベングリオン＝ジャボティンスキー合意は、階級と民族をめぐる二人の指導者の立場が今や本質的に同じである事を象徴的に示した出来事であった。双方の運動の人々は、合意草案を否決した事にも表れている様に、二つの運動のイデオロギー的接近を受け入れる心理的な準備がまだできていなかった。しかしベングリオンとジャボティンスキーがそれぞれの運動において当時占めていた指導的立場を考える時、この出来事は労働運動と修正主義運動が互いの主張を受け入れ、イデオロギー的に相互浸透しながら民族的大義という点において収束していくプロセスが既に始まっていた事を感じさせた。この流産した合意においてベングリオンは労使紛争の強制調停制度を認め、階級闘争という社会主義的原則を大幅に後退させた一方、ヘブライ労働を「労働者階級」のみならず民族全体の義務として普遍化したのである。それは、アラブ問題をめぐる労働運動のイデオロギー的立場が社会主義的な普遍性を失い、アラブ人との和解をアプリオリに否定する修正主義運動の非妥協的な立場と同一化していきつつあったプロセスと深く連動していた。

③ モスクワからロンドンへの道

党員を動揺させたジャボティンスキーとの交渉をベングリオンが決断した動機の一つに、修正主義者をヒスタドルート内に抱える事により自らの権力基盤を強化し、シオニズム運動の方向性をめぐって対立していたワイツマンを孤立させる事があったと考えられる。[50] しかしこの様なシオニズム運動内での権力闘争という個人的要因を超えた大局的な判断が働いていた事も見逃せない。この頃党機関紙に寄せた彼の文章の中にその真意は垣間見える。

……シオニズムのすべての潮流には共通の根本的な土台があり、……その共通の土台の上にシオニズムの統一は打ち立てられねばならない。消極的な和平ではなく、……共通の行動と責任のための積極的な和平である。我々の共同体的・政治的立場の強化のために。内外に対するシオニズムの影響力の拡大のために。エレツ・イスラエルにおけるシオニズムの創造力を強化し、ディアスポラの民族のシオニズム的・開拓的な教育を強化するために。この和平は時の命令であり、この和平こそ今シオニスト執行部が心を砕いているものである。無条件・無制限のヘブライ労働のための闘争、土地の贖いのための強化された手段、開拓的・民衆的アリヤーの拡大、広範な入植活動のための民族資本の強化、……労働関係における合意の体制、……イシューヴの一体性と民族的規律の支配、労働者の統一と彼らの組織の一体性、権利と義務におけるシオニスト機構のメンバーの平等、委任統治政府やアラブ人と協力する際の、シオニズム運動の全部分に対するシオニスト会議の無条件の権威——これらは活動の統一の根本路線であり、これらの上にシオニスト陣営内の和平と合意は準備されるだろう。[51]

一九三八年三月十六日のカツネルソンへの手紙にもベングリオンはこう書いている。「ユダヤ人国家は最大限の内部の平和なくしては建てられない。〔フランスで共産党が労使紛争の強制調停に賛成した例を挙げて〕民族的協力なくしてヘブライ労働は、労働入植は、民族の土地は実現するだろうか[52]」。

すなわち社会主義的立場について譲歩してでもジャボティンスキーと歩み寄る方向に彼を突き動かしたのは、ユダヤ人国家の建設に向けて内外に対するシオニズム運動の基盤を強化せねばならないという切実な意識であった。その一方で彼は、一九二〇年代に自らがあれほど強調した「社会主義」を実質的に形骸化する階級融和路線をとらざるを得ない理由を、労働運動の本質に触れながら分かりやすく人々に説明する必要に迫られたのである。「アモス、お前は……何故私が階級闘争について語らず平和を呼びかけたのか不思議に思っているね」と一九三五年九月十日の子供達宛ての手紙に書いた時、ベングリオンは実際には息子のみならず党員たちにも語りかけていた[53]。

我々の運動は他の労働運動とは根本的に異なっている。他のすべての民族の労働者階級は既に国家を持ち、既に領土を持ち、既に経済や文化や階級を持っている。そして彼らは国家や経済や社会を求めて闘っているのではなく、労働者国家や労働者経済への改変……を求めて闘っている。まだ我々は現に存在するものの征服やその変更を求めて闘っているわけではない。我々の任務は存在しないものの創造である。シオニズムにおける我々の歴史的使命は国家の建設、経済の創出、社会の確立、文化の定礎である。これらすべては民族における創造的な全勢力の全体的・協力的な努力なくして成る事はないだろう。民族に秘められている諸勢力の動員なくして成る事はないだろう[54]。

国家を持たないユダヤ人の労働運動が、既に国家を持つ民族の労働運動とめざすものが違うのは当然だとベングリオンは言うのである。彼はここで明らかに、抑圧された民族の社会主義は普遍性を欠く特異な性格を帯びるというボロホフの視点を共有していた。ユダヤ人労働運動のエネルギーは自ずと既存の国家の変革にではなく、変革の対象となる国家そのものの創造に向けられるはずであり、この「歴史的使命」の達成のためにこそ階級融和路線は正当化されるのであった。しかし国家がつくられた後にユダヤ人労働運動が具体的にどの様に社会主義をめざすのかという究極的な展望については彼は最後まで曖昧であった。

ここでロンドン合意をクライマックスとする一九三〇年代前半のベングリオンの階級融和路線を促した要因をまとめておこう。まず挙げねばならない長期的要因は、民族主義的な性格を持つヘブライ労働とキブーツ運動の発展が、労働運動における階級対立の契機を内部から着実に崩壊させていった事である。更に一九二〇年代半ばからは、民族の至上性を掲げる修正主義運動の挑戦が労働運動の階級イデオロギーを脅かし、徐々に浸食した事も見逃せない。また一九二九年暴動後のシオニズム運動とイシューヴを覆った民族主義的風潮や、非マルクス主義的な労働者政党ハポエル・ハツァイルとの一九三〇年の合併も、階級闘争の原則を後退させた重要な要因であったはずである。しかしベングリオンがとりわけ一九三〇年代前半に「階級から民族へ」のプライオリティーの移行を加速させた直接の動機は、ドイツ・東欧のユダヤ人の危機の中で労働運動が一刻も早くシオニズム運動の主導権を握り、アリヤーを推進して彼らを救済せねばならないという、当時のジャボティンスキーにも共有されていた焦慮であった[55]。アリヤーの規模についてのイギリス政府との交渉再開をワイツマンに促す一九三三年十月二十六日の書簡の中で、ベングリオンは次の様に述べている。

ドイツは序曲にすぎない。私はポーランド、リトアニア、ラトヴィアのユダヤ人の状況を見ました。この状況が続くのは不可能です。……アリヤーの問題は、特に青年たちにとっては今や運命の問題です。私はこの夏に持ったガリツィア、ポーランド、リトアニア、ラトヴィアの数知れぬ青年たちとの出会いを決して忘れないでしょう。時に彼らは徒歩で、しかも雨の日に五〇―七〇キロの遠方から来たのです。何という愛、献身、情熱をこの青年たちは示した事でしょう――そしてその間中ずっと一つの考えが私につきまとっていました。この青年たちをエ

> レッ・イスラエルに移住させる事に我々が成功しないとしたら、あと三―五年後に彼らに何が起こるだろうか、と。(56)

またベングリオンは一九三四年初頭に、世界大戦勃発の危険が五年後に迫っているとも警告している。(57) それはあまりにも的確な予想であった。対英交渉やシオニズム関係の会議への参加、東欧のヘハルーツ組織の視察などの公務のために欧州諸都市を頻繁に訪れていた彼は国際情勢の激変を肌で感じ、その激変がヨーロッパ・ユダヤ人にとっての未曾有の破局につながる可能性をワイツマンにも増して鋭く察知していたのであった。この様に「来るべきショアー（šōʾāh, ヘブライ語で「破局」）」の予感や、ユダヤ人国家樹立に向けてのアリヤーの加速とシオニズム運動統一への切迫した思いがロンドン合意に踏み切った頃のベングリオンを強くとらえていた事を、当時の日記や書簡は余すところなく伝えている。

更に彼個人の内面的プロセスを遡ってみると、「階級から民族へ」のプライオリティーの移行に正当性と弾みを与えた原点とも言うべき体験がある事に気付く。それは一九二三年の夏から初冬にかけてのソ連訪問であった。

モスクワにおける農業博覧会に参加したヒスタドルートの代表としての任を帯び、社会主義革命の理想がどの程度実現されているかも見たいと考えて、革命後初めてソ連の地を踏んだベングリオンの目に映じたものは、革命の理想と現実政治との間の巨大な深淵であった。モスクワからの帰途の一九二三年十二月十六日の日記にはこうある。

> ロシア――それは反乱の炎と革命の暴政に踏みにじられている。深い対照と破壊の地。それはプロレタリアートの支配のために世界市民戦争を呼びかけ、自国の労働者に人間としての、市民としての、階級としてのすべての権利を否定している。共産主義と私有財産制の廃止を宣言する一方、自らの地に最も醜悪な投機の諸形態を発達させ、自らの地を私有農場として農民に分与している。財産所有を廃しブルジョワ階級を抑圧しながら、実際に

は階級のあらゆる違いと財産所有者の特権を許している。まばゆい光と貫通し得ぬ闇。解放と正義の高邁な願望と醜くみじめな現実。革命と投機、共産主義とネップ、聖なる耐乏と汚れた腐敗、献身と賄賂、理想と不正な利益、……[58]

ベングリオンの透徹した眼差しはソ連のユダヤ人の経済的・文化的な窮状と、同胞の苦しみから目をそむけるイェヴセクツィアの欺瞞、更に混乱に乗じてユダヤ人を襲うポグロムの凄惨さをも見逃していない。「オデッサからキエフに至る道のすべてがユダヤ人の血で染まった」(一九二三年八月二十八日の日記)[59]という風聞を書き留める彼の筆致には、民族問題を解決しない社会主義革命への不信と絶望が滲んでいる。

しかし矛盾した事にベングリオンは、革命の理想と現実の乖離に責任があったはずのレーニンには非難の矛先を向けなかった。それればかりか彼にとってレーニンは、新生ソ連の経済的破綻と社会的混乱をネップなどの階級融和的な政策によって緩和しようとした、柔軟にして偉大な指導者であった。確固とした目標を持ち、それに至る道が様々である事を知る一方、「状況によっては一つしか道がない」と割り切って「昨日せねばならなかった事を今日否定し、今日否定した事を明日課す事を恐れない」レーニンに対する賞賛を彼は惜しんでいない。[60]当初の理念に固執しない臨機応変さと果断なリーダーシップを持つロシア革命の指導者の中に、ベングリオンは自らのあるべき指導者像を重ね合わせている様に見える。

市民を抑圧し、「財産所有者の特権」廃止の不徹底によって共産主義の理想と乖離するソ連政治への幻滅。国民の窮状に直面して戦時共産主義から市場メカニズムの広範な利用と国有化の一部解除に踏み切ったレーニンへの共感。一見相矛盾するこの二つの所感は、ベングリオンが人々を抑圧する硬直的な社会主義に反発し、人々の幸福を実現しようとする柔軟な社会主義を理想と見た事を考える時にその整合性が理解できる。これらの所感はいずれも、「社会主義は諸民族のためにあるのであってその逆ではない」という彼の社会主義観に由来するものであったと言えよう。シオニズムに従属する「我々の社会主義」を追求したその後のベングリオンのダイナミックな路線の背景を考える時、レーニン最晩年のソ連で共産主義体制の暗い将来を予感した[61]この時の体験に一つの重要な契機を見る事ができると思われる。

この様な複雑な背景の下に進行した「階級から民族へ」のイデオロギー的重心の移行は、社会主義シオニズムとアラブ問題の関係に計り知れず深い変化をもたらした。ロシア革命の「成果」に対する苦い失望に始まり、ジャボティンスキーとの妥協に至る〈モスクワからロンドンへの道〉は、ベングリオン個人にとってシオニズムに従属した社会主義のあり方が論理的に正当化されていく過程であったと共に、労働運動において「労働者民族」というイスラエル国民のイメージが共有されていく道程でもあったと言えよう。ディアスポラのすべての階級のユダヤ人がエレツ・イスラエルにおける「労働」によって、ユダヤ人国家を担う領土的民族として甦るという階級融和的なその国民観は、アラブ人との階級連帯の代わりに民族的対立を浮き彫りにし、将来の「国民」から彼らを排除する事の原理的な正当化につながったのである。

第三節　キブーツとアラブ問題

ヘブライ労働の最も重要な舞台であり、ベングリオンの「労働者民族」の概念に実体を与えていたのが、社会主義シオニズムを反映したユダヤ人入植村キブーツであった。キブーツは内部においては社会主義的原則によって運営される一方、民族的に所有された土地の上に設けられ、ヘブライ労働を理念としつつユダヤ人移民を土地に結合させた点で正に民族主義的な性格を帯びていた。すなわちキブーツは社会主義とシオニズムを現実レベルで結節させていたのであり、純粋な理念のレベルでは極めて不安定で説得力を欠くものとならざるを得なかった二つのイデオロギーの「総合」に、イシューヴの日常生活に根ざした実体と物質的基盤を与え、社会主義シオニズムを再生産する役割を果たしていたと言えよう。[62]「入植村は我々の運動の祖国であった。その内部で……労働開拓者民族が生まれたのである」[63]というベングリオンの言葉は象徴的である。

一九二〇年代末から全土的運動として政治化していくキブーツ運動は、ヘブライ労働と密接にかかわりながら、入植社会内部の階級対立の契機を崩壊させ、「労働者民族」概念に象徴される「階級から民族へ」のイデオロギー的移行を支える事になった。それと同時にキブーツは、一九三〇年代の「不毛の外交」を生む素地となった二つの民族の分離という既成事実を両大戦間期にゆっくりと、しかし着実につくり上げていった。パレスチナ・アラブ人のただ中に建設された「社会主義のユートピア」は、現実にはいかなる形で労働運動の民族分離主義を支えたのか。本節ではこの点を検討する事としたい。

(一) キブーツと「労働の征服」

村落単位の協同組合の下での共同所有・共同経営を特徴とするキブーツは、労働運動の創設者となった第二次移民が、雇用関係の否定とアラブ人労働力の排除を二重に意味する「自己労働」の理念の下に築いたユダヤ人入植村である。低賃金のアラブ人労働者との経済的競合に直面したユダヤ人労働者は「自己労働」の「自己」にユダヤ民族を重ね合わせつつ、[64]厳しい労働条件に耐えて農場からアラブ人労働力を駆逐していった。これが「ヘブライ労働」の実現をめざす「労働の征服」運動の始まりであり、キブーツは経済的利益に反する場合でもコストを覚悟でこの運動に忠実であった。これに対し社会主義シオニズムに基づかない個人所有・個人経営のモシャヴァーのほとんどでは一九三六年のアラブ反乱までアラブ人労働者数がユダヤ人労働者数を凌いでいたのが現実であった。

「労働の征服」運動はユダヤ人とアラブ人の経済的分離を促す事によってキブーツの農業構造にも間接的ながら影響を及ぼした。一九二〇年代後半から一九三〇年代前半にかけて多くのキブーツは、気候や土壌などの条件が特定の作物の栽培に適していても、モノカルチャーではなく混合経済を志向する様になったのである。それは特定の作物の失敗のリスクという経済的な理由のみならず、アラブ経済に依存しないイシューヴの理想的な経済構造を実現するというイデオロギー的な理由にも根ざしていた。たとえばベングリオンは一九三二年七月の党評議会で「混合経済の中にこそ、エレツ・イスラエルにおける我々の民族経済の正常な発展の真の保証があるのだ」と述べている。しかし一九三〇年代半ばまでは、野菜や果物を中心にアラブ人経済への依存度がかなり大きかったのが実情であった[65]。

イシューヴの自給自足化を決定的に促進したのがアラブ反乱である。自給率は一九三九年までに酪農と畜産は五〇％以下にとどまったものの、野菜は九六％に達した。また従来圧倒的にアラブ人の多かったシトラス部門ではゼネスト中にユダヤ化が進み、一九三八／三九年の穀物は完全にユダヤ人労働者によって収穫された[66]。こうしてキブーツは一九三〇年代末にはほぼ完成するユダヤ人とアラブ人の経済的分離に大きく貢献したのである。

（二）　キブーツの日常とアラブ人

日常生活におけるキブーツの人々とアラブ人の関係は敵対と友情の交錯する矛盾に満ちたものであったと言えよう。キブーツ用の土地の多くは不在地主から購入されたが、実際にそこに住み耕していたのはアラブの小作人であったために、キブーツは彼らを立ち退かせた上で建設される事が多かったのである。

他方どのキブーツもアラブ人共同体の近隣にあったのでキブーツの人々とアラブ人住民の間には極めて多くの個人的接触があり、商業上の関係などを通じて面識や時には友情さえも生まれた。アラブの村人の中にはキブーツの過越祭に招かれたり、キブーツの成員がイシューヴの防衛組織ハガナーで活動したかどで投獄された際に食糧を差し入れに来た者もあったという回想も残されている。

キブーツの中には通常ムフタル(Muḵtār)と呼ばれる保安官がおり、地元の言語と慣習に通じていた。アラブの隣人をよく知り、友誼さえ結んだ人々がたいてい地元の防衛担当者であったのは皮肉である。ムフタルたちはアラブ人に対して「尊敬はするが疑え」という態度をとる事を余儀なくされた。アラブ反乱を機にキブーツの人々とアラブ人の間に存在した友情は失われ、互いに対する諜報活動に取って代わられる。「最良の地域的接触や友情でさえも二つの共同体の根底にある政治的関係に左右された」現実の下では、(67) キブーツが二つの人々の「接近」や「融合」に寄与するには必然的に限界があったと言うべきだろう。

(三) キブーツ運動の政治化とアラブ問題

一九二七年に成立した三つの全土的なキブーツ運動は、一九三五年までに政治化して労働運動のイデオロギーに大きなインパクトを与えつつ、アラブ問題に対してはそれぞれ特徴ある見解をとった。日常のレベルを離れた政治的次元におけるキブーツとアラブ問題のかかわりを考える上で、これらの見解を概観する事には意味があると思われる。

第一に、キブーツ・エイン・ハロド*が中核となってタベンキンの指導の下に成立したハキブーツ・ハメウハド(Ha-Qibbūṣ ha-Me'uḥāḏ, 統一キブーツ運動)の見解である。この運動はユダヤ人とアラブ人の紛争を不可避であると見なし、力による解決を擁護する傾向があった。従って二つの民族がパレスチナに共存するという二民族主義と、ユダヤ人とアラブ人の合同労働組合については否定的な見解をとっている。この運動は党（当初はアハドゥト・ハアヴォダー、後にはマパイ）と絶えず摩擦を起こし、次第に党内で独立した行動をとる様になったが、タベンキンを通じて党中央と個人的・政治的に結び付いていたという事情を反映して、そのアラブ問題への態度はベングリオンのそれに極めて近かった。

第二に、ハポエル・ハツァイル党員の多かったヘヴェル・ハクヴツォート（Ḥeḇer ha-Qḇûṣōṯ, クヴツァー協会）の見解である。この運動は政治的にはハキブーツ・ハメウハドと変わらぬ立場をとり、二民族主義や合同労働組合については否定的であったが、アラブ問題に対する現地レベルでの対応も重視するという柔軟さも持っていた。

第三に、労働運動左派であるマルクス主義的なハショメル・ハツァイルが創設したハキブーツ・ハアルツィ（Ha-Qibbûṣ ha-'Arṣî, 全国キブーツ運動）の見解である。この運動は先の二つの運動とは逆に、最終目標としての二民族社会（後には二民族国家）と合同労働組合を擁護し、労働運動主流派から切り離された孤立した集団を形づくっていた。しかし、キブーツ自体がそもそも民族主義的な性格を持つ事から考えると、この利他的とも言うべきアプローチは必然的な矛盾をはらんでいたと言えよう。

ハキブーツ・ハアルツィと、とりわけハキブーツ・ハメウハドの間にあったアラブ問題への見解の相違の背景にはそれぞれの運動の指導者の世界観の違いがあった。ベラルーシの閉ざされた地方都市に育ったハキブーツ・ハメウハドの指導者タベンキンが、ゴイーム（異教徒）に対して警戒的であり、アラブ人を敵視して力によってのみ彼らと交渉し得ると考えていたのに対し、第一次大戦直前にガリツィアで生まれた青年運動ハショメル・ハツァイルはゴイームを必ずしも敵対的な存在とは見なさなかった。当時その大部分がオーストリア＝ハンガリー帝国の一部であり、何世紀もの間ユダヤ人がウクライナ人やポーランド人と混住してきたガリツィアの出身である彼らは、非ユダヤ人の友人も多く、アラブ人との人間的な関係と理解は可能であるという考え方に違和感がなかったのである。ハショメル・ハツァイルの青年たちのこの様な感性のあり方にはオーストリア社会主義の影響も見落とせない。[68]

この様にアラブ問題への政治的態度に相違はあっても、防衛の最優先は疑いもなくキブーツ運動全体のコンセンサスであった。

(四) キブーツと防衛

アラブ人の掠奪や民族主義的動機に基づく襲撃にさらされていたキブーツは、早くからハショメル(Ha-Šōmēr, ヘブライ語で「警備員」)などの防衛組織と結び付いていた。そして日常のレベルで言えばキブーツの人々は防衛任務を通じてアラブの「隣人」との間にある越え難い溝を繰り返し確認していたのである。社会主義シオニズムの理想に燃えて東欧からパレスチナへ渡り、キブーツに入植したヘハルーツ(開拓青年運動)の若者が最初に学んだ事の一つは、普段友好的な隣人に対してもいざとなれば銃口を向けねばならないという矛盾に満ちた現実であった事だろう。日本の近代史を知る者の目には、貧困に苦しみながら新天地をめざした満州移民、特に満蒙開拓青少年義勇軍の青少年たちの姿とそれは重なる。ヘハルーツと青少年義勇軍の素朴な若者たちは、母国との関係では被害者であったと同時に、「新天地」の住民との関係では紛れもなく加害者であるという宿命的な悲劇を負った点で共通していた。

一九三六年十月のハキブーツ・ハメウハドの会議でタベンキンはネヘミア書を引用しつつ、自衛がキブーツの人間像と結び付く重要な任務であると述べている。この発言に示される様に、キブーツ運動において防衛への関心は自己利益の問題のみならず基本的なイデオロギーの問題でもあった。この様な考え方を背景に、最初のキブーツであるデガニヤ*や、キネレト*など多くのキブーツではアラブ人の襲撃で命を落とした地元の「英雄」の名が人々の記憶に刻まれ、自らのキブーツやそれが属するイシューヴへの愛を呼びさました。一九二〇年にパレスチナ北部のテルハイ*の入植地を防衛して死んだヨセフ・トルンペルドール（Yosef Trumpeldor）は美化され、キブーツの神話となった。またイスラエルの地への知識と愛を強調するキブーツ運動の教育のもと、青年たちは遠隔地まで旅をしてイスラエルの地への情緒的な愛着を我がものとしていった。次章に見るアラブ人住民の移送をめぐる論議の中で、アラブ人との対立の最前線に立たされている入植者の強硬な発言が目立ったのも決して偶然ではない。

　キブーツが防衛に果たした役割として最後に言及すべきは、アラブ反乱中における〈要塞型キブーツ〉とも言うべきものの建設であろう。物見やぐらの塔と防御柵を備えたこのキブーツはイシューヴの拡大を阻止するというアラブ反乱の目的を挫くために政治的・戦略的に重要な地域に建設されたのが始まりであり、ピール委員会がパレスチナ分割を勧告する可能性が知られた後には「ユダヤ人国家」の領域をできる限り拡大して既成事実化するために建設された。労働運動の内部にはこの様な既成事実化がユダヤ人とアラブ人の政治的和解のチャンスを壊すかも知れないという危惧を抱く人々もいたが、ベングリオン、カツネルソン、シェルトクらマパイ指導部の下に一九三九年までに五十三の〈要塞型キブーツ〉が建設されるに至り、これらが一九四九年のアラブ・イスラエル休戦条約後にイスラエルの領域となる範囲を画定する上で重要な役割を果したのであった（図1参照）。また建設の途上ではアラブ人との衝突により多くの犠牲者が出てそれが神話化されていった。「一九三四年にキブーツを去った若い開拓者は自らの友と運動を裏切っていた。一九三七―三九年には彼は祖国をも裏切っていると感じる事になった」というある研究者の言は、一九三〇年代末までにキブーツがイシューヴのパトリオティズムの象徴となり得ていた事を簡潔に言い表している[69]。

　こうしてキブーツは日常生活や経済の上でのみならず、人々の意識や領土的・空間的レベルにおいても二つの共同体の分離を可視化していった。社会のあらゆる側面におけるこの様な分離の可視化こそ、一九二九年暴動後にベングリオンと労働運動の中で結晶した強烈な民族分離主義や「階級から民族へ」の重心の移行と相互に作用しながら、一九三〇年代前半の「不毛の外交」を経て、アラブ人住民のパレスチナからの移送という極端な結論を導く上で大きな役割を果たしたのである。

第五章　模索の終焉（一九三六―一九三九）

――民族分離への道――

イスラエル建国前後のシオニストによる土地購入とアラブ人住民移送計画の実際の立案にあたった、ユダヤ民族基金(The Jewish National Fund)土地課長のヨセフ・ヴァイツ(Yosef Weitz)は、エスドラエロン・ヨルダン両渓谷*を視察した一九四一年三月十八日の日記に次の様に記している。

再び私は二つの「人々」が緊密な近さで存在している事に由来する土地入植の諸困難に直面している。……我々は至る所でアラブ人と利害が衝突しており、これらの利害はますます衝突するだろう。……そして再び私の内からの答えが聞こえる。住民を移送してこの地が専ら我々のものになる様に無人にする事のみが解決である、と。この考えは最近私の頭を離れず、土地購入と入植の過程で多大な困難にぶつかった時に私はそれの中に慰めを見出している。

この後もヴァイツは、移送がアラブ問題のラディカルな解決となり得るという信念を日記に書きつけている。「我々が将来も我々の『良き』隣人と〔この地で〕パートナーであり続けるなら、解決は訪れないだろう……その地は単一で、専ら一つの人々のためにあらねばならない」(一九四一年五月四日)。「今日我々には他の選択肢はない……我々はここでアラブ人と共に生きる事はないだろう」(一九四一年六月二十二日)[1]。

一九三七年七月のピール委員会(The Peel Commission, 正式名称はThe Royal Commission)勧告に伴う諸問題に対処するために設立されたユダヤ機関の諮問委員会の一つ、「住民移送委員会」[2]の委員であったヴァイツは、彼を委員に任命したユダヤ機関政治局長シェルトクや、シェルトクの対アラブ路線を事実上決定していたベングリオンと、アラブ人住民移送問題をめぐってしばしば接触した事が知られている。ベングリオンの『回想』で見る限りでも、ベングリオンが一九三八―三九年に入植地建設についてヴァイツの意見を直接聞いた会合が数回あった事が確認される。[3]特に一九三九年七月四日のヴァイツ宛ての書簡でベングリオンは「ヘブライ人ベイトシェアンの建設についてのあなたの計画を大いに関心をもって読んだ」[4]と伝えており、政治的・戦略的に重要であったベイトシェアン渓谷の「ユダヤ化」*について早くから両者の間に意見交換があった事を窺わせる。実際、それから約九年後の一九四八年春に、ヴァイツの働きかけの下にユダヤ民族基金とハガナーが関与して、ベイトシェアン渓谷からはアラブ人農民が一掃されたのであった。[5]

この様な背景を考える時、冒頭の引用はヴァイツのみならず、彼の計画を後押しし様々な形で関与したベングリオンやシェルトク、カツネルソン、エリエゼル・カプラン（Eliezer Kaplan，後に蔵相）、ヨセフ・スプリンツァク（Yosef Sprinzak）など、今やシオニスト指導部を構成する様になった社会主義シオニストたちの心の闇をも映し出していたと言えよう。その心の闇は、「この国の中に建設された場所の中でかつてアラブ人住民を持たなかった所は一つもない」[6]という建国後のモシェー・ダヤン（Moshe Dayan）の率直な言葉の示唆する徹底的な「民族浄化」を現実のものとしたのである。

一九三〇年代後半にシオニズム運動内で行われたアラブ人住民移送論議は、第一次大戦によってオスマン帝国とオーストリア＝ハンガリー帝国が解体し、中東から東欧・中欧にかけて多数の国家が独立した後に、民族自決原則と現実の国境線との不整合が生み出した少数民族問題の処方箋として住民交換が浮上した戦間期の趨勢と深くかかわっている。その論議においては、ギリシア・トルコの住民交換のほか、ロシア帝国によるカフカース征服後のムスリムの出国、バルト三国やズデーテンの少数民族問題などが引き合いに出されて移送が正当化されたのであった。シオニズム運動と、その主導権を握るに至った労働運動を移送という選択肢に決定的に傾斜させたイギリスの要因も無視できない。インドの植民地行政にかかわった人々を含んだピール委員会のパレスチナ分割と住民交換の提案は、シオニストの移送への願望を後戻りできないほど強めた。またイギリス労働党が政権掌握の前年の一九四四年に行ったアラブ人住民移送支持決議(7)は同党の綱領とはならなかったものの、イギリス政治史の知られざる暗部ではないだろうか。

この様な国際環境に助けられた面がある一方、移送は明らかにシオニズム運動の指導的勢力となった労働運動が積極的に追求した選択肢であった。一九三〇年代のパレスチナ・アラブ民族運動の成熟を前に、ベングリオンはパレスチナにおける二つの民族の共存は可能であるという「幻想」を最終的に放棄したのである。最終章である本章では、ベングリオンと労働運動の達したアラブ人移送という結論が彼らのイデオロギーとの関係で持った整合性と不整合性を問いつつ移送論議を検討する。その際に民族分離への道程において歴史の闇に沈んだベングリオンを含む一部の人々の迷い、ためらい、葛藤にも光が当てられる事になるだろう。

第一節 「幻想」の放棄

(一) 社会主義シオニストと移送

シオニズム運動内の移送論議そのものはピール委員会提案と共に始まったわけではなかった。既に第一次大戦前からイスラエル・ザングウィルやアルトゥル・ルピン(Arthur Ruppin)などの一部のシオニストが移送を主張しており、一九三〇年にはワイツマンが、ピンハス・ルーテンベルク(Pinhas Rutenberg)と共に作成したパレスチナ・アラブ人をトランスヨルダンとイラクへ移送する計画をパスフィールド植民相（Lord Passfield）に極秘に提案し、斥けられている。[8] しかしこの様な移送提案はイギリス世論や国際社会の非難を招きかねなかったため、イギリスの後ろ楯を何よりも必要としたシオニズム運動はこの時点では移送を公の場で支持する事はなかった。その後一九三六年のアラブ反乱前後にはヴァイツのほか、エドワード・ノーマン（Edward Norman）やアルフレッド・ボンネ（Alfred Bonné）らによって具体的な移送計画がつくられたが、[9] 移送が公然と議論される様になったのはピール委員会が分割と移送を正式に提案した後のことであった。

社会主義シオニストは分割案以前の水面下でのこの様な移送論議にどの程度関与していたのであろうか。ベングリオンに関しては日記の中にワイツマンとルーテンベルクの計画を示唆したと推測される部分があり、[10] 一九三三年十二月のシェルトク宛ての手紙ではユダヤ機関執行部内にアラブ人住民移送を提案した覚書を公表したがっている者がいるとし、国際世論への配慮から懸念を表明している。[11] しかし彼自身が具体的な選択肢としての移送に恐らく初めて積極的に言及したのは、一九三四年八月三十一日のパレスチナ・アラブ人指導者ムーサー・アラミー（Mūsā al-'Alamī）との会談の席上においてであった。パレスチナのユダヤ人国家が「アラブ連邦」と結合する将来像を描いたベングリオンは、南アフリカの植民地社会の轍を踏まないためにもヘブライ労働の問題を解決するためにも、パレスチナ・アラブ人をイラクへ移送する事を提案したのである。[12]

この会談を境にベングリオンは移送案に明確に関与し始める様に見える。ワイツマンとルーテンベルクの移送提案が話し合われたアラブ反乱勃発直前の一九三六年三月三十日のマパイ政治委員会で、彼は移送先としてのトランスヨルダン問題について高等弁務官と話し合うつもりであると表明している。[13] シェルトクと共に臨んだ七月九日の弁務官との会談で彼は、ユダヤ人をトランスヨルダンに入植させる事が不可能なら、パレスチナで土地を失ったアラブ人を入植させるためにトランスヨルダンの土地を購入する権利をユダヤ人に与えるべきであると迫った。トランスヨルダンに移送されるアラブ人の入植費用を出せるかという弁務官の問いに対しては、彼はシェルトクと共に、必要な資本を提供する用意があると答えている(14)。

この様に一九三六年夏の時点で既に、トランスヨルダンは移送先の候補地としてイギリス＝シオニスト交渉の中で急速に浮上しつつあったが、ピール委員会の移送提案がつくられる過程ではベングリオン、ワイツマン、シェルトクらシオニスト指導者の更に直接的なロビー活動が存在した形跡がある。一九三七年三月と五月にユダヤ機関は移送に言及した文書をピール委員会に提出しているが、シェルトクの日記によると、ベングリオンとルーテンベルクが共同で起草した五月の覚書はトランスヨルダンへの移送を内容としており、イギリス政府がそれに注目している事をシェルトクはアメリカのエルサレム総領事から伝え聞いたとしている(15)。

以上の事実関係から、ベングリオンが移送を真剣に考慮する様になったのが「不毛の外交」の行われていた一九三〇年代半ばであったと考えて大きな間違いはないであろう。一九二〇年代には「大アラブ民族の一部であるアラブ人住民にはパレスチナ以外にも故郷がある」という前提と、「アラブ人住民はパレスチナの有機的一部であるから追放してはならない」という主張が矛盾をはらみながら併存していたが、一九三〇年代の移送という考え方は前者の論理の延長線上にあった一方、後者の論理の放棄を意味していた。そしてベングリオンに後者の論理を放棄させたのは、二つの共同体の社会経済的分離の進行、ヨーロッパ・ユダヤ人の危機とドイツからの移民の大量流入、それに伴うイシューヴの強大化の見通しという要因と共に、もはや政治的和解は不可能であると思わせるほどのパレスチナ・アラブ民族運動の劇的な成熟であった。

（二）　パレスチナ・アラブ民族運動の成熟

①　一九三三年暴動

転機は一九三三年に訪れた。エルサレム、ヤッフォ*、トルカレム*、ハイファ*などの都市におけるパレスチナ・アラブ人のデモと騒擾に衝撃を受けたベングリオンは十一月二日、ロンドンのシオニスト執行部へ次の様に書き送っている。

アラブ人の行動は今回は熟練していて規律をもって行われ、能力でもって導かれ、流血にもたじろがず、世界世論に強烈な印象を与える事になりそうだ。やり方の上では彼らはユダヤ人を襲撃しておらず、政府のみに対して闘っている。しかし新しい強力な武器を使っているこの襲撃は、勿論〔実際には〕委任統治とシオニズムに対して向けられている。事態は一九二九年より深刻になりそうだ。……

暴動の政治的影響を懸念しながらベングリオンは筆を継ぐ。

アラブ運動は先頃の暴動において新たな光の下に現れた。大衆が無秩序で煽動されているのではなく……組織化された規律ある共同体が政治的成熟と自己評価の能力によって民族的意志を表明しているのである。彼らは弱い少数派を襲撃するのではなく、無辜の人々の血を流すのでもなく、専ら政府を攻撃し、銃撃、逮捕、死者にもたじろがない。……そしてすべての行為がアリヤーと民族的郷土に向けられていたにもかかわらず、怒った大衆は一度もユダヤ人を襲っていないのである。……それだけではない。今までその地で起きたすべての暴動はある程度「政府は自分たちの味方である」という大衆の信念に支えられていた。今回は政府に対して明白に頑なに立ち向かう勢力があり、政府が示す力はいまだに〔彼らを〕恐れさせていない。確かにこの行為は都市部に限られている。村の住民はこのすべてのデモの中でほとんど何の役割も果たしていない。……しかしこの暴動の……若い世代とアラブ民族全体に対する深刻な政治的影響、犠牲者――法によって絞首刑に処せられる殺傷した人々ではなく、異国の政府の手によって命を落とした民族解放の闘士たち――の記憶、……こうしたすべては暴動〔そのもの〕と比較して深刻であり懸念を呼ぶものだ。……ヤッフォとハイファの水夫もヘブライ人アリヤーで生計を立てているがこのストに手を貸したのであり、たとえ彼らが熱狂もせずさして気も進まずにこれを行ったのだとしても……見よ、この事実は我々の前にアラブ運動における真剣で深刻な方向性がある事の証左である。[16]

この手紙をしたためた二日後、このアラブ暴動について話し合うために開かれた党中央委員会でベングリオンはこう述べている。

これらの暴動は……アラブ人の行動における新しい、真剣な、懸念を呼ぶ方向性を示している。それらは新しい力と驚くべき規律を示した。多くの人々が殺されたが、……彼らは殺人者や暴徒としてではなく政治的デモを行う人々として殺されたのである。大きな怒りにもかかわらずユダヤ人を傷つけるなという命令は守られた。これは類稀な政治的規律を示している。疑いもなくこの暴動はアラブ運動に深い痕跡を与えるだろう。今回は本当に民族的な英雄がおり、これが運動を、特に若者を教育している。今回我々は世界において尊敬を引き起こさずにはいられない政治運動を見た。[17]

一九二九年暴動の際に既にベングリオンは大衆的基盤を持つパレスチナ・アラブ民族運動の存在を事実上認める発言を行っていたが、一方では運動内部の分裂や利害対立の存在を強調し、「積極的な内容に欠ける」という留保を付けた事も党員の記憶に新しかったであろう。しかしそれから四年を経た一九三三年十一月にベングリオンは、単なる「暴徒」ではない「組織化された規律ある共同体」が政治的要求を掲げ、当局の発砲による死をも顧みずに示威行進する光景に、懸念と感動の入り混じる誠に複雑な念を抱かずにはいられなかった。なぜなら彼がそこに見たものは、それまで彼がパレスチナ・アラブ民族運動に欠けていると指摘してきた自己犠牲や献身というナショナリズムの崇高な側面にほかならなかったからである。暴動後の十一月十三日にアリヤーの停止、選出された政府の樹立、経済状況の改善などを陳情するために高等弁務官のもとを訪れた六人のアラブ人市長の一人の次の言葉の中にも、ベングリオンはパレスチナ・アラブ人の危機感と自民族への無私の愛を感じ取ったに違いない。

自分たちが隷属させられ、その地から追放される危険があるというアラブ人の間の感情は真実で深いものです。ユダヤ人がその地を改善し繁栄させるという議論は我々に対して何も言ってはおりません。なぜなら我々が追放されたり隷属したりするなら、その地が豊かになりもっと良くなったとしても我々にとって何の益があるでしょうか。それはイギリスやフランスの様な外国になってしまうのです。……我々の地は危険にさらされているのであり、我々は自らの命をそれのために犠牲にするでしょう。[18]

②　アラブ人の「テルハイ」

それから二年後の一九三五年十一月二十五日、五つのパレスチナ・アラブ人政党の指導者から成るアラブ統一代表団が高等弁務官のもとを訪れ、民族政府の樹立、アリヤーの停止、土地売却の禁止を求める覚書を提出した。[19] 同じ頃、パレスチナ・アラブ民族運動の急進派の象徴的存在であったシャイフ・イッザッディーン・カッサーム（Shaykh 'Izz al-Dīn al-Qassām）がイギリス当局との衝突により「殉教」するという事件が起きた。ハイファのシャリーア結婚登録官であったカッサームは、民族的抵抗の精神とイスラーム主義を結合させつつパレスチナをシオニズムの脅威から救う事を訴えて、シオニストの土地購入により土地を失って農村から都市に流入した下層の人々の幅広い支持を集めていた人物である。彼の支持者から成るイフワーン・アル＝カッサーム(Ikhwān al-Qassām, アラビア語で「カッサーム同胞団」)は彼の死後も活動を続け、アラブ反乱に大きく貢献する事になった[20]。

相前後して起きたこの二つの出来事からベングリオンの受けた衝撃は大きかった。十二月二日の党中央委員会で彼は、利害を超えてアラブ諸政党を糾合する代表団が初めて現れた事、特に長らく争ってきたフサイニー家とナシャーシービー家の指導者が同席した事に対する驚きを隠していない。また彼はカッサーム殺害事件を「アラブ人が『テルハイ』を持った初めての出来事」であると評した。「ここに至って初めてアラブ人は概念のために命を捧げる人間がいるのを見たのであり、これは疑いもなくアラブ人大衆、特に青年にとって極めて大きな教育的要因となるだろう。この行為は彼らに欠けていた道徳的力を与えるだろう[21]」。

テルハイ*とは一九二〇年にトルンペルドールがアラブ人の襲撃から守ろうとして命を落とした北部入植地の名である。ベングリオンがここでその名に言及した事は、パレスチナ・アラブ人のナショナリズムをシオニズムと同レベルに立つナショナリズムとして彼が認知した事を意味していた。その後も彼はこの出来事を「テルハイ」になぞらえて度々振り返っている[22]。アラブ反乱が始まる半年前に彼は、「自らの民族のために死ぬ用意のある」多くのパレスチナ・アラブ人による「地位のためでも報酬のためでもない」「祖国をめぐる戦争[23]」が既に始まりつつある事をもはや疑わなかった。

ベングリオンとアラブ人側の直接交渉は反乱前夜まで続けられたが、その焦点が「アラブ連邦内のユダヤ人主権国家」であり続けた事は、彼がパレスチナの枠内での解決に既に絶望していた事の裏返しであった。パレスチナ・アラブ人指導者との会合を重ねれば重ねるほど、ベングリオンは彼らのシオニズムへの反対が「自然」であり、「自分がアラブ人だったら恐らくその様に考えただろう[24]」と語るほどに彼らの立場を理解する様になった。しかしこの理解こそが、ユダヤ人とパレスチナ・アラブ人の「政治的対立」を話し合いで解決する事はもはや不可能であるという彼の認識を強める事になったのである。ベングリオンが反乱直前に高等弁務官に語った次の言葉は、双方がパレスチナをめぐる対等の民族運動である以上、力による以外に和平はあり得ないという結論に彼が近づいていた事を物語っている。

我々はその地のイシューヴの急速な拡大以外の解決を見出しません。……我々とアラブ人の間にあるのは経済的対立ではないのです。それどころか我々のすべての経済活動はアラブ人に祝福をもたらしており、理解力のある正直なアラブ人でこれを知らぬ者はおりません。……そしてもし経済問題だけであったなら我々とアラブ人の紛争の余地はなかったでしょうし、いずれ我々は相互理解に達していたでしょう。しかし政治的な対立があるのです。アラブ人はこの地がアラブ人だけの地となる事を望んでおり、我々はここに民族的郷土を建てる事を望んでいるのです。(25)

③　アラブ反乱

一九三五年だけで六万人に達したユダヤ人移民の脅威が引き金となり、パレスチナでは一九三六年四月に一七五日に及ぶゼネストが始まった。一九三九年まで断続的に続くアラブ反乱の勃発である。

一九二九年暴動の時と同様、この反乱に対する党内の評価は二つに分かれた。カツネルソン、タベンキン、ベイリンソンら古参の指導者は反乱がパレスチナ・アラブ人の民族運動であると認める事を依然として頑なに拒否した。民族的抵抗である事が誰の目にも明らかであったにもかかわらず彼らがこの様な立場をとったのは、パレスチナ・アラブ人への軽蔑という以前から根強かった要素も無視できないが、この時点ではむしろ「正義の運動」としての労働運動の道義的基盤が崩れる事への恐れが主な理由となっていたと思われる。そうであったとすれば、反乱が民族的蜂起か否かという党を二分した論争は、シオニズムに抵抗するパレスチナ・アラブ・ナショナリズムの成熟という現実を直視して、労働運動が固執してきたアラブ人に対する「正義」をもはや守り通せないものとして放棄するか、それとも現実に敢えて目をつぶり、「正義の運動」としての労働運動のイデオロギー的整合性をたとえ表面的にであっても維持するか、という決断を迫る正に原理的な次元での論争であった。

ベングリオンにとってはカツネルソンらが階級団結による民族間融和をもはや心から信じていないにもかかわらず、パレスチナ・アラブ人の民族的抵抗の存在を否定する事は、政治的に無意味で近視眼的な行為以外の何ものでもないと思われた。「アラブ人との合意によってアラブ人という困難を克服する事は不可能である。私はこの問題について私が持っていたかつての理論に反してかく言う[26]」と自らのかつての「誤り」を率直に認めつつ、ベングリオンは同志たちの「盲目」を強く批判せずにはいられなかった。

私はアラブ反乱はなかったというベイリンソンの言葉も理解できない。その地にはアラブ反乱はなかったのか。……政府が暴動の初めから(そして前に)別の行動をとっていれば事態はこれほどには至らなかっただろうが、その地にはアラブ蜂起があるという事実から目をそらす事はできない。……彼らは体制を力ずくで変えたいのではないだろうか。これはヘブライ語で反乱や蜂起と呼ばれる。私にはこの事実の否定が理解できない。これは私の考えでは不正な反乱であり、私はこれを革命ではなく反革命と呼ぶが、これは蜂起だ。——それから目をそらして何の益になるのか[27]。

反乱の責任をすべて政府に負わせる考え方にもベングリオンは反対した。アラブ人が主体的要因として闘争している事は否定できない、と彼は述べる。「シリアの反乱はフランス政府によって計画されたと誰が言うだろうか。エジプトの暴動がカイロの高等弁務官によって行われたと誰が言うだろうか。その地のアラブ人は北と南の文化や宗教の同じ隣人たちから学べないという事がどうしてあろうか[28]」。

反乱の最中にもベングリオンは可能性がたとえ僅かであれ、また暫定合意に終わるにせよ、和平への努力を続ける必要性を度々強調している[29]。しかし彼の言うアラブ人との和平は今や社会主義的な理念を含むものではなく、ユダヤ人とイギリスとの合意の手段にすぎなかった[30]。労働運動左派のハショメル・ハツァイルや右派の修正主義者を意識する場面では和平の望みはまだあると宣言していても、彼自身にその様な幻想がもはやなかった事は一九三八年七月六日の党中央委員会における演説からも窺われる。アラブ人のテロは外国に援助された少数の無頼漢の仕業であるという「我々の同志たちの間にある幻想」を打ち壊したい、と前置きしてベングリオンは続けた。

我々が直面しているのはテロではなく戦争なのだ。それはアラブ人によって我々に宣言された民族戦争である。……これはパレスチナの人々がユダヤ人による自らの祖国の奪取と見なすものに対する彼らの積極的な抵抗であり、それこそが彼らが闘っている所以なのだ。テロリストの背後には運動があり、それは原始的であるけれども理想主義と自己犠牲を欠いてはいない。……シャイフ・カッサームは理想のために自らの命を犠牲にする用意のある熱烈な男だ。今日一人だけではなく、何百人、そして恐らくは何千人もの彼の様な人々がいる。彼らの背後にはアラブの人々がいる。海外での我々の政治的議論において我々は我々に対するアラブ人の反対を矮小化している。しかし我々の間では真実を無視しない様にしよう。……この真実の承認はパレスチナでの我々の仕事に関する必然的で深刻な結論につながる。……[31]

パレスチナ・アラブ・ナショナリズムは存在しないという幻想を捨てるべきである、と主張した今一人の指導者はシェルトクであった。一九三六年七月九日の党政治委員会において彼は次の様に述べている。

アラブ運動は存在しないと我々が言った時があった。自らの個人的利益を守るエフェンディーがいるにすぎない、と。私はこの見解にカールスバート会議〔一九二一年の第十二回世界シオニスト会議〕において既に反対していた。私はそこでこう言った。アラブ人は真正の民族的利益を持っており、それは彼らを我々に反対するべく促している、と。現在のアラブ人指導部は〔パレスチナ・アラブ人の〕正当な代表ではないと言う同志たちもいる。私はあなた方にこの幻想について警告する。ユダヤ人移住によって被害を蒙っていないアラブ人はパレスチナにいない。……彼〔パレスチナ・アラブ人〕にとってパレスチナはアラブの相貌を持つ独立した単位なのである。その相貌は今や変わりつつある。彼の目から見ればハイファはアラブ人の町だったが、今やユダヤ人の町なのだ。彼の反応は抵抗以外のものではあり得ない。その抵抗はたとえ彼の個人的な経済的利益と矛盾しても彼の心に深く根ざし続ける。……我々に対する反対が今日パレスチナ・アラブ人大衆を包摂している事は疑いない。……もしこの〔パレスチナ・アラブ人〕指導部がアラブの人々を代表していないから我々はそれと交渉できないと主張するなら、アラブ人との接触を一切断念せねばならない。

九月二十八日の党政治委員会でも反乱の民族的性格を強調したシェルトクの言葉は悲痛でさえあった。「もしこれが本当でないなら、私がアラビア語を勉強しアラブ人と会談してきたすべての年月は無駄だったという事になる。そしてもし私がこの根本的な問題について間違っているなら私はここにいる資格はない」(32)。党内切ってのアラブ通であり、ユダヤ機関政治局長としてアラビア語を駆使しつつ対アラブ交渉の実務を長らく担当してきたシェルトクの経験に裏付けられたこの様な発言は、ベングリオンの発言に劣らず重みをもって響いたのではないだろうか。

反乱はパレスチナ・アラブ・ナショナリズムの成熟の結果であるというベングリオンとシェルトクの認識は、二つの民族の融和が可能であるという「幻想」との訣別をもたらした。こうした推移の中で「アラブ人住民にはパレスチナ以外にも故郷がある」という以前から繰り返された議論は新たに不吉な響きを帯びる様になったのである。「〔パレスチナ・アラブ人のシオニズムに対する民族的抵抗があるという〕この真実の承認は、パレスチナでの我々の仕事に関する必然的で深刻な結論につながる」――ベングリオンがほのめかしたその「結論」の核心は、パレスチナからのアラブ人の移送であった。

第二節　アラブ人住民移送論議

アラブ人住民移送問題は、将来のユダヤ人国家に残留するアラブ人少数派（以下「残留アラブ人」）問題とも密接にかかわっていた。その様な関連に留意しながら、本節ではピール委員会の移送提案の前後に分けて労働運動内の移送論議をたどる事としたい。

（一）　ピール委員会提案前の移送論議

イギリス＝シオニスト交渉の中で既に移送が浮上し、ピール委員会に対するユダヤ機関のロビー活動も行われていた一九三六―三七年の時期における労働運動内の移送論議の特徴は、ピール委員会が正式に移送を提案した後に比べて、シェルトクを中心に懸念の声が少なからず聞かれた事にある。しかしベングリオンに関しては概ね楽観的であった。

ピール委員会が到着する前の一九三六年十月のユダヤ機関執行部の会合ではトランスヨルダンへの移送が議論され

ており、ベングリオンは次の様に発言している。「アラブ人をガリラヤからジュデア*に移す事が許されるなら、もっと近いヘブロン*からトランスヨルダンに移す事が何故できないのか。そこには広大な土地があり、我々は混みすぎている。……高等弁務官でさえ、我々が農民に土地と金を与えるならトランスヨルダンへ移送する事に同意している」。ベングリオンによればアラブ人はシオニストの土地購入の結果、トランスヨルダンに移送される事になるのであった。最終票決でユダヤ機関執行部の多数派は土地を失ったアラブ人のトランスヨルダンへの「自発的」移送を支持したが、ベングリオンとシェルトクの発言はパレスチナ・アラブ人がトランスヨルダンに自発的に移る事はありそうにないという事に既に気付いていた事を示していた(33)。

ピール委員会が分割を提案する可能性が知られた後の一九三七年二月五―六日の党中央委員会では、分割後のユダヤ人国家における三〇万人のアラブ人「少数派」の問題が浮上している。この問題が注目されたのはユダヤ人国家のユダヤ人口が三〇万人強にしかならず、従って国内のアラブ人口と拮抗する事になるからであった。ベングリオンはこれらのアラブ人がユダヤ人支配に妥協せず反乱を起こす可能性に触れて懸念を表明したものの、彼の長い発言における力点は、ユダヤ人国家に「我々の拡大のために必要とする最小限の領域」が割り当てられるかどうかという問題におかれていた。これに対して、分割案がアラブ問題との関連で持つ危険性をより具体的に指摘したのはシェルトクであった。

この計画〔分割案〕は困難と複雑さに満ちている。何よりもまず三〇万人のアラブ人がユダヤ人支配下に見出される事になろう。……もし本当にアラブ人住民を力ずくで根こそぎにしたいのなら、これは疑いもなく、現在その地で起きている反乱など何でもない様な流血に結び付く。この様な事は過渡期の全局面においてイギリスの力なくしてなされる事はないだろう――つまりイギリスが初めて立って民族的郷土の建設を力で守る必要があるという事である。そして大きな問題は彼らにそれを行う勇気があるかどうかという事だ。……我々は今までイギリスの側にこの様な勇気を見た事がない。……

……我々はイギリスが分割に同意すると想定しているが、ユダヤ人国家に残るアラブ人をユダヤ人は支配できず、イギリスが支配せねばならないとイギリスは言う事もできる。――それがどんな結果をもたらすか誰が知ろうか。それはエレツ・イスラエルの更なる限定につながり得るのである。[34]……

シェルトクはアラブ人住民の強制排除が流血の惨事を招くとし、イギリス軍がこれを行うしか方法はないがイギリスは実際にはこの様なリスクを負わないであろう、かと言ってアラブ人がユダヤ人国家にとどまればイギリスが彼らの庇護を主張してユダヤ人国家の主権が制限される事になりかねない、と危惧したのである。アラブ人やイギリスの出方についての、悲観的ではあるが外交担当者としてのリアリズムに満ちたこの様な洞察は注目に値する。

カツネルソンとザルマン・ルバショフ(Zalman Rubashov)は、残留アラブ人が反乱して民族紛争が起きる可能性を強く懸念した。カツネルソンはイシューヴ人口四〇万人のうち七万五〇〇〇人がアラブ領に取り残される事を案じて「これは深い切り傷であり、我々がその地で獲得したものすべてを侵害するだろう[35]」と述べている。ルバショフはユダヤ人国家においてユダヤ人とアラブ人の人口が拮抗する事の危険を次の様に指摘した。「たとえ我々が支配権や港を持っていたとしても、ユダヤ人国家の半数を占めるアラブ人が反乱したとしたら、それは我々の主権国家内の虐殺を意味するのだ。我々は勿論自らの命を守り、我々の力は彼らの力と同じ位だから――我々は互いに殺し合う事になる[36]」。

一九三七年四月二十二日のシオニスト行動委員会においてシェルトクは、分割と移送が流血を伴うと再び警告している。それはアラブ人がパレスチナの最も豊かな部分を手放す事になるからであった。「彼らは自らの主な民族的収入源であるオレンジ農園や工業地域を失うだろう。そして海岸地帯の大半を失う事になるが、それは他のアラブ諸国にとっても損失である。それは彼らが砂漠に追いやられる事を意味するだろう」。更に彼はアラブ人の少ないユダヤ人国家は「プロクルーステースのベッド」すなわち狭隘すぎ、逆に領土の拡大はそれだけ多くのアラブ人を抱える事になるとして、領土拡大と国家のユダヤ性の保持が矛盾する事を指摘する。そもそもユダヤ人国家はアラブ人少数派をいかに扱うべきなのか。シェルトクは長期的には移送の可能性を否定しなかったものの、今後十年間における移送は非現実的であり「血の海」になると訴えた。

今後十年間はアラブ人住民を移送する可能性は「実際的」でないだろう。長期的な将来に関しては私はこれ〔移送〕の中に……住民交換の幻を見る用意がある。現在については誰が土地を交換せねばならないかという事を忘れてはならない。それは潅漑や揚水施設を持つ最も豊かな村々、オレンジと果物のプランテーションを持ち市場に容易に近づける人々なのである。……彼らはどこへ行くのだろうか。見返りに何を受け取るのだろうか。……これはいまだかつて起きた事のない様な根こそぎとなり衝撃となるだろうし、あらゆるものを血の海に沈める事になり得よう。この段階ではトルコとギリシアの住民交換のアナロジーで我々自身を楽しませない様にしよう。そこには異なる諸条件があったのだ。残留するアラブ人は反乱するだろう。ユダヤ人国家はイギリス軍の援助なくして反乱を鎮圧できるだろうか[37]。

シェルトクがこの様に懐疑的であったのに対して、ベングリオンは四月十日の党中央委員会において「アラブ人との合意によって我々は彼らの国家領域内にも入植できる[38]」と大胆に予想し、「私はアラブ人を軽く見ているわけではないが〔彼らの力を〕誇張する必要はない[39]」という立場から、人口収容能力に大きな余裕のあるイラクやシリアとの合意によってアラブ人をこれらの国に移送する可能性を示唆した。たとえ合意に達しなくてもユダヤ人国家内のアラブ人の土地の一部を国の統治権や資金、ユダヤ民族の力を背景に獲得できるだろうとも予測したのである。もっとも彼にしても残留アラブ人の問題に不安はあった。しかし彼はユダヤ人国家さえ樹立されるなら、パレスチナ内外のアラブ人はその既成事実を認めていずれは妥協せざるを得ないと考えていた。彼にとって分割案は「アラブ問題を解決するのではなくシオニズムを実現する」(40)故にこそ重要だったのである。

アラブ人国家内にも入植できる、アラブ人を移送できる、ユダヤ人国家内のアラブ人の土地を獲得できるというベングリオンの発言は、一九二〇年代におけるアラブ人との公正な関係をめぐる主張や、彼らを追放しないという原則を彼が今や否認していた事を示していた。パレスチナ・アラブ人を血の通った個人の集合としてではなく、意のままに動かせる無機的な政治共同体として捉える見方は、彼らとの政治的和解についての「幻想」を放棄した一九三六年以降において露骨にベングリオンの言説を支配する事になる。

それはシェルトクが移送の困難を、実行可能性のみならずアラブ人の失うものの大きさという人間的な観点からも捉えていたのとは対照的であった。一九三六年七月二十八日の党政治委員会においてシェルトクは、「我々にはアラブ人の恐れを払拭する義務はないとか、彼らは個人として苦しんでいないとか、我々はここに民族として存在しているのであり、彼らは他にも国々を持っているのだから彼らの民族としての苦しみに関心はないなどと我々は言う事はできない。……我々がその様な立場をとり得るのかどうか私は疑わしく思う。……我々は〔彼らを〕支配しないという保証と、彼らを土地から追放しないという保証を与える用意がなくてはならない」(41)と発言している。この言葉には生身の人間としてのアラブ人と長年接する中で彼が味わわざるを得なかった苦悩が表れている。

しかしシェルトクは、最終的にはシオニズムをアラブ人に対する「正義」に優先させる現実主義者でもあった点でベングリオンと共通していた。彼は疑念や良心の不安をしばしば表明しながらも、それに対する根本的な解決策を見出せないままベングリオンの民族分離路線に追随したのである。移送推進のためのユダヤ機関のロビー活動、ユダヤ人国家の領域を既成事実化するための〈要塞型キブーツ〉の建設、そして後には「住民移送委員会」を中心とする移送の立案において、ベングリオンの路線を忠実に遂行したのはほかならぬシェルトクであった。

（二）ピール委員会提案後の移送論議

アラブ反乱の勃発を受けてイギリスがパレスチナに派遣したピール委員会が一九三七年七月八日に出した報告書は、パレスチナをユダヤ人国家とアラブ人国家に分割すると共に、ローザンヌ条約（一九二三年）後に行われたギリシアとトルコの住民交換に倣った、ユダヤ人国家とアラブ人国家の住民交換を提案していた。ピール委員会が移送を正式に提案した事は、それまで水面下で行われてきたシオニズム運動内の移送論議を活性化させる。世界シオニスト会議では今や労働運動が多数派を占めていたので、それは労働運動内で移送がコンセンサスとなっていく過程でもあった。

分割と移送が最も包括的に議論されたのは、一九三七年七月末から八月にかけて相次いで開かれた、ポアレイ・ツィオン世界連合大会とチューリッヒにおける第二十回世界シオニスト会議であった。ベングリオンはワイツマンと共に分割推進派であったが、彼が分割を支持したのはシオニズムの願望を満たす唯一の手段としての国家の樹立を優先させる意図からであった。しかし一方で彼は十五年間に一五〇万人のユダヤ人を移住させればヨルダン川両岸でユダヤ人が多数派となって、「ユダヤ人国家とアラブ人国家の国境の廃止について自由な合意をする土台ができる」[42]と考え、ユダヤ人国家はやがて「平和裡にエレツ・イスラエルの全部分に入植できる様になるだろう」[43]と予想した。この様な大胆な見通しを立てた上で、パレスチナをとりあえず分割する「代償」という名目の下に彼はアラブ人住民の移送提案を強力に推進したのである。

ベングリオンの移送支持は基本的に、一九二九年連邦案の根底にあった〈分離する隣人〉という考え方の延長線上にあると捉える事ができる。ただ一九二九―三〇年の時点と決定的に異なったのは、イシューヴがユダヤ人移民の大量流入によって以前とは比較にならないほど強大化していた事であった。イシューヴが脆弱である段階では「消極的な統合」の形態とも言うべき連邦制国家を構想したベングリオンは、アラブ反乱によって二つの共同体の亀裂が決定的となり、しかもイシューヴが人口や軍事の面で充分に強大になったと思われた一九三〇年代後半には「積極的な分離」すなわち分断国家を支持するに至ったのである。

以上の背景を念頭におきながら、ピール委員会提案後の一九三七年後半から一九三八年の時期における労働運動内の移送論議を検討してみよう。

①　ポアレイ・ツィオン世界連合大会

この大会では分割については意見が分かれたものの、アラブ人住民の移送を道徳的に正当化する点で一致し、意見の相違はその実現可能性など専ら戦略的側面をめぐるものであった。ベングリオンは移送と追放を区別しようと苦心しつつ、そもそも入植の過程で移送は既に行われてきたと述べて移送を次の様に正当化している。

追放と移送の深く根本的な違いを説明する必要はないと私には思われる。今までも我々はある場所から別の場所へと住民を移す事によってその地における我々の入植を行ってきたのである。……移送は今までは委任統治領内部で行われた。王立委員会〔ピール委員会〕の移送提案における根本的相違は、移送がより広範にユダヤ地域からアラブ地域へと行われるだろうという事である。イギリス委任統治領内のある村から別の村へアラブ人を移送する事が可能であるとしたら、彼らをユダヤ人支配地域からアラブ人支配地域へ移送する事に反対する政治的・道徳的論拠を見出す事は難しい。

移送が追放と結び付いていたとしたら、たとえイギリス側が提案し実行するのだとしても自分たちは移送に同意する事はできなかっただろう、とベングリオンは続ける。しかし「移送される人々に充分な物質的条件と最大限の民族的保障を約束する移送」に反対する事はできない、と彼は主張した。その様な条件さえ満たすなら「人間的観点からも経済的観点からも移送の中に彼らの立場と権利のいかなる侵害をも見る必要はない」のであった。エスドラエロン渓谷*、ヨルダン渓谷*などにおける「ひと続きのユダヤ人イシューヴの価値がいかなるものかを説明する必要があろうか[44]」と述べたベングリオンは、明らかに移送を民族的一元化と結び付けていた。

一九四八年のベングリオン内閣の蔵相となるカプランも移送を「ドイツや他の国からのユダヤ人の追放の提案と比較するのは公平ではない」とし、アラブ人を自らの人々の環境へ移す行為であると正当化している。ハキブーツ・ハメウハドの指導者の一人で分割反対論者のヨセフ・バンコヴェル(Yosef Bankover)は、キブーツのメンバーとして自分は周囲のアラブ人との「隣人関係を一掃できるとすれば非常に嬉しい」と述べたものの、アラブ人が自発的に肥沃なパレスチナから貧しいトランスヨルダンへ移る事も、またイギリスが強制移送を手がける事も共に考えられないとした。強制移送は東方アラブ世界全域にわたって蜂起を引き起こすに違いないと彼は見ていたからである。

カツネルソンとゴルダ・メイルゾーン(Golda Meyerson, メイル、後の首相)は分割に反対する一方、移送に関しては「自分の良心に絶対的に曇りはない」と断言した。カツネルソンは「私は長らくこれ(移送)がすべての解決の中で最善であるという意見であり、この事がいつか起こらねばならないという私の確信は反乱の間に強まった」と述べ、アラブ人をナブルス地方*へ移送するというピール委員会の意図に反対して、シリアかイラクへの移送を提案している。

アラブ人住民をユダヤ人国家の「隣」に移送すれば将来の領土拡大の可能性が制約される、というのがその論拠であった。他方メイルゾーンはアラブ人の同意とイギリスの援助なくして移送を遂行する可能性はあるのだろうか、と疑問を投げかけている。

やはり分割反対論者で一九四八年のベングリオン内閣の農相となるアハロン・ズィスリング（Aharon Zisling）は、移送を「高貴な人間的ヴィジョン」であるとさえ言い切ったが、近い将来における強制移送については近隣アラブ諸国との全面戦争につながりかねないという理由で否定的な立場をとった。その代わりに彼はヨルダン川両岸のユダヤ人国家と近隣アラブ諸国との間の住民交換という将来の展望を描いたのである。党指導者の一人で長年ヒスタドルートの要職にあったダヴィド・レメズ（David Remez）と、キブーツ運動の著名な指導者であるシュロモ・ラヴィ（Shlomo Lavi）も移送をそれぞれ「公正で公平な解決」「極めて正しく極めて道徳的」であると評したが、現時点での実行可能性については懐疑的であった。

移送が東方系ユダヤ人の運命に与える影響という極めて微妙な問題に注目した人々もいた。党における東方系ユダヤ人の代表的存在であったエリヤフ・ハカルメリ（Eliyahu Hacarmeli）は強制移送をためらう事なく要求し、その代わりに東方系ユダヤ人がパレスチナに帰還する事を提案した。彼はベングリオンと同様、入植の際に移送が行われてきた事を指摘して「もし我々が移送のすべての権利を否定するなら、我々は今まで我々がしてきたあらゆる事を否定する必要があるだろう」と移送を正当化している。他方、一九二〇—三二年に存在した労働シオニスト小政党ヒトアハドゥト（Hit'ahadût，ヘブライ語で「連合」）の書記長であったアルイェ・タルタコヴェル（Arye Tartakover）は、ハカルメリとは逆に東方系ユダヤ人の運命を次の様に危惧した。「もし我々が民族的少数派を追放する国民国家の原則を確立するなら、同じ原則がイスラエルの地を囲むアラブ諸国にいる我々〔ユダヤ人〕に対して適用され、そこにいる我々〔ユダヤ人〕に足場が与えられなくなる危険はないだろうか。これはヘブライ国家から数万人のアラブ人を追放するために払う代償としては高すぎるのではないか[45]」。

② 第二十回世界シオニスト会議

しかしこの様な懸念の声は、第二十回世界シオニスト会議においても移送支持の大合唱の中で概ねかき消されていった。この会議でも移送について争点となったのはその道徳性ではなく実行可能性であった。ベングリオンはパレスチナ・アラブ人の権利を「住民としての権利」、ユダヤ人の権利を「民族としての権利」であると区別しながら、移送支持の論拠について次の様に述べている。

アラブ民族の存在の問題はその地には存在しない。アラブ民族は祖国を欠いているわけではない。それどころかアラブ民族は多くの広大な祖国に恵まれており、それらは更に数百万人を吸収できるし養える。その地に住むアラブ人はアラブ民族の小さな重要でない割合を占めるにすぎない。……道徳的にも政治的にも、……我々の権利と……その地に住むアラブ人の権利の保護との間にはいかなる対立も矛盾もない[46]。

更にベングリオンは「アラブ人の移送はユダヤ人が様々な地方に入植する結果として前にも繰り返し起こっていた[47]」と、先のポアレイ・ツィオン大会における立場を繰り返したのである。

アラブ人住民の移送が二つの共同体の間に既に存在している分離の現状の追認でしかないというベングリオンの冷徹な認識を共有したのは、キブーツ・デガニヤの創設者の一人であるヨセフ・バラッツ*(Yosef Baratz)であった。彼は労働運動左派の青年運動ハショメル・ハツァイルが移送を「危険」で「反社会主義的」であると非難したのに対し、次の様に反論している。

デガニヤ*、キネレト*、メルハヴィア*、ミシュマル・ハエメク*から我々はアラブ人を移送しなかっただろうか。私はハショメル〔ハガナーの母体となったユダヤ人防衛組織〕が〔アラブ人を〕立ち退かせるのを助けるためにシムエル・ダヤン〔後に国防相となったモシェー・ダヤンの父〕と私がメルハヴィアに呼ばれていった幾夜かの事を正に覚えている。その事に何の非があるというのか。……ハショメル・ハツァイルのメンバーたちは言う。ヘブライ国家の樹立によって我々は我々とアラブ人の間に障壁をつくりつつあるのだと。その様な障壁はこの地に既に存在し恒常化しているのではないだろうか。我々は排他的な鉄道の駅、排他的な郵便業務、排他的な政府の役所、排他的な港、排他的な道路、排他的な経済をできる限り建設しているではないか(48)。

しかし移送を疑問視する意見が全く聞かれないわけではなかった。一般シオニストの老指導者であり、労働運動の指導者たちとも個人的に親しい関係にあったメナヘム・ウスィシュキンは移送の非現実性を次の様に指摘している。

ワイツマン博士からユダヤ人国家外への三〇万人のアラブ人の移送についてと、こうしたすべてが政府の委員会によって決められるだろうという事を聞いた時、私は自らに言った。ああ、最も偉大な人々の間にもこの精神の病はどこまで広がったのだろう！……どうして突然ムハンマドが我々の国家を去るだろうか。あなた方に初めに聞こう。我々の地に住むアラブ人が、善意によってこれら数百万デュナム〔の土地〕を我々にくれる事に同意する望みがあるのか。第二にもし彼らが同意しなかったら、誰かの手で彼らをその地から去らせ、土地をユダヤ人のために残すべく強制するというどんな望みが――最も僅かな望みでさえも――あると言うのか。

ウスィシュキンは、土地をふさわしい価格の二～三倍で買い取ったとしてもアラブ人がその土地を去らないというパレスチナの現実を聴衆に思い起こさせた。全世界がユダヤ人のアラブ人に対する扱いを注視する中で、二つの人々の関係はどの様なものになるだろうか。「その国家においてあなた方は英雄になり、あなた方の警察はアラブ人を彼らの地から下ろすのだろうか。この様なやり方で土地は我々の手に渡るのだろうか」――ウスィシュキンはこう問いかけ、土地獲得の手段としての強制移送の有効性に疑義を呈した。

ワイツマン博士、あなたはどうしてこの様な可能性について一瞬でも考える事ができるのか。……シェルトクにも私は聞く。どうしてアラブ人は我々に土地を売ろうか。どうして彼らは自らの場所を去ろうか。経済的観点からは彼らがユダヤ人国家における良い地位よりも何かを好むという根拠はないだろう。……そして彼らの民族的観点から言っても、分割後に全世界のアラブ運動は全体として現在よりも十倍強くなり、ユダヤ人のエレツ・イスラエルの土地をユダヤ人に売るすべてのアラブ人を民族的裏切り者と見なすだろう。故に我々が我々の地において土地を拡大する望みは依然としてないだろう。

従って我々は「土地なきユダヤ人国家」を持つ事になる、とウスィシュキンは警告する。その上ユダヤ人国家の三〇万人のアラブ人は急速に増加するであろうが、彼らをどう扱うのかと彼は問う。「本当に我々は誤った夢を見て、彼らがその地を、この国を去るだろうと考えるのか。彼らは平等な権利を享受するのではないのか。それは我々のもとでは何世代も前から『住民と市民のための一つの法』が書かれているからのみならず、もしも少数派に全く権利がないなら、全世界のユダヤ人が危険にさらされる事になるからだ」と続けたウスィシュキンは、アラブ人少数派の平等な権利を保障するためにユダヤ人国家が税収を割いてアラブ人学校を建てねばならなくなるとする。しかしすべてのアラブ人学校では「朝から晩まで反ユダヤ的な教育を施す」が故に、ユダヤ人とアラブ人の相互の憎悪は増大すると彼は予想した。

更にウスィシュキンが懸念したのはユダヤ人の若者の教育が軍国主義的にならざるを得ない事であった。危険に対して常に自衛せねばならない状況が何十年も続くようでは、たとえ自衛の中にヒロイズムや美徳があったとしても国家は存続し得ないと彼は主張したのである。

ユダヤ人国家の経済的土台も問題であった。今日でもアラブ人はユダヤ人の生産物の五―一〇％しか買っていないというカプラン（後に蔵相）の言が正しいなら、そしてカプランが中東アラブ市場を征服する展望を持たないとすると、年に一〇万人の移民を吸収せねばならない経済は何の土台の上に建てられるのだろうか、と彼は述べている。(49)

移送をそれまで露骨に支持してきた事に矛盾するウスィシュキンの発言は、移送と結び付けて分割を支持していたワイツマン＝ベングリオン陣営に対して、移送の非現実性を主張する事により自らの分割反対を貫こうとする意図から発せられたのかも知れない。この様に道義的なためらいに由来するとは断定できないものの、その発言は途中で会場をどよめかせるに充分であった。パレスチナをどうしても去らないアラブ人が将来のユダヤ人国家において人口を増大させ憎悪をはぐくみ、国家は軍国主義化と経済的孤立を免れないというウスィシュキンの大胆で本質的な問題提起に、会議の主導権を握っていたベングリオンら労働運動の指導者たちが真剣に応じて議論した形跡は見当たらない。

③　将来のユダヤ人国家とアラブ人少数派

しかしベングリオンは将来のユダヤ人国家から立ち退こうとしないアラブ人少数派の問題を決して無視したわけではなかった。それどころかユダヤ人国家樹立の可能性に光が差し始めた段階にあって、この問題はピール委員会提案以前とは比較にならないほど彼にとって現実味を増した。当時の彼がユダヤ人国家とアラブ人少数派の関係をどの様に思い描いていたのかを、二つの史料から検討してみよう。

第一の史料は、第二十回世界シオニスト会議後の一九三七年八月二十六日の日記に見える「我々とアラブ人の関係」を詳述するくだりであり、その概要は次の通りである。

ユダヤ人国家のアラブ人住民は基本的にユダヤ人と同様に扱われる。国家のサービス、教育、保健、政府の事業などにおいてユダヤ人とアラブ人に対しては一つの法が施行される。バランスや割合に基づく政策が行われるのではなく、すべての市民は自らの必要性と能力に応じて生きる。ユダヤ人子弟と同様にすべてのアラブ人子弟には一般教育が施され、ユダヤ人とアラブ人両方の教育を国が監督する。官僚の登用については受験者の能力と国への忠誠のみが吟味され、人種は考慮されない。ユダヤ人であれアラブ人であれ汚職や国への忠誠に反する行為をした官僚は解雇される。

人種的煽動は犯罪として罰せられる。ユダヤ人とアラブ人の紛争を喚起し、人種的本能を刺激する様なヘブライ語紙やアラビア語紙の発行は犯罪とされる。

政府の仕事においては労働者がユダヤ人であれアラブ人であれ一律に賃金が設定され、私的経済部門においては最低賃金が定められる。

ユダヤ人国家は同国へのアラブ人の移住を禁止し、すべての外国人移民を容赦なく追放する。工場、ビジネス、果樹園における監督体制は、国家の市民(もとからいるユダヤ人とアラブ人)及びユダヤ人の新規移民だけが労働に従事する事を保証する。非合法の外国人を雇うすべての雇用者は罰せられる。但し国内のアラブ人労働者はユダヤ人労働者と同様に扱われる。両労働者の生活水準の格差を最短期間で解消する事がヘブライ・アラブ労働の問題に関する政治路線となろう。

国はアリヤー政策の第一の土台としてヘブライ労働を保証する。社会法規が生活水準と労働条件の漸次的平等をもたらすが、過渡期にはまだ農業と建設業においてヘブライ労働を保護する必要性があり、従って治安から目を離せず、国家における生活が安定するまで時に非常時法が支配する事になる。アラブ人の暴徒、煽動者、裏切り者は容赦なく罰せられるが、この事は同種のユダヤ人犯罪者にも適用される[50]。

第二の史料は、ベングリオンが一九三八年五—六月に用意した「ユダヤ人国家の王国的路線について」と題する構想中の第三項「アラブ人少数派の権利の保障」である。この文書は残留アラブ人の権利により具体的に触れると共に、彼らの移送についての国家的な努力にも言及している点で注目される。長くなるが重要な部分を要約しながら抜き出してみよう。

一四、ユダヤ人国家はアラブ人の小作人、労働者、農民を近隣アラブ諸国へ自発的に移送する事についてこの国々と合意する。そのための特別な協会が、ユダヤ人国家を出るすべての農民と小作人の入植のために近隣諸国に土地を購入する。

一九、ユダヤ人国家の法は、宗教、人種、階級の違いにかかわりなくすべての成年市民の一般選挙権と、議会制と、国民に選出された議員の前に責任を負う政府に土台をおくが、この法は国家における平和と社会の治安が強化された後に初めて効力を持つ。それまで統治権はユダヤ機関の担当者の手中にある。

二〇、ユダヤ人国家の樹立と共に、国内に住む全市民にユダヤ人国家の市民権を獲得するか否かを三年以内に決める選択権が与えられる。獲得しない場合は選択期間が終わった後にその地を去らねばならない。

二一、ユダヤ人国家は宗教的・民族的少数派の権利を守り、すべての共同体と市民の宗教と良心の自由を保障する。

二二、すべての宗教共同体は、社会の治安や道徳の土台を侵す事なく自らの権限において儀式を行う完全な自由を享受する。

二三、ユダヤ人国家の市民の間では人種、宗教、性別、階級に基づくいかなる差別もなされない。人々の自由な意志に基づく近隣アラブ諸国への移送を国が手がける事や、ユダヤ人のアリヤーと入植を促進する国家の努力は差別に入らない。

二四、ヘブライ語は国家の言語となる。しかしすべての民族的少数派は、子弟の教育やその他の内部的必要性において自らの言語を使う完全な自由を保障される。

二五、アラブ人少数派は教育・宗教・共同体の諸機関においてのみならず、すべての国家機関に出向く際にもアラビア語を使う事ができる。住民の多数派がアラブ人であるすべての地方、都市、村では政府のすべての通知はアラビア語でも公表される。

二六、ユダヤ人国家はすべての市民の完全な権利の平等に満足せず、アラブ人少数派の生活水準をユダヤ人多数派の水準まで引き上げる段階的な努力をする。全児童に対する義務教育、医療・衛生上のサービス、労働者の保護立法、労働者・農民・事業主・商人の人種によって区分されない包括的な職業組織の発展などによりそれを実現する。

二七、ユダヤ人とアラブ人の生活水準の格差が解消するまで、国のすべての仕事とサービスにおいて、アラブ人の官僚・労働者に対してはユダヤ人の官僚・労働者と同じ賃金によって適切な割合の雇用が保証される。同様に国の諸機関における選出されたアラブ人代表には適切な割合が保証される。

二八、国は経済的・政治的・文化的な全生活領域における少数派の諸権利を効果的に保護すると共に、市民の中に共通の王国的意識を根づかせるべく努力し、全般的な王国的事項における人種間・共同体間の分裂の打破をめざすあらゆる行為や組織を展開する。(51)

この二つの史料を総合すると、アラブ人少数派をめぐって次の様な国家像が見えてくるのではないだろうか。

まずアラブ人少数派は三年以内に国籍を取得するか否かを決め、取得しない場合は出国する事になる。更にアラブ諸国との合意や「人々の自由な意志」に基づく移送がユダヤ人国家によって行われ、しかも国のこの様な移送への関与は「差別に入らない」と正当化されている。また移送などに伴う過渡期の騒乱を予想して、国が安定するまでユダヤ機関の指導者が統治権を掌握し非常時法が施行される事が想定されている。移送はあくまでも自由意志によるとされているものの、国家によって実質的に強制される危険性を排除していないと言えよう。

一方、残留アラブ人にはユダヤ人並みの権利が保障される。アラビア語は実質的に公用語として扱われ、ユダヤ人とアラブ人の経済格差の是正の施策がなされ、宗教と言語の自由も保障される。しかし仔細に見るとアラブ人の権利は市民としての権利にとどまり、言語・宗教や教育上の配慮はなされているものの、制度としての民族自治への言及はない。特に政治形態については「すべての成年市民の一般選挙権」に基づくとあるだけで、アラブ人が民族集団としての意思を表明する政治的経路は確保されていない。この様に民族自治が保障されていない点で、ここに描かれる国家は一九二九年連邦案の前提を大きく後退させている。

それはユダヤ人の「民族国家」であるというベングリオンの将来の国家像の根本的性格と関係している。その国家は「外国人」つまりアラブ人の移民を禁じてユダヤ人移民だけを受け入れ、ユダヤ人アリヤーの土台としてヘブライ労働を保護する排外主義的な性格を持つものとして描かれているのである。残留アラブ人はあくまでもこの枠内での権利が保障され、しかも「共通の王国的意識」を持つべく要求されているのであった。アラブ人に直接に忠誠心を求める国家のあり方が強調されている点でも、この構想は地方自治の役割を強調した連邦案と異質であると言えよう。

また第一の史料中には「ユダヤ人国家のアラブ人住民は我々の隣人の国々と我々との関係を整える刺激となるだろう」という箇所があるが、ここからも窺える様にアラブ人住民の存在は専ら国益の観点から捉えられていた。それは、彼らをその様な存在であるばかりでなく「エレツ・イスラエルの有機的な一部」「変えられぬ現実」であるとする連邦案の前提とは異なっている。この様な功利主義的なアラブ観は、彼らの移送の肯定と実は表裏一体であった。アラブ人の出国を奨励し、それでも残ったアラブ人少数派にはユダヤ人国家への忠誠を前提として市民としての権利のみを注意深く保障したベングリオンの構想は、一見中立的な社会政策でさえもユダヤ人アリヤーやヘブライ労働の維持という目的に収斂する、ユダヤ性の保持を至上命題とした国家像を提示していたのである。

④　強制移送の合意

先に掲げた第二の史料は、一九三八年六月七日に始まるユダヤ機関執行部の会合でベングリオンが提示したものである。東欧情勢の緊迫を背景に行われたこの会合では、ズデーテンなどのドイツ系住民がチェコスロヴァキア国家に与える脅威が引き合いに出されてパレスチナ・アラブ人の人口学的・民族的問題を解決する必要性が叫ばれ[52]、第一次大戦後のラトヴィアやリトアニアに倣ってアラブ人の土地を没収すべきであるという意見も出る中で[53]、多数派が何らかの形での集団的強制移住に賛成している。この時イギリス政府はピール委員会報告の中の強制移送提案から既に正式に手を引いていたが、ベングリオンは強制移送を明確に支持し「ユダヤ人国家においてはアラブ人少数派は次第に減少するだろう[54]」とした。更に彼はパレスチナの一部のユダヤ人国家は過渡的なものにすぎないとし、国家樹立後に強大な勢力となった暁にはユダヤ人国家はユダヤ・アラブ合意と「機関銃によって」イスラエルの地全体に拡大するだろう、と述べている[55]。ベングリオンはこの様な文脈の中で強制移送を次の様に正当化した。

強制移送と共に我々は〔入植のための〕広大な領域を持つ事になる。しかし政府はこれを廃案にした。私は強制移送に賛成であり、その中に何ら不道徳なものを見ない。しかし強制移送はユダヤ人によってではなくイギリスによってのみ遂行され得る。……その遂行が我々の提案にのみ依存するのだったら私はそれを提案しただろう。しかしそうではないから、この提案〔我々の側から移送を提案する事〕の中にはその地のシオニズムとユダヤ人全体にとっての大きな危険があるのだ。……しかしその問題〔移送〕を議題から落とすわけにはいかない。なぜならこれは中心的問題――すなわち主権〔の問題〕と多くのアラブ人を出す事〔の問題〕――の一つだからであり、我々はこれを主張するだろう。但し強制移送の定式化は使わずに。(56)

そしてベングリオンは、強制移送の原則は堅持しつつも公式の政策としては「ユダヤ人国家」の市民権取得の際の制限や農業開発政策〔事実上の土地没収〕によりアラブ人の出国を促す方が得策であると論じ、やはり市民権取得の際の制限や、没収を促進する農業法や、農民への課税によって多くのアラブ人が二―三年のうちに一掃されると予測したベンツヴィと意見の一致をみている。

一年前とは一転して移送について肯定的な発言をしたのはシェルトクであった。

決定的な問題はユダヤ人国家とそれへの移行期における議会政治である。……この移行期に我々は誰がユダヤ人国家の市民としてとどまる事に同意するアラブ人かという事を知るだろう。そして彼らの数は我々が今日考えているよりもきっと少ないだろう。アラブ人を減少させる事と、移行期におけるユダヤ人移住によって、我々は議会制政体において絶対的なヘブライ人多数派を確保する事になろう。

すなわちシェルトクは、将来の国家における議会でユダヤ人が多数派を確保する事を可能にする手段として移送を捉えたのであった。彼はアラブ人国家がユダヤ人国家から自国領にアラブ人住民を移送し入植させる事を助けるなら、自分たちはアラブ人国家に報酬を払う用意があるという事を、ベングリオンと共にウッドヘッド委員会（The Woodhead Commission, ピール委員会の分割提案が実行可能かどうかを判定するためにイギリスが任命した委員会）に伝えた、と報告している。また彼はトランスヨルダンにはユダヤ人国家の全アラブ人を入植させる余地があるとして最大限の移送を支持した。
ベングリオンの強制移送の考え方に対する原則論的な反対は今や皆無であった。カプランは条件次第では自発的に退去させる事もできるとしたにもかかわらず、「広大な領土からの組織化された移送」を全面的に支持した。カツネルソンは強制移送を次の様に明確に定義しながら、アラブ人国家との合意による大規模なアラブ人集団移送を主張している。

強制移送は個々人の移送を意味しない。それは、一旦我々が移送する事に決定したら、出て行きたくないあれこれのアラブ人に強制できる政治的機関があるべきだという事を意味する。だがもしあらゆるアラブ人村とアラブ人個々人と各のケースについて移送を決めねばならないとしたら、この件は決して終わらないだろう。個々のアラブ人の移送に関しては我々はいつもこれを行っている。しかし問題は、アラブ人国家との合意を通じてのはるかに大量のアラブ人の移送であろう。これが強制移送と呼ばれる。……我々はいかなるチャンスも諦めてはならない。我々はそれが大規模な合意された移送であらねばならないという原則を主張せねばならない。

この様な大規模な移送は、国境地帯のアラブ人を一掃するという国防上の必要性からも正当化されるとカツネルソンは論じた。

誰が国境地帯に住むかという問題は、私にとってユダヤ人国家の最大の戦略的及び安全保障上の問題の一つである。アラブ人の村々が国境地帯に残るなら、警備や軍隊は有効でない。……そしてもし移送が遂行されるなら、それは何よりもまず国境地帯を一掃するために要求されるのである。そうすればヘブライ人入植地がそこに建てられるだろう。……移送が行われない場合の危険を私が説明する必要があろうか。

カツネルソンは残留アラブ人少数派についても国家への忠誠の面から懸念を表明したが、その少数派の規模が小さいなら彼らに平等な権利を与えてもよいと付け加えている[57]。

この会合はシオニズム運動内で、またその覇権を握った労働運動内で強制移送が遂にコンセンサスとなった事を示していた。その四か月後の一九三八年十月にウッドヘッド委員会が分割不可能という結論を出した後には、シオニズム運動内でパレスチナ全土の文脈での移送論議がイラクへの移送案[58]を中心に展開される事になる。

第三節　分離の決断

本章では燃え上がるパレスチナ・アラブ・ナショナリズムに直面したベングリオンが共存の模索に事実上の終止符を打ち、労働運動の同志たちと共に強制移送を支持するに至る経緯を検討してきた。この節では会議などでの発言だけからでは詳らかにし得ないベングリオンの民族分離の決断の最終局面を、日記と私信を手がかりに不完全ながら再現しつつ、これまでの検討を総括する。

（一）　葛藤を超えて
——一九三七年七月十二日　日記——

ポアレイ・ツィオン世界連合大会と第二十回世界シオニスト会議でベングリオンは移送を分割に結び付けて強力に支持する事になるが、彼のこの様な態度がその半月前に既に固まっていた事を示すのが、ピール委員会報告を彼が初めて読んだ二日後の一九三七年七月十二日のロンドンにおける日記[59]である。それはまた、移送の正当化をめぐるベングリオンの内面が窺える数少ない史料にもなっている。

この日の日記の冒頭でベングリオンはピール委員会の移送提案に対する喜びと興奮を隠さない。

谷々からのアラブ人住民の一掃と共に、我々は我々の歴史において初めて実質的なユダヤ人国家を獲得する——一〇〇万人以上の、ひと続きの、密集した、そのすべてが自らのものである土地に根を下ろした農業共同体を。我々はそのすべてが国家の手中にある広大な地帯への、大規模な民族的入植の可能性を獲得する……魔法の様に、我々が我々の歴史の中で解決しようとしてきたすべての困難と欠点が取り除かれる。……計り知れない地平が我々の前に開かれたのである……〔傍点原著者〕

移送は確かに困難な仕事であるが、「我々はこの移送は不可能であるとする意志の弱さや先入観から自らを解放せねばならない」と彼は書く。

しかし次の瞬間、歓喜は影をひそめて疑念が忍び寄る。「私は前と同様、何百年にもわたって〔彼らが〕住んできた村々から約何十万人ものアラブ人を外国の力で根こそぎにする事のあらゆる恐るべき困難を見ている——果たしてイギリスはこれを敢えてするだろうか。」この様に自問したベングリオンは自らの疑念を打ち消す様に続ける。

きっと〔イギリスは〕これをしないだろう——もし我々がこれを望まず、我々の全圧力で、我々の確信の力でそれをそうなるべく押さないとすれば。……もし我々の弱さ、無策、怠慢ゆえにその事がなされなかったとするなら、我々は一度も持った事のない、そして再び巡って来るか分からない機会を手中から失うのである。そして我々はイギリスがこれをするだろうかと自問する前に、我々の心の中から、根元から、その事は不可能であるという想定を根こそぎにせねばならない。

可能である、可能である——これよりも大きい事が我々の時代に、我々の利益のためになされているのだ。

それに移送を提案したのは我々ではなく、イギリス政府に権限を与えられ世論にも支持されている王立委員会である、とベングリオンは自らに言い聞かせる。

我々は〔移送という〕この結論に、バルフォア宣言にしがみついたのと同様、それにも増して我々がシオニズムそのものにしがみついたのと同様にしがみつかねばならない。我々は全力で、全意志で、全確信でもってこの結論を主張せねばならない——なぜなら委員会のすべての結論のうちこれこそが、その地の残りの部分を〔アラブ人に〕分与する事に対する何らかの補償を含む唯一のものだからだ。

更に彼は、移送が住民の増加と開発を必要としているトランスヨルダンを利するものである上に、自分たちにとっては生存や増加、自由や主権の問題であると強調した。

この様に移送という「革命的な解決」を改めて長々と正当化するベングリオンのこの日の筆致には、淡々と事実のみを記録している彼の膨大な日記の他の部分には見られない、自己の中の二つの声が相争うかの様な内面の嵐が感じられる。表面的にはイギリスが本当に移送を行うかどうかという実現可能性に関心を集中させているかに見えるが、恐らく読まれる事を意識して彼が敢えて書かずにいる「疑念」はもっと深い所から発していたのではないかと思われる。ピール委員会の正式な移送提案を受けて移送へのためらいを今こそ捨てる様にと自らに言い聞かせるこの異例の日記の前半部分に、後世の読者は約十一年後に独立宣言を読み上げる自信に満ちた指導者の姿とは程遠い、一人の人間の苦悩を垣間見るのではないだろうか。

ベングリオンが既に一九三〇年代半ばから露骨に移送を支持してきたという背景を考えれば、この後に及んで逡巡するのは偽善的であると言えなくもない。しかし敢えて想像力を逞しくするなら、この逡巡は、ピール委員会の提案によって一気に現実化した移送の可能性を前にその行為の持つ破壊的な意味にかつてなく思いを巡らせた結果、それまで持ちこたえていた堤防を決壊させる様に溢れ出たものであるとも考えられる。「通常時に不可能である事は革命時には可能である。そして今この時に機会を逸し、これらの偉大な瞬間にのみなされるべく与えられた事を行わないなら——全世界を失う事になるのだ」。その行間には、社会主義シオニストがアラブ問題をめぐって絶えず直面してきた道義的な疑念、良心のためらいと葛藤、そして流血の予想される方向に向かう決断を下そうとする指導者の孤独と苦渋が滲む。「この移送の必要性についての我々のすべてのためらい、その実現可能性についての我々のすべての疑念、その正しさについての我々のすべての心の迷いは——二度と来ない歴史的な機会を逃すかも知れないのだ」。

しかし次の刹那に嵐は過ぎ去り、静寂が訪れる。「移送の条項は、我々のすべての要求の中でも土地の付加という点で重要である」と綴った時には彼は既に冷静であった。ピール委員会が移送を提案している今移送に成功しなかったとしたら、「国家が樹立されて少数派の権利が保障され、敵対的な全世界が七つの目で我々の少数派についての我々の行動を注視する様になった後では、この事を行うのにかくも容易に成功する事はないだろう」と記すベングリオンは、移送が国際世論の審判に耐え得るものではないと自ら認めて開き直った様に見える。国際的な監視を受ける様になる前に移送を完成させねばならないというこの冷徹な論理は、一九四八年の独立戦争時におけるベングリオンのパレスチナ・アラブ人に対する追放路線を予感させた。再び感情を封印し、政治家としての軌道に立ち戻ったベングリオンは呟く。「今こそこの事はなされねばならない——そして第一のステップは——それの実現に向けて我々を準備する事である。」〔傍点原著者〕

(二)　軍事力による追放

——一九三七年十月五日　アモスへの手紙——

移送についてのベングリオンの最後の道徳的議論は、第二十回世界シオニスト会議の開かれたチューリッヒへ発つ前日である、一九三七年七月二十七日の息子アモスへの手紙の中に見える。「我々の諸渓谷からのアラブ人の移送提案。我々はこの様な事を表明する事はできなかったし、その資格もなかった。なぜならここでもまた我々はアラブ人を追い出したくはなかったからだ。しかしイギリスが我々に約束された地の一部をアラブ人国家に与えるので、我々の国家内のアラブ人がアラブ支配地域へ移送されるのは正しい事にほかならないのだ[60]」。

それではもしもパレスチナが分割されないとしたら移送は放棄されるのだろうか。十六歳の多感な少年は分割や移送をめぐる父の説明に納得がいかなかったのか、自分の中の「論理と感情の葛藤」を手紙で訴えたらしい。ベングリオンは一九三七年十月五日のアモス宛書簡の中で「政治には感傷的な考慮のための余地はない」と息子を宥めつつ、大胆な計画を打ち明けている。それによればパレスチナの一部に樹立されるユダヤ人国家は「目的ではなく始まりにすぎない」のであり、ユダヤ人国家は強力な軍隊を持つ事になる。そしてユダヤ人はパレスチナの「他の部分に入植する事を、我々のアラブの隣人たちとの相互の合意や理解によってであれ、他の何らかの方法によってであれ制限されないだろう」。たとえばピール委員会がユダヤ人国家から外したネゲヴの、ユダヤ人による入植と開発をアラブ人が「不毛な民族主義的感情」により拒否するならユダヤ人軍隊が出動するであろう。自分はそれを望まないが「我々はアラブ人を追放し、彼らの場所を取らねばならない」と彼は書いている。更に彼はそれに伴う近隣アラブ諸国との全面戦争の勃発を示唆するが、海外のユダヤ人の援軍によりユダヤ人側がアラブ人側を圧倒するだろうとも予想したのである[61]。

原文は国防軍の資料の中に保管され、修正を施されたものしか刊行されていないこの書簡は、ウッドヘッド委員会が分割不可能という結論を出す一年前に、そしてユダヤ機関執行部内で強制移送がコンセンサスとなる八か月前に既に、パレスチナ全土にユダヤ人国家を拡張し、それに抵抗するアラブ人住民を軍事力で追放するというヴィジョンがベングリオンの中で固まっていた事を照らし出している。そしてこの事は、ベングリオンの思考の中で移送が実際には分割の「代償」としてではなく、将来の国家領域の大きさにかかわりなく住民を「ユダヤ化」する手段として位置づけられ、社会や経済をユダヤ化する運動であったヘブライ労働と類似するイデオロギー的性格を付与されていた事を窺わせる。

(三) 未来の代償

総括すれば移送は、ベングリオンと労働運動の〈分離する隣人〉のヴィジョンと、それと密接にかかわりながら急速に可視化したユダヤ人とアラブ人の社会経済的な分離現象から引き出された必然的な選択肢であった。しかしそれと同時に、それまでヘブライ労働とキブーツ運動を通じて主に社会経済面で表現されてきた労働運動の民族分離主義が、アラブ人の移送の支持という形で軍事的な側面を獲得し、二つの民族が国民と難民という形で暴力的に分離する事を正当化するに至ったラディカルな変化を見落とすわけにはいかない。パレスチナ・アラブ人の民族的抵抗に直面して「アラブ人住民はその地の有機的な一部である」という一九二〇年代の理念を放棄したベングリオンは、一九二〇年代初頭から彼らの祖国愛を明確に指摘してアラブ問題の力による解決を唱えてきたジャボティンスキーの見解を今や完全に共有していた。

イデオロギー的に激しく対立してきたベングリオンとジャボティンスキー、そしてそれぞれが率いる労働運動と修正主義運動が一九三〇年代末にユダヤ人国家の樹立のためにはアラブ人住民の移送もやむを得ぬという同じ結論に達した事は、ヨーロッパのユダヤ人の危機を背景として、前者における社会主義が民族の大義の前に形骸化した事を象徴していた。そしてベングリオンと労働運動における社会主義のこの様な変質は、十九世紀的な普遍主義を色濃く残していたシオニズムが〈絶対的な正義〉への信頼を捨てて、民族の大義に従属する〈相対的な正義〉を志向する様になった過程そのものであったとも言えよう。「我々の生きている時代は力の政治の時代だ。道徳的価値は何の力も持たず、公正と正義の要求の力は取り除かれてしまった」(62)――ベングリオンがミュンヒェン会談後に漏らした国際社会の正義へのこの様な絶望は、シオニズム運動が自力でユダヤ人国家の樹立を果たさねばならないという決意と共に、もはや国際社会の道義的規範を意識せず行動してもよいという論理につながった様に思われる。こうして、民族的に純粋な国家を実現するためには軍事力の行使も厭わないという破壊的な衝動を抑制する理念が失われたまま、一九三〇年代は終焉を迎えるのである。

一九四〇年代に入っても続く移送論議においては、スターリン体制下でのヴォルガ・ドイツ人の強制移住などの例が挙げられてアラブ人住民の移送が正当化されたのであった。「我々が志向する国家は社会的正義と民族的正義の両方の上に建てられる」「私はシオニズムがアラブ人の権利と正当な利益を一％たりとも侵害する事を欲しない」――一九二〇年代に自ら強調したシオニズムの道徳性についてベングリオンは以後重く口を閉ざす。民族分離主義を土台とした新生イスラエル国家の将来が負う事になる代償の重さを、ベングリオンは予見しなかったのであろうか。

史料から判断する限りその答えは複雑である。

パレスチナ・アラブ民族運動の一九三〇年代の成熟に対する正当な評価を見る時、そしてパレスチナ・アラブ人の追放に伴う近隣アラブ諸国との全面戦争を予想している事を見る時、我々はベングリオンが未来の代償を予見していたという印象を受ける。「残酷なリアリズムなくしてシオニズムの観点はあり得ない。私は今予見できる将来のみに関心がある」[63]と語った彼が、祖国を奪われるパレスチナ・アラブ人の民族的抵抗の根強さを知りつつも、現時点でヨーロッパのユダヤ人を救済できるユダヤ人国家を実現するために、遠い将来におけるあらゆる代償を覚悟の上で「残酷なリアリズム」に踏み切ったと解釈する事は可能である。彼はパレスチナ・アラブ人との暴力的な分離と引き換えに、社会主義シオニズムがユダヤ人のみを階級融和的に統合する国民国家のイデオロギーに変容する過程を完成させたとも言える。

しかし一方、ユダヤ人国家さえできればアラブ人はその既成事実の前に沈黙し、ユダヤ人と妥協するだろうという、ジャボティンスキーの「鉄の壁」の議論とも共通する楽観がベングリオンにつきまとっていた事も今までの検討から明らかである。パレスチナ・アラブ人のナショナリズムの活力を頭では理解しながらも、心のどこかで彼らを見下し対等の交渉相手と見なす事を拒否する尊大さは、ベングリオンの未来への真に冷静な分析を妨げたのではないだろうか。一般のシオニストはもとより、かつてアラブ人労働者との階級的連帯を信じたボロホフ、カツネルソン、タベンキンをはじめとする多くの社会主義シオニストでさえ免れなかったその様な優越意識の故に、ベングリオンはパレスチナ・アラブ・ナショナリズムが執拗に生き残り、半世紀後にインティファーダという大衆的抵抗として燎原の火の如く燃え広がる事を予見できなかった。そしてその抵抗が近代軍に対する占領地の非武装の市民によるものであったために全世界に衝撃を与え、イスラエルがその抵抗の弾圧によってユダヤ人とパレスチナ人の関係に流血と憎悪の連鎖をもたらしたのみならず、自国の拠って立つ「民族自決」を原理的に否定するという自己矛盾に直面し、自国が理念としたはずの民主主義の土台を根幹から動揺させる事態になる事を、彼は予見できなかった。

約七五万人のパレスチナ人難民の発生の重要な要因となったベングリオンの決断がなされたのは、一九四八年ではなくその約十年前であった。ベングリオンと労働運動における民族分離主義の軌跡は、彼らのイデオロギーである社会主義シオニズムが当初から胚胎していた民族国家への強い衝動が必然的に描いたものであったと共に、社会主義による諸民族共存の理念が多くの人々の心をとらえた時代にあって、社会主義シオニストが人間的な葛藤と苦悩を伴うある種の「変節」の末に主体的に選びとった複数の可能性の一つでもあった。大戦とホロコーストの暗雲が前途に広がりつつあった一九三七年後半に、パレスチナ・アラブ人との暴力による分離を決断した時、ベングリオンは「空虚で荒涼とした氷の砂漠」を歩む孤独の中で「内面の苦悶」を人知れず葬りつつ[64]、ルビコン川を渡ったのである。

結論

一九三七年十一月にシオニスト執行部が設立した住民移送委員会は、第二次大戦中もベングリオンやワイツマンらの支持を受けながら、土地調査を中心にアラブ人移送計画の立案にあたっていた。一九四七年十一月二十九日の国連パレスチナ分割決議後に内戦状態に突入したパレスチナでは、この住民移送委員会と一九四八年三月に設立された「放棄されたアラブ人財産のための委員会」の活動の下に、軍と入植地の共同作業によってアラブ人の村々の破壊と住民の追放が組織的に行われた(1)。この様な活動は修正主義運動の軍事組織であるイルグン・ツヴァイ・レウミ('Irgûn Ṣḇā'î Le'ûmî,「民族軍事組織」)とレヒ(Lôḥamê Ḥērûṯ Yiśrā'ēl の略、「イスラエル自由戦士」)のアラブ人に対するテロと相俟って、多くの犠牲者を出しながら難民を発生させる。住民移送委員会が建国後の八月に首相ベングリオンによって公式機関として新たに任命され、「根こそぎと追放の委員会」(Wa'ăḏaṯ 'Aqîrāh we-Gērûš)とベングリオンに呼ばれながら暫く活動を続けた事はあまり知られていない(2)。

一九四〇年代の史料は、国連パレスチナ分割決議からイスラエルが建国されて間もない頃までの時期に、ベングリオンが新国家の領域のユダヤ化に狂奔していた事を物語る。分割決議を目前にした一九四七年十一月初めの時点で既にユダヤ機関執行部内には、できるだけ多くのアラブ人に対してイスラエル市民権の付与を拒否するというコンセンサスができていたが、その論議の過程でベングリオンは、アラブ人がイスラエル市民権を持っているといざという時に彼らを追放できずに投獄する事ができるだけであるから、「彼らを投獄するよりは追放した方がましだ」としてイスラエル市民権をアラブ人に与えない事に賛意を表明した。「追放」への露骨な言及は、既に武力衝突が始まっていた十二月十九日にもなされている。ベングリオンはアラブ人の攻撃に対して決定的な打撃を与える事で報いる「攻撃的な防衛」の内容を簡潔に説明した。「ある場所の掌握と共にその場所を破壊するか、住民を追放するのだ」[3]。破壊か追放かという路線はこの前後から、ベングリオンの指揮下に周到に追求される事になる。一九四七年十二月三日の党中央委員会における彼の発言は、この路線がホロコーストを生き延びたユダヤ人難民を移住させる物理的な余地をつくるという短期的な目標を超えて、民族的に均質な国家を実現するという長期的な目標を持っていた事を示唆していた。

ユダヤ人国家に割り当てられている地域には現在、五二万人を超えるユダヤ人〔エルサレムのユダヤ人を除く――彼らも国家の臣民となるであろう〕と約三五万人の非ユダヤ人がおり、そのほぼ全員がアラブ人である。しかしエルサレムのユダヤ人と併せるとユダヤ人国家は樹立時に約一〇〇万人の住民を数える事になり、そのうちの四〇％近くは非ユダヤ人である。この〔人口〕構成はユダヤ人国家の安定した土台を構成しない。……この〔人口〕構成では、ユダヤ人多数派の手中に支配権があるという事さえ絶対に確実ではない。……僅か六〇％のユダヤ人多数派しか持たず、この多数派が僅か六〇万人のユダヤ人から構成される限り、安定した堅固なユダヤ人国家はあり得ない。

こう述べた彼は「我々の新しい未来にふさわしい」新たなアプローチや思考法が必要である、と意味深長に付け加えている[4]。更に翌年二月七日の党評議会で彼は、西エルサレムで達成されたユダヤ化に満足感を表明し、「エルサレムで起きた事やハイファで起きた事はこの地の多くの部分で起きる可能性がある。……六か月、八か月、あるいは十か月の戦闘の後には……この地の人口構成にきっと大きな変化が起きるだろう」と予言したのであった[5]。

一九四八年五月の独立戦争勃発後まもなく、アラブ人難民の帰還を許すべからずというコンセンサスが新政府内で固まっている[6]。しかしエスカレートする追放路線は、時に労働運動内にさえ波紋をもたらした。特に一九四八年七月に国防軍がリッダ*とラムレ*から婦女子を含む五万人のアラブ人市民を追放した際に多くの死者が出た事件に対しては、政府内部からも批判が出る有様であった。しかもこの時の追放命令は国防相を兼ねていたベングリオンその人から出たのであった。「アラブ人をどうしましょうか」というイガル・アロン(Yigal Allon)作戦部長の問いに、ベングリオンは切り捨てる様な身振りと共に「追放せよ」と答えたと言われる。

七月十六日の閣議で農相アハロン・ズィスリングは、戦闘の最中ならいざ知らずそうでない時に政治的理由によってアラブ人を追放する事は冷酷であり、故郷を追われた人々は我々を憎む様になるであろうと発言した。これに対してベングリオンは、ズィスリングらのキブーツ、ミシュマル・ハエメク*も四月に村々からのアラブ人の追放に関与したとして彼らの「偽善」を非難し、「トルコ人がギリシア人をアナトリアから追放した」例を引き合いに出しつつ「いかなる事があろうともアラブ人の帰還を防ぐべきである」と主張している。ラムレ・リッダ事件をめぐって多数派がベングリオンの方針を支持した七月二十四日の党中央委員会でも少数派ながら批判者はいた。ヒスタドルート総長を務めていたスプリンツァクは未曾有の追放と没収が手の届かぬ所で進展しているという不安を隠していない。「既成事実がつくられつつあるという感じがする。……問題はアラブ人が追放されているか否かという事である。……私は知りたい、一体誰が事実をつくり出しているのか。しかもそれらの事実は命令によってつくられつつあるのだ[7]」。

こうして一九四九年末までに、初代大統領ワイツマンが「奇蹟的浄化[8]」と呼んだアラブ人の出国はほぼ完了した。この時点でアラブ人口を総人口の一七%にまで抑えた「ユダヤ人国家」が姿を現したのである。

この様な劇的な結末はいかにしてもたらされたのか。ベングリオンと労働運動における民族分離主義の軌跡をたどってきた我々は、「序論」で提起したこの問いに答えねばならない。それはイスラエル建国を導いた社会主義シオニズムとはそもそもどの様なイデオロギーであったのかという根本的な問題にもかかわっている。

第一に、その結末はベングリオンと労働運動の民族分離主義の論理的な帰結であった。

彼らの民族分離主義は十九世紀ヨーロッパと帝政ロシアに起源を持っていた。それは反セム主義に苦しみ、ヨーロッパの国家から排除された「被害者」としての歴史的経験に根ざすものであり、ユダヤ人としての共通の運命に覚醒した〈異端の社会主義者〉がその初期の担い手となった。マルクスとヘス、レーニンとボロホフのすれ違いは、民族の境界線を重視しないインターナショナリストと、社会主義への道はナショナリズムを貫いていると信じた〈異端の社会主義者〉との間の深淵を象徴している。この〈異端の社会主義者〉の流れを汲むベングリオンらは、第二次移民としてパレスチナに来住して以来、第一次ロシア革命の影響下にインターナショナリズムに傾いたボロホフと訣別し、アラブ人との対立の現実を直視する民族分離路線を明確にしていくのである。ヘブライ労働、キブーツ運動、ユダヤ人内部の階級対立を曖昧にした「労働者民族」の概念は、アラブ人との経済的・社会的・心理的な分離を実体化した。移送論議の過程で、アラブ人の移送や二つの共同体の分離がユダヤ人入植の過程で既に起こっており、パレスチナ分割に伴うアラブ人住民の移送はその延長にすぎないという発言がベングリオンを含めた党員から出た事は、長期にわたる分離のプロセスの必然的に行き着いた果てが移送・追放という選択であった事を物語っている。

しかし移送・追放は同時に、かつて一九二〇年代にアラブ人との共存を模索するにあたって、ベングリオンらがシオニズムの枠を出ないながらも抱いていた社会主義的理念からすれば明らかに矛盾であった。

労働者階級の団結を通じてユダヤ人とアラブ人の和解を図ろうとするこの社会主義的理念こそ、一九三〇年代に入るまでベングリオンと労働運動の民族分離主義に曲がりなりにも歯止めをかけていたものであった。それは社会主義・労働運動が世界的に力を得た戦間期の一時期に、社会主義シオニストが束の間であれ心から信じた理念であった。しかし他方でその理念は、ベングリオンと労働運動に当初から内包されていた民族分離主義によって一九二〇年代を通じて強く抑制され、ヨーロッパ・ユダヤ人の危機的状況の現出とパレスチナ・アラブ民族運動の成熟を前にして一九三〇年代に形骸化したのである。

この様に移送・追放という選択は社会主義的理念の変質の結果でもあったが、注目すべきはベングリオンが「社会主義」を解釈し直す事によってこの明らかな「変節」が労働運動にもたらすイデオロギー的混乱を最小限にとどめようとした事である。彼が一九三〇年代にマパイ党員の前で語った「我々の社会主義」は、ヘブライ労働を不可欠な要素としている点でアプリオリにシオニズムと調和していた。つまり彼がこの時に提示した「社会主義シオニズム」とは、社会主義とシオニズムという二つの相剋するイデオロギーの結合したものではなく、ヘブライ労働の概念を通じて最初からシオニズムに適合する形にされた「社会主義」が、シオニズムと結合すべくして結合したものなのであった。そしてシオニズムと先験的に調和するその一九三〇年代の「社会主義」からは、一九二〇年代に存在した普遍的な正義を前提とする本来の社会主義の理念は失われていたのである。社会主義をめぐるこの様な新解釈は、社会主義シオニズムがパレスチナのユダヤ民族を「労働者民族」として階級宥和的に一つの国民に統合するイデオロギーとなるのを助けた。しかしそれは一方で、パレスチナ・アラブ人との共生の原理の喪失という大きな代償を伴う事になった。

移送に一時的にせよためらいを表明した、シェルトクやハショメル・ハツァイルの人々をはじめとする少数の人々の存在も忘れる事はできない。彼らの逡巡は、社会主義をめぐるベングリオンの新解釈も、ユダヤ人国家樹立の緊急性も、彼らがかつて掲げていた理念からすれば矛盾にほかならない移送を完全には正当化し得なかった事を示している。ベングリオンでさえ恐らく葛藤から免れられなかった。本書の最後に検討した史料は、ユダヤ人国家実現の展望を前にしたベングリオンが、社会主義者としてのかつての自らの主張と正面から対立する決断を行う際に、僅かに残っていた良心の不安と逡巡を封印し、アラブ諸国との全面戦争を覚悟でパレスチナ・アラブ人の軍事的追放を選択した事を示唆している。行間に垣間見えるその心の軌跡に光を当てる時、我々は社会主義がナショナリズムの限界を補う可能性を持つ思想として、異なる民族の共存を実現し得る理念として、後世の我々が想像する以上に人々の心を惹きつけてやまなかった時代があった事を、そしてベングリオンらにとってのそうした時代がこの時には既に過去のものとなっていた事を思い起こすのである。

かくしてイスラエル建国の原理的な土台となったベングリオンと労働運動の民族分離主義は、ヨーロッパにおいて排除された民族的な体験――その行き着いた先がホロコーストであった――に根ざすだけに極めて強靭であり、国際社会主義運動がインパクトを持った時期にさえ、アラブ人との階級団結による共存の模索を相殺したほど生命力を持っていた。本書で明らかにしたこの様な歴史的流れから考えると、イスラエルのユダヤ人の政治家と市民が自国を「ユダヤ人国家」以外のものにする事に同意する事は将来においても難しいであろう。国民の類型をめぐるアンソニー・スミスの二分法を借りて言えば、〈エスニック的・系譜的な政治的ネーション〉として成立した「イスラエル国民」が、アラブ人をユダヤ人と全く同等の権利を持つ国民として受け入れる〈領域的・市民的な政治的ネーション〉[9]に変容する事は容易ではないという事なのである。これは在日韓国・朝鮮人をはじめとする「日本人」以外の市民に対する閉鎖性が高い日本とも共通する問題である。

しかし現在、一進一退を繰り返しながらも曙光が差し始めているパレスチナ人との和解の展望[*付記]によって、ユダヤ性の保持を至上命題とするこの民族分離主義は何らかの形で修正される必要に迫られている。パレスチナ国家が成立したとしても、イスラエルの中にはパレスチナ人市民が、パレスチナ国家の中にはユダヤ人入植者の一部が残る事も考えられよう。イスラエルがパレスチナ国家に残るユダヤ人の民族自治を要求するなら、必然的に自国のパレスチナ人にも同様の民族自治を与えざるを得なくなる。そうなれば自国を「ユダヤ民族国家」と規定してきたイスラエルの民族分離主義的な土台は少なくとも部分的に見直されなくてはならないであろう。

この民族分離主義を完全にとはいかなくとも部分的に超克する事は可能であろうか。ここでパレスチナ・アラブ人を「同胞」でも「敵」でもなく「隣人」と規定したベングリオンの発想と、分離しながらも共存する「隣人」としてのユダヤ人とアラブ人の関係を構想した一九二九年連邦案のプラグマティズムが改めて想起される。それはアラブ人との暴力的衝突のさなかで、ベングリオンが自らと労働運動の民族分離主義を限界はありながらも超えようとした実らざる試みであった。

連邦案はユダヤ人国家とアラブ人国家という二つの自治国家が連邦をつくる事を、決して明示してはいないが示唆する一方、全連邦レベルでの民族自治を保障している。民族単位ごとに自治体の領域を分ける事によって二つの民族に事実上の領土的自治を認めると共に、各自治体の内部にどうしても生じる少数派も文化的自治を享受できる仕組みとなっている。また自治国家を構成する州に法の制定権を与えるという高度の地方分権制度を通じて、民族自治によって分断されがちな「地域」の一体性を保つ工夫がなされている。これらの重要な特徴はオーストリア社会主義者の連邦構想を彷彿とさせる。

ベングリオンの連邦案で特に重要なのは、アラブ人に対して文化的自治のみならず領土的自治を認めている事である。

本書で見てきた様に、ボロホフも、一九二〇年代のベングリオンとアハドゥト・ハアヴォダーの同志たちも、将来のユダヤ人国家におけるアラブ人「少数派」に対してよくても文化的自治を想定するにとどまっていた。それはユダヤ人だけがパレスチナの領有権を持つ事を自明としたからであり、この点こそがアラブ問題をめぐる社会主義シオニズムの最大の矛盾となっていた。それはオーストリア社会主義者がドイツ人ナショナリズムを正当に評価しながらも、ハプスブルグ帝国におけるドイツ人の特権や他民族に対する優越を否定したのとは対照的である。

近年、激化する世界の民族紛争に直面して、文化的・個人的自治の概念を打ち出して既存の国家の分解を防ごうとしたオーストリア社会主義者の試みが再評価されている。確かにすべての少数民族が領土を求めれば地域の果てしない細分化を招くであろう。文化的・個人的自治は、地域の一体性を保ちながら複数の民族を共存させるという現代世界の切実な課題に豊かな応答を与える可能性に満ちた選択肢である。

しかしその一方で、文化的自治が民族問題の万能薬たり得ると考えるのは幻想であると思われる。ある民族が主に文化的要求を掲げている時には文化的自治は極めて有効である。しかし文化的独自性を認められる事よりも民族領土を獲得する事の方が民族の要求の主眼となっている時にその民族に「文化的自治」のみを与える事は、その民族の不満を解消せず、紛争の激化や長期化につながりかねない。それはある国家において支配的な民族が実質的に自らの領土を持ち、その領土に対する自決権を行使しているにもかかわらず、自分たちは何故同様の権利を行使できないのかという本質的な不平等感を文化的自治は解消できないからである。領土的自決権や主権を与えない代替策として文化的自治が持ち出される場合、文化的自治が本来持っている積極的な意義がかすんでしまい、〈領土を持つ民族〉と〈領土を持たざる民族〉の「不平等」を固定化するという性格がつきまとうのである。文化的自治はあくまでも多民族国家において構成民族の政治的権利の平等が前提となっている時にこそ、最良の選択肢となる事を忘れてはならない。

この様に考えてくると、領土的自治の重要さを充分に認めつつ、文化的自治をも尊重したオーストリア社会主義者のバランス感覚は改めて重みを持つ。オーストリア社会主義者と言うと文化的自治を唱えたイメージが一般には強いが、彼らの実際の構想は領土的自治から出発し、その限界を補完するものとして文化的・個人的自治の併用を提案しているのである。オーストリア社会主義者は民族における文化の重要性に注目したが、領土に対する願望という伝統的に存在した要素も決して軽視しなかった。この様な叡智に学んだと思われるベングリオンの連邦構想は、領土的自治と文化的自治を事実上併存させている点において、アラブ人に対して文化的自治を想定するにとどまった従来の労働運動やジャボティンスキーの自治構想、そしてジャボティンスキーの「後継者」を自任するベギン首相が一九七七年に極秘に起草した西岸・ガザの「行政的自治」構想[10]などの限界を突き破って、パレスチナ問題の領土紛争としての核心に正面から触れた解決策であったと言えよう。

本書で強調した様に、その連邦案はユダヤ人だけがパレスチナへの主権を持つというシオニズムの立場を完全に超えるものではなかった。実現可能性も当時の文脈から言えばほとんどなかった。しかしそれにもかかわらず、連邦制国家という解決が、民族自治と地方自治の相互補完的な適用を通じて「国境」や「主権」という国家の伝統的な概念の相対化をもたらした可能性があり、それによってどれほどの流血と人命の損失を防ぐ事ができたかを考える時、共存の選択肢としての連邦案がその時点で失われた事実はあまりにも重いのである。

ベングリオンの連邦案は一九九八年四月に合意に達した北アイルランド和平構想とも大きな共通点を持っている。地域人口の約四割を占めるカトリック系住民がアイルランド共和国への帰属を求めて、イギリス領である現状を維持しようとする多数派のプロテスタント系住民と対立してきた北アイルランド紛争に解決の糸口を与えたこの構想は、おおよそ次の様な内容を持っていた。(一)多数派住民が支持する限り北アイルランドはイギリス領にとどまる、(二)イギリスはアイルランド地方議会を開設し自治権を確立する、(三)アイルランド地方議会はアイルランド共和国政府と国境を跨ぐ形で「南北評議会」をつくり、アイルランド島全体に関する事項を協議する、という三点である。つまりこの構想は、対立してきた二つの人々が北アイルランドという同じ地域で共に地方自治を享受しながら、それぞれが帰属意識を持つ国家（イギリスとアイルランド共和国）とも結合できるシステムを提唱している。細かい状況は異なるが、それはユダヤ人とアラブ人がパレスチナ連邦という緩やかな政治体において連邦評議会と連邦執行部を通じて共通の政治的決定を生み出す事を想定し、自治国家を構成する州に大幅な地方自治権を認めつつ、ユダヤ人とアラブ人がそれぞれ居住地にかかわらず民族自治によって自民族と結び付くという青写真を描いたベングリオンの連邦案と基本的な発想において類似している。

この「北アイルランド方式」がパレスチナ紛争にとっても解決の方向を示していると日本の新聞でも報じられたが[11]、ベングリオンの連邦案はそれの根底にある理念を七十年近く前に先取りしていたのである。イスラエルのユダヤ人の政治家と市民は北アイルランドなどにおける同時代の試みに注目しながら、かつてパレスチナにも存在し、結局歴史の闇に消えた同様の選択肢を再評価して然るべきなのではないだろうか。

ベングリオンの連邦案の提示した地方自治と民族自治の併用は、イスラエルとパレスチナ側の交渉においてユダヤ人とアラブ人の混住地域をめぐる問題の解決に大きく寄与する可能性がある。特に和平の最大の障害の一つとなっているエルサレム問題では、エルサレムをイスラエルと将来のパレスチナ国家の共通の首都として統一的な地方自治の下におき、内部のユダヤ人市民にはイスラエルと結合しながらの文化的自治を、パレスチナ人市民にはパレスチナ国家と結合しながらの文化的自治をきめ細かく保障するなら[12]、妥協は不可能ではないと思われる。パレスチナ問題は本来領土紛争であるが故に、労働運動や修正主義運動が建国前から想定してきた文化的自治では解決しない。しかし領土的解決のみをめざす事はあまりにも困難であり、和平を行き詰まらせてきた。ベングリオンの連邦案は領土的解決を前提とし、民族自治と地方自治という領土的解決の限界を補う方策を併せて提示している点で、現在の和平プロセスにも大きな示唆を与えるはずである。

ベングリオンと労働運動における民族分離主義という主体的な要因がパレスチナ人の排除と追放に大きな役割を果たしてきた歴史は、逆に〈共生への意志〉も主体的に働く余地があり得るという素朴な真実を我々に教えてくれる。パレスチナ和平が妥結するには、この〈共生への意志〉に対するイスラエルとパレスチナ人双方の側の国民的な合意が成立する事が不可欠である。しかしそれと共に忘れてはならないのは〈共生への意志〉を支える国際社会の役割である。大きな紙幅を割く事はできなかったが、本書でもオスマン帝国の無策、イギリス委任統治政府による放任と黙認、更にイギリス政府関係者の移送支持がイシューヴの民族分離主義を助長した事に言及した。また仮にホロコーストがなく、アメリカをはじめとする国際社会にユダヤ人を見殺しにしたという心理的な負い目がなかったなら、ベングリオンは国際社会の目も憚らずにかくも過激な追放路線をとり得たであろうか。[13] 国際社会の批判と監視が不徹底である中でパレスチナ人が故郷を追われ、逃避行の過程で多くの犠牲者を出しながら大量に難民化した悲劇を繰り返さないためには、国際社会が和平の過渡期における暴力的衝突や一方的な既成事実化に対する抑止力を発動し、〈共生への意志〉を積極的に支える地道な努力を継続する事が強く求められる。そしてその際にイスラエル側の民族分離主義がパレスチナ紛争をこじらせた主要な背景の一つをなすという歴史的文脈に立って、国際関係や外交交渉のリアリズムを重視しながらも、筋道として実質的により多くの譲歩をすべきはイスラエルであるという国際世論を醸成していく事も重要であると思われる。

当事者相互の信頼の醸成はいかなる外交交渉においても重要である。しかしベングリオンの連邦案が隣人愛ではなくリアリズムの産物であった様に、パレスチナ和平交渉はユートピアニズムに終始する必要はない。複雑な歴史に根ざす民族紛争であればあるほど、友愛の様な個々の出来事に左右される可変的な要因よりは「和平がなければ互いに生きていけない」という相互依存のリアリズムに基づく合意の方が、かえって当事者間の安定的な関係をつくり出す事に貢献するのではないかと思われる。この様に考える時、我々の目にはベングリオンと労働運動の民族分離主義の軌跡における一人の脇役の姿が浮かぶ。それは初代外相、第二代首相を務めたモシェー・シェルトク（シャレット）である。

長年アラブ外交を手がけた経験からアラブ人に対する人間的な視点を持ち、ハーッジ・アミーンの説教の美しさにひそかに感動する感性を持ち合わせた彼は[14]、一九三〇年代後半の移送論議において「血の海」になると警告し、良心の苦しみを感じながらもベングリオンの路線に追随していった。住民移送委員会の陣頭指揮をとったのも彼である。しかしシェルトクは建国前後にアラブとの現実的な和平の可能性を模索する様になる。独立宣言の延期を提案し[15]、国連分割決議に言及した独立宣言を起草し[16]、ある政治的条件の下に難民の帰還の可能性を残そうとした行為は[17]、明らかにベングリオンの全面対決路線と齟齬をきたすものであった。建国後に彼は対エジプト外交をめぐってベングリオンと衝突し、第二次中東戦争の前年に首相の座を降りる事を余儀なくされる。

自国の生存にとっての軍事力の重要性を認識しながらも、軍事力の実際の行使ではなく外交という地道な政治的プロセスによって、主に国益の観点から対アラブ和平を追求しようとしたシャレットの先見性と現実主義は[18]、自国の安全保障に対する鋭い感覚のみならずイスラエルの指導者に今後長く求められる資質なのではないだろうか。ベングリオンの〈宿命的な対立〉という先入観を共有しなかったこの失意の政治家の、党への忠誠と自らの深い疑念に引き裂かれた対アラブ政策を顧みる事は、本書で描いたベングリオンを中心とする民族分離主義の軌跡とは僅かにずれた、細い忘れられた軌跡があった事を思い出させてくれるであろう。労働運動における民族分離主義の葛藤に満ちた歴史を単純化しない上でも、悲哀を漂わせるシャレット像に光を当てる事は私の将来の課題の一つとなるのかも知れない。

〔＊付記　この「結論」は二〇〇〇年八月初旬に書かれたものであり、その時点では労働党のバラク政権の下で和平の可能性は限定的ながらも存在した。しかし二〇〇一年二月にリクード党首のアリエル・シャロンが首相に選出されるに至って、シャロン政権のパレスチナ人に対する強硬路線の下に和平プロセスは頓挫し、二〇〇〇年九月以来再燃したインティファーダ(アクサー・インティファーダと呼ばれる)を背景に、二〇〇二年四月の現在でもイスラエルとパレスチナ人の間では弾圧と自爆テロの際限ない応酬が続いている。この様な情勢の変化に応じて「結論」中の和平プロセスに関する表現を改めるべきかとも考えたが、本書が刊行される時点で再び情勢が変化する可能性もあるため、脱稿の時点の表現にとどめた事をお断りしておきたい。情勢が悪化した現在でも、この「結論」で述べた私の考えや立場は基本的に変わっていない。〕

註

序論

（1） シャブタイ・テヴェスやベニー・モーリスの見解。モーリスのこの見解については，Benny Morris, *The Birth of the Palestinian Refugee Problem, 1947–1949*, Cambridge: Cambridge University Press, 1987. を参照。この見解への批判的言及としては，Nur Masalha, *Expulsion of the Palestinians: The Concept of "Transfer" in Zionist Political Thought, 1882–1948*, Washington, D. C.: Institute for Palestine Studies, 1993, pp. 195–196. を参照。

（2） Simha Flapan, *Zionism and the Palestinians*, New York: Harper and Row, 1979, pp. 301–302.

（3） マサルハの前掲書。モーリスはマサルハらからの批判を受け，Eugene L. Rogan and Avi Shlaim ed., *The War for Palestine: Rewriting the History of 1948*, Cambridge: Cambridge University Press, 2001. 所収の論文で先の見解を若干修正しているものの，根本的には見方を変えていない。一九四八年戦争をめぐる歴史解釈は，今日のイスラエルで学界のみならず一般をも巻き込んだ論争の焦点となっており，モーリスやマサルハは一九四八年戦争の見直しの気運の中で登場した「修正主義派」と呼ばれる新しい歴史家のグループに属する。この歴史論争についてはいずれ稿を改めて論じたいと考えている。

（4） アリヤーのヘブライ語の原義は「上ること」で，ユダヤ人が聖地シオンへ「上る」，すなわちパレスチナに移住する事を指す。

（5） イシューヴのヘブライ語の原義は「定住地」もしくは「住民」。

（6） Barbara Smith, *The Roots of Separatism in Palestine: British Economic Policy 1920–1929*, London: I. B. Tauris, 1993. を参照。

第一章

（1）スルタンガリエフの生涯と思想については、山内昌之著『スルタンガリエフの夢――イスラム世界とロシア革命――』東京大学出版会、一九八六年、及び同『イスラムとロシア――その後のスルタンガリエフ――』東京大学出版会、一九九五年を参照。スクリプニクなどウクライナの民族共産主義者の事蹟については、中井和夫著『ソヴェト民族政策史――ウクライナ一九一七―一九四五――』御茶の水書房、一九八八年を参照。

（2）テオドール・ヘルツル著、佐藤康彦訳『ユダヤ人国家』法政大学出版局、一九九一年、九一―一〇ページ。

（3）Jonathan Frankel, *Prophecy and Politics: Socialism, Nationalism, and the Russian Jews 1862-1917*, Cambridge: Cambridge University Press, 1981, p. 7, pp. 11-12, p. 29.

（4）ウォルター・ラカー著、高坂誠訳『ユダヤ人問題とシオニズムの歴史』第三書館、一九八七年、七三ページ。

（5）Moses Hess, 'Rome and Jerusalem', in Arthur Hertzberg ed., *The Zionist Idea: A Historical Analysis and Reader*, New York: Temple Book, 1982, p. 119.

（6）Frankel, *op. cit.*, p. 22.

（7）*Ibid.*, p. 26.

（8）ラカー、前掲書、八一ページ。

（9）Frankel, *op. cit.*, pp. 32-33.

（10）*Ibid.*, pp. 40-41.

（11）*Ibid.*, p. 28, p. 47.

（12）イーディッシュ語の正式名称は'Allgemeiner Yiddisher Arbeterbund in Lite, Poilen un Russland'（リトアニア、ポーランド、ロシアにおけるユダヤ人労働総同盟）。

（13）Frankel, *op. cit.*, pp. 217-218, p. 310.

（14）オーストリア社会民主労働党が一八九九年のブリュン党大会において採択した有名な決議。オーストリアを民主的な諸民族の連邦にする事などをうたっている。

(15) 東欧のユダヤ人の自治組織。十六―十八世紀にユダヤ人口が急増したポーランド・リトアニア国家では各共同体ごとにケヒラーを形成し、十六世紀後半から十七世紀前半にかけてリトアニアと王国領にはそれぞれ「ヴァアド」と呼ばれるユダヤ人の全国的な議事機関が設けられた(伊東孝之・井内敏夫・中井和夫編『ポーランド・ウクライナ・バルト史』山川出版社、一九九八年、一一九ページ)。

(16) Frankel, *op. cit.*, pp. 242-245.

(17) *Ibid.*, pp. 249-251.

(18) Mitchell Cohen, 'Introduction' in Ber Borochov, *Class Struggle and the Jewish Nation: Selected Essays in Marxist Zionism*, New Brunswick: Transaction Books, 1984, pp. 24-25.

(19) *Ibid.*, p. 5. ボロホフと同郷のベンツヴィの回想。

(20) 一八一五―一九一七年にかけてロシア帝国西部に設けられたもので、ロシアのユダヤ人は法によって強制的にそこに居住させられた。一八八〇年にはロシアのユダヤ人五百万人のうち四百七十万人が強制集住地域内に居住していた。彼らは都市や町の外に住む事を禁じられ、農村に土地を持つ事も禁じられていた。

(21) Frankel, *op. cit.*, pp. 334-335. 一般シオニストとは社会主義からも極端なナショナリズムからも距離をおく穏健なシオニストの事で、シオニズム運動内の中道勢力として一九三〇年代初頭まで世界シオニスト会議内の最大派閥であった。

(22) *Ibid.*, p. 336.

(23) Mattiyahu Minz, *Ber Borochov, 1900-Pûrîm 1906: Le-tôlāḏôṯ pōʻalô ha-ṣibûrî we-mišnāṯô ha-raʻiônîṯ*〔ベール・ボロホフ一九〇〇―一九〇六年プリム祭――彼の社会的活動の軌跡とその思想的考察――〕、ヘブライ大学提出博士論文、一九六八年、八三―九七ページ。

(24) Borochov, *op. cit.*, pp. 51-74.

(25) 「プロレタリアート民族」の概念については、山内昌之編訳『史料 スルタンガリエフの夢と現実』東京大学出版会、一九九八年、二二ページなどを参照。なおスルタンガリエフとの比較を念頭においてボロホフの思想を日本で初めて詳しく紹介した文献としては、山内昌之「ボロホフとシオニズム社会主義」『ソ連研究』第一一号(一九九一年)、九二―一〇五ページ(同『イスラムのペレストロイカ』中央公論社、一九九二年に収録)、同「ベール・ボロホフ」朝日新聞社編『二十世紀の千人 4――多様化する〈知〉の探究者――』一九九五年、一〇六―一〇九ページ。

(26) Borochov, *op. cit.*, pp. 84-85, pp. 95-98.

(27) *Ibid.*, p. 91.

(28) ボロホフの思想的変化のこの様な位置づけは、これまで再三参照しているフランケルの研究に負うものである。

(29) Frankel, *op. cit.*, p. 352.

(30) Nur Masalha, *Expulsion of the Palestinians: The Concept of "Transfer" in Zionist Political Thought, 1882-1948*, Washington D. C: Institute for Palestine Studies, 1993, p. 11.

(31) Yosef Gorny, *Zionism and the Arabs, 1882-1948: A Study of Ideology*, Oxford: Clarendon Press, 1987, pp. 35-36; Frankel, *op. cit.*, p. 341.

(32) Borochov, 'On the Question of Zion and Territory' in Jonathan Kaplan ed., *The Zionist Movement Vol. 1.: Selected Ideological Sources*, Jerusalem: The Hebrew University of Jerusalem, 1983, p. 312.

(33) Gorny, *op. cit.*, p. 36.

(34) *Ibid.*, pp. 66-67.

(35) *Ibid.*, pp. 36-38.

(36) Ben-Gurion, *Zikrônôt*〔回想〕*Vol. 1.*, Tel 'Āḇîḇ: 'Am 'Ôḇeḏ, 1971, p. 1. ベングリオンのもともとの姓はグリュンであったが、パレスチナへ移住した後の一九一〇年にベングリオン(獅子の子)というヘブライ語の姓に改めた。

(37) Shabtai Teveth, *Ben-Gurion: The Burning Ground 1886-1948*, Boston: Houghton Mifflin Company, 1987, p. 4; Ben-Gurion, *Recollections* (Edited by Thomas R. Bransten), London: Macdonald Unit 75, 1970, p. 36.

(38) ハスカラーとは十八世紀末から始まったヨーロッパのユダヤ人社会における啓蒙運動であり、その信奉者がマスキルと呼ばれた。

(39) 一八八〇年代にロシアで創設された初期のシオニズム組織で、後に「ホヴェヴェイ・ツィオン」(シオンを愛する者たち)と改称した。

(40) パレスチナに行かずにプウォインスクに残ったユダヤ人は後にアウシュヴィッツとトレブリンカで全滅し、ポーランド一と讃えられたシナゴーグも第二次大戦後にポーランド政府により破壊されてユダヤ人共同体の過去を偲ぶよすがもなくなった、とベングリオンは回想している(Ben-Gurion, *Ziḵrônôṯ Vol. 1.*, pp. 2-5.)。

(41) Ben-Gurion, *Recollections*, pp. 36-37.

(42) 十七世紀半ば頃からウクライナ、ポドリア、東ガリツィアなどに強力な地盤を築いたメシア主義的な民衆運動。イスラームのスーフィズムと多くの共通性を持っており、人と神の関係を直接的なものと捉えて祈りの際の舞踏などにより神との直接的交感をめざし、トーラーの遵守にこだわるラビ的伝統に代わるユダヤ教の民衆的な理解を促進した。ハシディズムの反対者がミトナゲドと呼ばれる(詳しくはラカー、前掲書、九二—九三ページなどを参照)。

(43) Ben-Gurion, *Ziḵrônôṯ Vol. 1*, pp. 3-4; Ben-Gurion, *Recollections*, p. 34.

(44) Ben-Gurion, *Ziḵrônôṯ Vol. 1.*, p. 7, pp. 14-15.

(45) *Ibid.*, pp. 10-11; Ben-Gurion, *Recollections*, pp. 37-38.

(46) Ben-Gurion, *Ziḵrônôṯ Vol. 1*, pp. 7-8, p. 11, pp. 15-16; Ben-Gurion, *Recollections*, p. 39. なお領土主義者とはユダヤ人の移住先としてパレスチナに必ずしもこだわらず、与えられる領土ならどこでもよいとする立場をとる人々を指す。これに対してパレスチナのみをユダヤ人の移住すべき民族領土と考える人々は「シオン・シオニスト」「パレスティンツィイ」と呼ばれ、領土主義者と対立していた。

(47) Teveth, *Ben-Gurion*, p. 26.

(48) Ben-Gurion, *ʾIgrôṯ David Ben-Gurion*〔ベングリオン書簡集〕*Vol. 1*, Tēl ʾĀḇîḇ: ʿAm ʿÔḇed we-ʾÛniḇersîṭaṯ Tēl ʾĀḇîḇ, 1972, pp. 43-45. なお引用文中のミツキェヴィチ(Adam Mickiewicz, 一七九八—一八五五)はポーランドの国民的詩人で、ナポレオン戦争を素材とした叙事詩「パン・タデウシ」などで知られている。ワルシャワの「クラクフ郊外通り」には今でもミツキェヴィチの銅像がある(柴理子先生の御教示による)。

(49) *Ibid.*, p. 49.

(50) Teveth, *Ben-Gurion*, p. 26.

(51) Ben-Gurion, *Ziḵrônôṯ Vol. 1*, p. 10; *Ibid.*, p. 29.

(52) Ben-Gurion, *Ziḵrônôṯ Vol. 1*, pp. 13-14; Teveth, *Ben-Gurion and the Palestinian Arabs: From Peace to War*, Oxford: Oxford University Press, 1985, p. 4.

(53) Ben-Gurion, *Ziḵrônôṯ Vol. 1*, p. 21.

(54) Ben-Gurion, *'Igrôṯ Vol. 1*, pp. 84-85.

(55) Ben-Gurion, *Ziḵrônôṯ Vol. 1*, p. 23.

(56) *Ibid.*, pp. 23-25; Teveth, *Ben-Gurion*, pp. 46-47; Frankel, *op. cit.*, pp. 385-386; 臼杵陽「委任統治期パレスチナにおける民族問題の展開――パレスチナ共産党に見る『民族』の位相――」長沢栄治編『東アラブ社会変容の構図』アジア経済研究所、一九九〇年、一八ページ。

(57) Teveth, *Ben-Gurion and the Palestinian Arabs*, pp. 10-12.

(58) Frankel, *op. cit.*, p. 379; Gorny, *op. cit.*, pp. 42-43; Masalha, *op. cit.*, p. 8.

(59) Frankel, *op. cit.*, p. 378.

(60) *Ibid.*, pp. 379-380.

(61) Neville Mandel, *The Arabs and Zionism before World War I*, Berkeley: University of California Press, 1977, pp. 1-5, pp. 11-12, pp. 17-19.

(62) Ben-Gurion, *Ziḵrônôṯ Vol. 1*, pp. 30-31.

(63) たとえば、ナザレの行政に携わったある名士の文章を参照。Mandel, *op. cit.*, pp. 88-89.

(64) *Ibid.*, pp. 45-52, p. 57; Gorny, *op. cit.*, pp. 21-25.

(65) Mandel, *op. cit.*, p. 60, pp. 72-78.

(66) *Ibid.*, pp. 34-37.

(67) Teveth, *Ben-Gurion*, pp. 53-54; Michael Bar-Zohar, *Ben-Gurion*, London: Weidenfeld and Nicolson, 1978, pp. 18-19.

(68) Ben-Gurion, *Zikrônôṯ Vol. 1*, p. 35.

(69) Henry Near, *The Kibbutz Movement: A History, Vol. 1, Origins and Growth 1909–1939*, Oxford: Oxford University Press, 1992, pp. 17–18, p. 54; Bar-Zohar, *op. cit.*, pp. 21–23. なお「労働の征服」とはユダヤ人が他の民族の労働力に頼らずすべての労働を自ら行うというもので、労働運動の中心的な概念となった。詳しくは第四章を参照。

(70) Mandel, *op. cit.*, pp. 66–70, p. 215.

(71) Ben-Gurion, *'Igrôṯ Vol. 1*, pp. 118–119（1908. 3. 25）, p. 128（1909. 5. 9）.

(72) Ben-Gurion, *'Anaḥnû we-šikenênû*〔我々と我々の隣人〕, Tel 'Āḇîḇ: Dāḇar, 1931, p. 285; Ben-Gurion, *Rebirth and Destiny of Israel*, London: Thomas Yoseloff, 1959, pp. 22–27; Ben-Gurion, *My Talks with Arab Leaders*, Jerusalem: Keter Books, 1972, p. 3.

(73) Teveth, *Ben-Gurion and the Palestinian Arabs*, pp. 17–18.

(74) Ben-Gurion, *'Igrôṯ Vol. 1*, p. 118. 一九〇八年三月二十五日の父宛ての手紙でベングリオンは前週のヤッフォでのユダヤ人とアラブ人の衝突事件について報告し、「血の報復——これはすべての野蛮人と同様にアラブ人にあっても最も重要で神聖な命令なのです」と述べている。

(75) Simha Flapan, *Zionism and the Palestinians*, New York: Harper and Row, 1979, p. 140. も、セジェラ事件がベングリオンのアラブ問題への考え方に与えた決定的な影響を指摘している。

(76) Ben-Gurion, *My Talks with Arab Leaders*, p. 3.

(77) Ben-Gurion, *Recollections*, p. 58.

(78) Teveth, *Ben-Gurion and the Palestinian Arabs*, p. 16.

(79) *Ibid.*, p. 19; Frankel, *op. cit.*, p. 378.

(80) Gorny, *op. cit.*, pp. 66–70.

(81) Teveth, *Ben-Gurion*, p. 71.

(82) Frankel, *op. cit.*, pp. 428–429.

(83) Teveth, *Ben-Gurion and the Palestinian Arabs*, p. 11. ベングリオン自身の表現。

(84) *Ibid.*, p. 20; Teveth, *Ben-Gurion*, pp. 66–71; Ben-Gurion, *'Igrôṯ Vol. 1*, p. 201, p. 206.

(85) Teveth, *Ben-Gurion and the Palestinian Arabs*, p. 23.

(86) Frankel, *op. cit.*, p. 377.

(87) Ben-Gurion, *'Anaḥnû we-šikenênû*, pp. 1–12.

(88) Ben-Gurion, *Me-ma'amāḏ le-'am*〔階級から民族へ〕, Tēl 'Āḇîḇ: 'Aḥḏûṯ, 1955, pp. 23–24.

(89) *Ibid.*, p. 40.

(90) *Ibid.*, p. 34; Ben-Gurion, *Ziḵrônôṯ Vol. 1*, pp. 95–96.

(91) Ben-Gurion, *Ziḵrônôṯ Vol. 1*, pp. 94–95, p. 98.

(92) Teveth, *Ben-Gurion and the Palestinian Arabs*, p. 30.

(93) たとえば、Ben-Gurion, *Ziḵrônôṯ Vol. 1*, p. 500. を参照。しかし言うまでもなくベングリオンは、第一次移民が農場経営者としてアラブ人労働者を雇う様になった事については批判的である。

(94) 一九〇五年冬のポグロムに抗議するユダヤ人の大集会での演説でジャボティンスキーは次の様に述べている。「恐らく我々に対してポグロムを行ったのはプロレタリアートではなかったであろう。しかしプロレタリアートはそれよりも悪い事を我々にした――彼らは我々を忘れたのだ。それこそ本当のポグロムだ。」(Joseph Schechtman, *Rebel and Statesman: The Vladimir Jabotinsky Story, The Early Years*, New York: Thomas Yoseloff, 1956, p. 94.)

(95) Ben-Gurion, *'Anaḥnû we-šikenênû*, pp. 266–267.

(96) Frankel, *op. cit.*, pp. 362–363. なおスルタンガリエフは一九二七年にソ連からの亡命の提案を受けた時、次の様に答えたと言う。「しかしブルジョワジーの手の者よりは自らの手の者、すなわちソビエト政権からその苦しみを受けた方がましだ、と私はすでに苦難を受けることを決意していた。そこで私はこの提案を拒絶した。私は、なぜかいつも自分に咎があってソ同盟を捨てたとしても、結局のところ資本主義世界において自らの安らぎを見出すことはできず、永久に苦しむだろうと感じていた」(山内昌之編訳『史料 スルタンガリエフの夢と現実』東京大学出版会、一九九八年、二九〇ページ)。

(97) Frankel, *op. cit.*, pp. 40-41.
(98) ボロホフ主義者の意。反対派から軽蔑をこめてこう呼ばれた。
(99) Borochov, *op. cit.*, pp. 29-30.
(100) Frankel, *op. cit.*, pp. 354-355.
(101) ボロホフ主義とイスラエル左派勢力との関係については、Sandra Miller Rubenstein, *The Communist Movement in Palestine and Israel 1919-1984*, Boulder: Westview Press, 1985, pp. 41-42. などを参照。
(102) Ben-Gurion, *Me-ma'ămād le-'am*, p. 24.
(103) Ben-Gurion, *Zikrônôt Vol. 1*, p. 380. など。
(104) ジャボティンスキーの民族観については、森(鴨下)まり子「シオニズム修正主義における民族と国家——ウラジーミル・ジャボティンスキーの思想的軌跡を中心に——」東京大学大学院提出修士論文、一九九四年に詳しい。この論文を簡略化した刊行された論文としては、同「修正主義運動における民族観・国家観——ジャボティンスキーからメナヘム・ベギンへ——」池田明史編『イスラエル国家の諸問題』アジア経済研究所、一九九四年、六九—一二二ページ。

第Ⅱ章

(1) Ben-Gurion, *'Anaḥnû we-šikenênû*〔我々と我々の隣人〕, Tel 'Āḇîḇ: Dabar, 1931, p. 32; Ben-Gurion, *My Talks with Arab Leaders*, Jerusalem: Keter Books, 1972, p. 8.
(2) Ben-Gurion, *'Anaḥnû we-šikenênû*, pp. 74-75.
(3) Ben-Gurion, *Zikrônôt*〔回想〕*Vol. 1.*, Tel 'Āḇîḇ: 'Am 'Ôḇed, 1971, p. 144.
(4) Ben-Gurion, *'Anaḥnû we-šikenênû*, pp. 150-151.
(5) 新渡戸稲造著『新渡戸稲造全集』第四巻、教文館、一九六九年、二四—二五ページ。
(6) 新渡戸、前掲書、一三九ページ。
(7) 新渡戸、前掲書、一六七ページ。

(8) 姜尚中「新渡戸稲造——国際主義とナショナリズムの折衷——」朝日新聞社編『二十世紀の千人 4——多様化する知の探究者——』一九九五年、四八ページ。
(9) Ben-Gurion, *'Anaḥnû we-šikenênû*, p. 32; Ben-Gurion, *My Talks with Arab Leaders*, p. 7.
(10) Ben-Gurion, *'Anaḥnû we-šikenênû*, pp. 150-151.
(11) 新渡戸、前掲書、一四一ページ。
(12) Ben-Gurion, *'Anaḥnû we-šikenênû*, pp. 135-136.
(13) 新渡戸、前掲書、一四八ページ。
(14) Ben-Gurion, *'Anaḥnû we-šikenênû*, pp. 131-132. イスラエル・ザングウィル (Israel Zangwill) は領土主義を奉ずるユダヤ領土機構を設立したイギリスのユダヤ人作家で、パレスチナのアラブ人は追放すべきであると露骨に主張した事で知られる。
(15) *Ibid.*, p. 92.
(16) *Ibid.*, pp. 150-151.
(17) *Ibid.*, p. 125.
(18) *Ibid.*, pp. 13-25.
(19) *Ibid.*, p. 30.
(20) *Ibid.*, pp. 55-56.
(21) *Ibid.*, p. 131.
(22) *Ibid.*, pp. 122-123.
(23) *Ibid.*, p. 33; Ben-Gurion, *My Talks with Arab Leaders*, p. 8.
(24) Ben-Gurion, *'Anaḥnû we-šikenênû*, pp. 74-75.
(25) 姜尚中、前掲文献、四九ページ。
(26) Neil Caplan, *Palestine Jewry and the Arab Question 1917-1925*, London: Frank Cass, 1978, p. 42. なおヴァアド・ズマニは、委任統治下のユダヤ人の民族評議会であるヴァアド・レウミの前身である。

(27) Ben-Gurion, *Ziḵrônôṯ Vol. 1.*, p. 180; Shabtai Teveth, *Ben-Gurion and the Palestinian Arabs: From Peace to War*, Oxford: Oxford University Press, 1985, p. 48.

(28) Yosef Gorny, *Zionism and the Arabs, 1882-1948: A Study of Ideology*, Oxford: Clarendon Press, 1987, pp. 137-138.

(29) *Ibid.*, p. 150.

(30) Ben-Gurion, *'Anaḥnû we-šiḵenênû*, p. 91.

(31) *Ibid.*, p. 98.

(32) Ben-Gurion, *Ziḵrônôṯ Vol. 1.*, p. 144.

(33) Ben-Gurion, *'Anaḥnû we-šiḵenênû*, p. 133.

(34) *Ibid.*, p. 74.

(35) *Ibid.*, pp. 108-109.

(36) *Ibid.*, p. 97.

(37) *Ibid.*, p. 137.

(38) *Ibid.*, p. 81.

(39) *Ibid.*, p. 94.

(40) *Ibid.*, pp. 61-62.

(41) *Ibid.*, p. 63.

(42) *Ibid.*, pp. 67-68.

(43) Gorny, *op. cit.*, p. 142.

(44) Ben-Gurion, *'Anaḥnû we-šiḵenênû*, pp. 77-80.

(45) *Ibid.*, p. 75.

(46) *Ibid.*, p. 71.

(47) *Ibid.*, p. 80.

(48) Ben-Gurion, *Zikrônôt Vol. 1.*, p. 316.
(49) *Ibid.*, p. 321.
(50) Henry Near, *The Kibbutz Movement: A History, Vol. 1., Origins and Growth 1909-1939*, Oxford: Oxford University Press, 1992, pp. 201-202.
(51) Gorny, *op. cit.*, p. 152.
(52) Ben-Gurion, *'Anaḥnû we-šikenênû*, p. 64.
(53) Gorny, *op. cit.*, pp. 142-143.
(54) Simha Flapan, *Zionism and the Palestinians*, New York: Harper and Row, 1979, pp. 207-208.
(55) Teveth, *Ben-Gurion and the Palestinian Arabs*, pp. 65-66.
(56) Ben-Gurion, *'Anaḥnû we-šikenênû*, pp. 107-108.
(57) *Ibid.*, pp. 72-75.
(58) *Ibid.*, pp. 135-136.
(59) *Ibid.*, p. 95. 一九二五年の第十四回世界シオニスト会議での発言。
(60) *Ibid.*, pp. 81-83.
(61) *Ibid.*, pp. 110-130.
(62) ヴァアドは十六世紀後半から十七世紀前半にかけてポーランド・リトアニア国家に設けられたユダヤ人の全国的な議事機関。近世のポーランド・リトアニア国家においては多民族・多宗教が共存しており、近世に急速に人口が増大したユダヤ人はアルメニア人、タタール人などと共に自治的な権利を認められていた(伊東孝之ほか編『ポーランド・ウクライナ・バルト史』山川出版社、一九九八年、一一九ページ)。なおケヒラーは東欧などディアスポラのユダヤ人共同体の地域的な自治組織で慈善その他の共通の利益に責任を持ち、カハル(Qahal, ヘブライ語で「共同体」)とも呼ばれた。
(63) Ben-Gurion, *Zikrônôt Vol. 1.*, pp. 143-144.
(64) Ben-Gurion, *'Anaḥnû we-šikenênû*, p. 144.

(65) Ben-Gurion, *Zikrônôt Vol. 1.*, p. 193.

(66) *Ibid.*, p. 276.

(67) Gorny, *op. cit.*, pp. 131-132.

(68) Yehoshua Porath, *The Emergence of the Palestinian Arab National Movement, Vol. 1., 1918-1929*, London: Frank Cass, 1974, p. 55.

(69) *Ibid.*, pp. 306-307.

(70) *Ibid.*, p. 39, p. 72, p. 206, pp. 298-300; Gorny, *op. cit.*, pp. 82-83, pp. 89-90.

(71) Porath, *op. cit.*, pp. 97-98.

(72) Philip Mattar, *The Mufti of Jerusalem: Al Hajj Amin Al-Husayni and the Palestinian National Movement*, New York: Columbia University Press, 1988, p. 11.

(73) Caplan, *op. cit.*, pp. 24-28.

(74) Gorny, *op. cit.*, pp. 165-167; Vladimir Jabotinsky, 'An Iron Wall(We and Arabs)', Jonathan Kaplan ed., *The Zionist Movement Vol. 1.*, Jerusalem: The Hebrew University of Jerusalem, 1983, pp. 319-322.

(75) Gorny, *op. cit.*, p. 167.

(76) Ben-Gurion, *'Anaḥnû we-šiḵenênû*, pp. 105-106.

(77) *Ibid.*, p. 98.

(78) Nur Masalha, *Expulsion of the Palestinians: The Concept of 'Transfer' in Zionist Political Thought, 1882-1948*, Washington, D. C.: Institute for Palestine Studies, 1993, p. 28.

(79) Ben-Gurion, *'Anaḥnû we-šiḵenênû*, pp. 135-136.

(80) Ben-Gurion, *Zikrônôt Vol. 1.* , p. 268.

第三章

（1）本章の記述は次の既刊論文をもとにより詳しく書き改めた事をお断りしておきたい。鴨下（森）まり子「シオニズムとアラブ問題――ベングリオンと労働運動における民族分離主義を中心に――」『岩波講座　世界歴史』第二四巻、岩波書店、一九九八年。

（2）Ben-Gurion, *'Anaḥnû we-šĭkenênû*〔我々と我々の隣人〕, Tēl 'Āḇîḇ: Daḇar, 1931, pp. 156-157.

（3）*Ibid.*, pp. 160-161.

（4）*Ibid.*, p. 165.

（5）*Ibid.*, p. 163. ムスリム・キリスト教徒協会（The Muslim-Christian Association）は一九一八年に設立された比較的穏健な反シオニズム組織。最高ムスリム評議会（The Supreme Muslim Council）については第二章第四節（一）を参照。

（6）*Ibid.*, p. 180.

（7）*Ibid.*, pp. 158-159.

（8）*Ibid.*, pp. 180-181.

（9）*Ibid.*, p. 169, pp. 171-172.

（10）Ben-Gurion, *Zikrônôt*〔回想〕*Vol. 1.*, Tēl 'Āḇîḇ: 'Am 'Ôḇēd, 1971, pp. 361-362.

（11）Ben-Gurion, *'Igrôt David Ben-Gurion*〔ベングリオン書簡集〕*Vol. 3.*, Tēl 'Āḇîḇ: 'Am 'Ôḇēd we-'Ûniḇersîṭat Tēl 'Āḇîḇ, p. 67. ヘハルーツとはパレスチナへの移住をめざすユダヤ人青年の訓練を行ったり実際の移民を組織化した大衆組織で、労働運動と密接なつながりを持ち、ディアスポラのユダヤ人に社会主義シオニズムを広める上で重要な役割を果たした。特に東欧諸国やソ連で多く結成された。

（12）Ben-Gurion, *'Anaḥnû we-šĭkenênû*, pp. 167-168.

（13）*Ibid.*, pp. 174-178.

（14）*Ibid.*, pp. 183-187.

（15）Teveth, *Ben-Gurion and the Palestinian Arabs: From Peace to War*, Oxford: Oxford University Press, 1985, pp. 87-90.

(16) Ben-Gurion, *'Anaḥnû we-šĕḵenênû*, pp. 189-196.
(17) Teveth, *Ben-Gurion and the Palestinian Arabs*, pp. 99-101.
(18) Ben-Gurion, *'Anaḥnû we-šĕḵenênû*, pp. 230-233.
(19) Teveth, *Ben-Gurion and the Palestinian Arabs*, pp. 102-105; Yosef Gorny, *Zionism and the Arabs, 1882-1948: A Study of Ideology*, Oxford: Clarendon Press, 1987, pp. 215-216.
(20) Ben-Gurion, *'Anaḥnû we-šĕḵenênû*, p. 216; Ben-Gurion, *Zikrônôṯ Vol. 1.*, p. 371.
(21) Ben-Gurion, *'Anaḥnû we-šĕḵenênû*, pp. 256-259.
(22) Teveth, *Ben-Gurion and the Palestinian Arabs*, p. 96.
(23) Otto Bauer, *Die Nationalitätenfrage und die Sozialdemokratie*, Wien: Verlag der Wiener Volksbuchhandlung, 1924, p. 362.
(24) *Ibid.*, p. 325.
(25) *Ibid.*, pp. 334-340.
(26) *Ibid.*, pp. 358-363.
(27) Teveth, *Ben-Gurion and the Palestinian Arabs*, p. 116.
(28) Gorny, *op. cit.*, pp. 219-220.
(29) Ben-Gurion, *My Talks with Arab Leaders*, Jerusalem: Keter Books, 1972, pp. 23-24.
(30) Vladimir Jabotinsky, *The Jewish War Front*, London: George Allen and Unwin, 1940, pp. 216-220. なおこの史料に基づくジャボティンスキーの自治構想の紹介としては、森（鴨下）まり子「シオニズム修正主義における民族と国家――ウラジーミル・ジャボティンスキーの思想的軌跡を中心に――」東京大学大学院提出修士論文、一九九四年、六五―七〇ページ。
(31) 一九三〇年七月にロンドンで開かれた大英帝国労働者会議でベングリオンらと顔を合わせたマクドナルドは、「エレツ・イスラエルのアラブ人を満足させねばならないと主張しているベンガルのムスリム」がヘブライ労働について早晩知るであろうとの憂慮を表明した。我々は勿論労働が自分たちによってなされる事を望んでいるとベングリオンが答えると、マクドナルドは沈黙し、別れ際に「あなた方は我々にとって恐るべき問題をつくっているのですぞ」と述べたと言う（Ben-Gurion, *Zikrônôṯ*

Vol. 1., p. 420.)。

(32) *Ibid.*, p. 416; Ben-Gurion, *'Igrôṯ Vol. 3.*, p. 106.

第四章

(1) 詳しくは特に次の文献を参照。Neil Caplan, *Futile Diplomacy Vol. 2: Arab-Zionist Negotiations and the End of the Mandate*, London: Frank Cass, 1986. ベングリオン側から見た当時の交渉については，Ben-Gurion, *My Talks with Arab Leaders*, Jerusalem: Keter Books, 1972, 五―四四章を参照。

(2) Ben-Gurion, *'Igrôṯ David Ben-Gurion*〔ベングリオン書簡集〕*Vol. 3.*, Tēl 'Āḇîḇ: 'Am 'Ôḇeḏ we-'Ûniḇersiṭaṯ Tēl 'Āḇîḇ, 1974, p. 294.

(3) Henry Near, *The Kibbutz Movement: A History, Vol. 1., Origins and Growth 1909–1939*, Oxford: Oxford University Press, 1992, pp. 15–16; Ben-Gurion, *'Anaḥnû we-šiḵenênû*〔我々と我々の隣人〕, Tēl 'Āḇîḇ: Ḏaḇar, 1931, pp. 199–200 のヒスタドルートがショー委員会（The Shaw Commission）に提出した覚書を参照。

(4) Ben-Gurion, *Ziḵrônôṯ*〔回想〕*Vol. 2.*, Tēl 'Āḇîḇ: 'Am 'Ôḇeḏ, 1973, p. 546.

(5) Ben-Gurion, *'Anaḥnû we-šiḵenênû*, pp. 387–388.

(6) Ben-Gurion, *Me-ma'amāḏ le-'am*〔階級から民族へ〕, Tēl 'Āḇîḇ: 'Aḥdûṯ, 1955, pp. 402–403.

(7) Ibid., p. 412; Ben-Gurion, *Ziḵrônôṯ*〔回想〕*Vol. 1.*, Tēl 'Āḇîḇ: 'Am 'Ôḇeḏ, 1971, pp. 542–543. 一九三三年の党会議での発言。

(8) Ben-Gurion, *Me-ma'amāḏ le-'am*, p. 509. 一九三五年のシオニスト行動委員会での発言。

(9) Ben-Gurion, *Ziḵrônôṯ Vol. 1.*, p. 659.

(10) Ben-Gurion, *Me-ma'amāḏ le-'am*, p. 271.

(11) Ben-Gurion, *Ziḵrônôṯ Vol. 2.*, p. 547.

(12) Ben-Gurion, *Ziḵrônôṯ Vol. 3.*, Tēl 'Āḇîḇ: 'Am 'Ôḇeḏ, 1973, p. 163.

(13) Ben-Gurion, *'Anaḥnû we-šiḵenênû*, p. 107.

（14）Ibid., pp. 170–171; Ben-Gurion, *Me-maʿamāḏ le-ʿam*, p. 276.
（15）Ben-Gurion, *Me-maʿamāḏ le-ʿam*, pp. 273–274.
（16）Ben-Gurion, *Ziḵrônôṯ Vol. 1.*, p. 333.
（17）Ben-Gurion, *Ziḵrônôṯ Vol. 3.*, p. 163.
（18）Simha Flapan, *Zionism and the Palestinians*, New York: Harper and Row, 1979, pp. 204–205; Barbara Smith, *The Roots of Separatism in Palestine: British Economic Policy 1920–1929*, London: I. B. Tauris, 1993, pp. 15–16.
（19）Smith, *op. cit.*, pp. 8–9, pp. 175–177, p. 181 など。
（20）Ben-Gurion, *Ziḵrônôṯ Vol. 1.*, p. 315.
（21）Ben-Gurion, *ʾIgrôṯ David Ben-Gurion*〔ベングリオン書簡集〕*Vol. 2.*, Tēl ʾĀḇîḇ: ʿAm ʿÔḇed we-ʾÛniḇersîṭaṯ Tēl ʾĀḇîḇ, 1972, p. 41.
（22）Ben-Gurion, *Me-maʿamāḏ le-ʿam*, p. 190.
（23）Ben-Gurion, *ʾIgrôṯ Vol. 2.*, p. 363.
（24）Ben-Gurion, *Ziḵrônôṯ Vol. 1.*, pp. 501–511.
（25）Ben-Gurion, *Me-maʿamāḏ le-ʿam*, p. 281.
（26）Flapan, *op. cit.*, pp. 205–206.
（27）Ben-Gurion, *Ziḵrônôṯ Vol. 2.*, p. 450 の一九三五年十月八日の党政治委員会におけるゴロンブの発言を参照。
（28）*Ibid.*, pp. 95–96, pp. 122–125.
（29）Ben-Gurion, *Ziḵrônôṯ Vol. 3.*, pp. 446–447.
（30）Ben-Gurion, *Me-maʿamāḏ le-ʿam*, pp. 244–245.
（31）*Ibid.*, p. 143.
（32）*Ibid.*, p. 308.
（33）*Ibid.*, p. 472; Ben-Gurion, *Ziḵrônôṯ Vol. 2.*, p. 9.

(34) Ben-Gurion, *Ziḵrônôṯ Vol. 2.*, p. 546.

(35) Ben-Gurion, *Me-ma'amāḏ le-'am*, pp. 386–387; Ben-Gurion, *Ziḵrônôṯ Vol. 1.*, p. 512.

(36) Ben-Gurion, *Ziḵrônôṯ Vol. 1.*, pp. 512–519.

(37) Ben-Gurion, *Me-ma'amāḏ le-'am*, pp. 379–380.

(38) *Ibid.*, pp. 411–425; Ben-Gurion, *Ziḵrônôṯ Vol. 1.*, pp. 542–548.

(39) Ben-Gurion, *Me-ma'amāḏ le-'am*, p. 163.

(40) *Ibid.*, p. 376.

(41) Ben-Gurion, *Ziḵrônôṯ Vol. 2.*, p. 271.

(42) Ben-Gurion, *Miḵtāḇîm 'el Pôlāh we-'el ha-yelādîm*〔ポーラと子供たちへの手紙〕, Tēl 'Āḇîḇ: 'Am 'Ôḇeḏ, 1968, p. 147.

(43) Ben-Gurion, *Ziḵrônôṯ Vol. 2.*, p. 369.

(44) *Ibid.*, pp. 546–547.

(45) Ben-Gurion, *Ziḵrônôṯ Vol. 3.*, p. 378.

(46) Shabtai Teveth, Ben-Gurion: *The Burning Ground 1886–1948*, Boston: Houghton Mifflin Company, 1987, pp. 484–485; Ben-Gurion, *Ziḵrônôṯ Vol. 2.*, p. 275.

(47) Ben-Gurion, *Ziḵrônôṯ Vol. 2.*, pp. 267–268.

(48) *Ibid.*, pp. 212–213.

(49) *Ibid.*, p. 203.

(50) Teveth, *Ben-Gurion*, p. 481.

(51) Ben-Gurion, *Ziḵrônôṯ Vol. 2.*, p. 255.

(52) Ben-Gurion, *Ziḵrônôṯ Vol. 5.*, Tēl 'Āḇîḇ: 'Am 'Ôḇeḏ, 1982, p. 141.

(53) ベングリオンの家族への手紙は日記と同様、ヒスタドルート執行委員会に送られたり、マパイ中央委員会でコピーが配られたりした事からも分かる様に、ヒスタドルート執行委員会や党員へのメッセージとしても意識されて書かれているので、純粋に私的なものとして読む事はできない（Teveth, *Ben-Gurion*, p. 437.）。

（54）Ben-Gurion, *Zik̲rônôt̲ Vol. 2*, pp. 422-423.

（55）たとえば、一九三二年の党評議会におけるベングリオンの発言を参照。Ben-Gurion, *Zik̲rônôt̲ Vol. 1.*, p. 386.

（56）*Ibid.*, p. 674; Ben-Gurion, *'Igrôt̲ David Ben-Gurion*〔ベングリオン書簡集〕*Vol. 3.*, Tēl 'Āḇîḇ: 'Am 'Ôḇed we-'Ûniḇersîṭat̲ Tēl 'Āḇîḇ, 1974, p. 360.

（57）Ben-Gurion, *Zik̲rônôt̲ Vol. 2*, p. 13. 数行先の「来るべきショアー」という表現も同じ箇所に出てくる。「ショアー」という言葉は後にナチのホロコーストを指す様になったが、ベングリオンがこの当時ドイツ・東欧のユダヤ人に差し迫る危険をこの様に表現していた事は予言的である。しかし現実の「ショアー」はベングリオンの予想をはるかに超えるものであった。

（58）Ben-Gurion, *Zik̲rônôt̲ Vol. 1*, pp. 267-268.

（59）*Ibid.*, p. 228.

（60）*Ibid.*, pp. 254-255, p. 268.

（61）一九二三年十一月七日、特別チケットを手に入れて赤の広場における十月革命祭を見に行ったベングリオンは、トロツキーの欠席と、彼の代行のカーメネフの演説でレーニンに全く言及されないという「異変」を目の当たりにし、周囲の人々と共に動揺を隠しきれなかった。彼はこの時、余命いくばくもないレーニンの周囲で起きている最高指導部内の権力闘争に気付いた様である（一九二三年十一月七日の日記）。彼は自らが理想化したレーニンの最晩年の悲劇の中に「革命の理想」の残照が消えゆくのを見たのではないか。前述のモスクワからの帰途の日記（一九二三年十二月十六日）の続きにベングリオンは呟く様にこう記している。「ロシア革命の予言者、指導者にして教師、支配者にして先導者、立法者にして導き手であるレーニンの運命は共産主義ロシアの運命でもあるのではないだろうか。」（*Ben-Gurion, Zik̲rônôt̲ Vol. 1.*, p. 268.）

（62）キブーツと社会主義シオニズムのかかわりについては、大岩川和正著『現代イスラエルの社会経済構造――パレスチナにおけるユダヤ人入植村の研究――』東京大学出版会、一九八三年の特に第六―七章を参照。なおユダヤ人入植村には、これまで度々出てきたモシャヴァーとキブーツのほかに、キブーツより時期的に後に成立したモシャーヴという類型がありキブーツと同様に重要であるが、キブーツもモシャーヴも村落単位の協同組合組織の下に運営されているという大きな枠組み上の共通点があり、違いは前者が共同所有・共同経営、後者が個人所有・個人経営であるという事に限定されるため、ここでは、歴史的経緯から社会主義シオニズムのイデオロギーをより強く反映する形態であるキブーツを代表として取り上げた。モシャヴァー、キブーツ、モシャーヴの三類型についての簡潔な説明は、大岩川、前掲書、二二九―二三一ページなどを参照。

(63) Ben-Gurion, *Ziḵrônôṯ Vol. 1.*, p. 579.

(64) 大岩川、前掲書、二三六ページ。

(65) Near, *op. cit.*, pp. 177–181; Ben-Gurion, *Ziḵrônôṯ Vol. 1.*, pp. 513–514.

(66) Near, *op. cit.*, p. 337.

(67) *Ibid.*, pp. 304–310. なお「ムフタル」は「村長」を意味するアラビア語のムフタール(Mukhtār)に由来する。

(68) *Ibid.*, pp. 202–218, pp. 305–307, pp. 360–361.

(69) *Ibid.*, pp. 307–328, pp. 351–352.

第五章

(1) Nur Masalha, *Expulsion of the Palestinians: The Concept of "Transfer" in Zionist Political Thought, 1882–1948*, Washington, D. C.: Institute for Palestine Studies, 1993, pp. 132–135.

(2) 「住民移送委員会」の詳細については、*Ibid.*, pp. 93–102. などを参照。

(3) Ben-Gurion, *Ziḵrônôṯ*〔回想〕*Vol. 5.*, Tēl 'Āḇîḇ: 'Am 'Ôḇeḏ, 1982, p. 177; Ben-Gurion, *Ziḵrônôṯ Vol. 6.*, 1987, p. 409, pp. 411–412.

(4) Ben-Gurion, *Ziḵrônôṯ Vol. 6.*, p. 442.

(5) Masalha, *op. cit.*, pp. 183–184.

(6) *Ibid.*, p. 90. ダヤンの一九六九年の発言。彼は一九六七年、一九六九―七四年に国防相を務めた。

(7) *Ibid.*, pp. 157–158.

(8) *Ibid.*, p. 32.

（9）*Ibid.*, pp. 141–155; pp. 102–106.
（10）*Ibid.*, p. 36.
（11）Ben-Gurion, *Ziḵrônôṯ Vol. 1.*, Tēl ʼĀḇîḇ: ʻAm ʻÔḇeḏ, 1971, p. 716.
（12）Masalha, *op. cit.*, p. 23.
（13）*Ibid.*, p. 50.
（14）Ben-Gurion, *Ziḵrônôṯ Vol. 3.*, Tēl ʼĀḇîḇ: ʻAm ʻÔḇeḏ, 1973, p. 324, p. 332.
（15）Masalha, *op. cit.*, pp. 55–56.
（16）Ben-Gurion, *Ziḵrônôṯ Vol. 1.*, pp. 683–684.
（17）*Ibid.*, pp. 685–686.
（18）*Ibid.*, p. 697.
（19）Yehoshua Porath, *The Palestinian Arab National Movement, Vol. 2., 1929–1939*, London: Frank Cass, pp. 142–143.
（20）*Ibid.*, pp. 298–299.
（21）Ben-Gurion, *Ziḵrônôṯ Vol. 2.*, Tēl ʼĀḇîḇ: ʻAm ʻÔḇeḏ, 1973, pp. 530–531.
（22）Ben-Gurion, *Ziḵrônôṯ Vol. 3.*, pp. 442–443; Ben-Gurion, *Ziḵrônôṯ Vol. 5.*, pp. 224–225.
（23）Ben-Gurion, *Ziḵrônôṯ Vol. 5.*, p. 224, p. 229; Ben-Gurion, *Ziḵrônôṯ Vol. 3.*, p. 442.
（24）Ben-Gurion, *Ziḵrônôṯ Vol. 2.*, p. 140. 一九三四年七月二九—三〇日の高等弁務官との会談での発言。
（25）Ben-Gurion, *Ziḵrônôṯ Vol. 3.*, p. 106.
（26）*Ibid.*, p. 99.
（27）*Ibid.*, p. 364.
（28）*Ibid.*, p. 381.
（29）*Ibid.*, pp. 421–422, p. 436, pp. 442–443.
（30）*Ibid.*, pp. 165–166, p. 191, p. 203, pp. 382–383.

(31) Simha Flapan, *Zionism and the Palestinians*, New York: Harper and Row, 1979, pp. 141-142.

(32) *Ibid.*, pp. 149-150.

(33) Masalha, *op. cit.*, pp. 53-54.

(34) Ben-Gurion, *Ziḵrônôṯ Vol. 4.*, Tēl 'Āḇîḇ: 'Am 'Ôḇeḏ, 1974, pp. 67-68.

(35) *Ibid.*, p. 69.

(36) *Ibid.*, p. 73.

(37) Masalha, *op. cit.*, pp. 59-60; Flapan, *op. cit.*, pp. 249-250.

(38) Ben-Gurion, *Ziḵrônôṯ Vol. 4.*, p. 131.

(39) *Ibid.*, p. 151.

(40) *Ibid.*, pp. 146-147.

(41) Flapan, *op. cit.*, pp. 152-153.

(42) Ben-Gurion, *Ziḵrônôṯ Vol. 4.*, p. 277.

(43) *Ibid.*, pp. 419-420.

(44) *Ibid.*, p. 366.

(45) Masalha, *op. cit.*, pp. 69-74.

(46) Ben-Gurion, *Ziḵrônôṯ Vol. 4.*, p. 388.

(47) Masalha, *op. cit.*, p. 74.

(48) *Ibid.*, pp. 74-75.

(49) Ben-Gurion, *Ziḵrônôṯ Vol. 4.*, pp. 408-411.

(50) *Ibid.*, pp. 426-427.

(51) Ben-Gurion, *Ziḵrônôṯ Vol. 5.*, pp. 208-210.

(52) Masalha, *op. cit.*, p. 108.

(53) Ben-Gurion, *Zikrônôṯ Vol. 5.*, p. 212.
(54) Masalha, *op. cit.*, p. 107.
(55) *Ibid.*, p. 108.
(56) Ben-Gurion, *Zikrônôṯ Vol. 5.*, p. 216.
(57) Masalha, *op. cit.*, pp. 106–119.
(58) Ben-Gurion, *Zikrônôṯ Vol. 6.*, p. 65, pp. 74–75, pp. 79–80.
(59) Ben-Gurion, *Zikrônôṯ Vol. 4.*, pp. 298–299.
(60) *Ibid.*, p. 331.
(61) Teveth, *Ben-Gurion and the Palestinian Arabs: From Peace to War*, Oxford: Oxford University Press, 1985, pp. 188–189. テヴェスはイスラエル国防軍資料の中に収められているこの書簡の原文を参照しているため、彼の訳に基づいて引用した。なお原文を婉曲表現に変えてある同書簡は、Ben-Gurion, *Miḵtāḇîm 'el Pōlāh we-'el ha-yelādîm*〔ポーラと子供たちへの手紙〕, Tēl 'Āḇîḇ: 'Am 'Ôḇeḏ, 1968, pp. 210–213 に見える。
(62) Ben-Gurion, *Miḵtāḇîm 'el Pōlāh we-'el ha-yelādîm*, p. 244. 一九三八年十月七日の妻ポーラへのロンドンからの秘密の手紙。
(63) *Ibid.*, p. 234. 一九三八年九月二十日のポーラへのロンドンからの手紙。
(64) 一九三七年十月七日のポーラへの手紙の中でベングリオンはこう綴っている。「今まで生きてきた中で、私は自分の仕事と役割を力の及ぶ限り行おうとしてきた。それが容易で快かろうと、困難で危険で痛みを伴うものであろうと。しかし私は非常に孤独だ。今まで生きてきてずっと私は孤独だった。多くの同志や友人がいるというのに。私の性質がいけないのかも知れない。しかし私は寂しい孤独な人間であり、時々私には〔それが〕非常に非常につらいのだ。心が沸き返り引き裂かれ、苦々しく困難な諸問題が私を苦しめる時があるが、私には頼るべき人が誰もいない。私は独りで立っている――そして重い責任が私の上にのしかかっている。時には担うには重すぎる責任が。しかし私はそれを愛をもって、能う限り担っている。……私は同志たちを愛し、運動を愛し、我々すべてが行っている仕事を愛している。しかし私一人だけが、内面の苦悶、困難な闘争、困難な努力をどれだけ自分がその事のために時に払っているかを知っている。同志たちは私が愚痴を言うのを聞いた事が一度もないと思うが、それは大変つらい事があり、恐ろしい孤独が私を襲うのだ。あたかも私が空虚で荒涼とした、ものみなすべてをその中に埋没させる氷の砂漠に住んでいるかの様に。」(Ben-Gurion, *Miḵṯāḇîm 'el Pōlāh we-'el ha-yelāḏîm*, p. 214.)

結論

（1）Nur Masalha, *Expulsion of the Palestinians: The Concept of "Transfer" in Zionist Political Thought, 1882–1948*, Washington, D. C.: Institute for Palestine Studies, 1993, p. 190.

（2）*Ibid.*, p. 194.

（3）*Ibid.*, pp. 175–177.

（4）Ben-Gurion, *Yômān ha-milḥāmāh: Milḥemeṯ ha-'aṣmā'ûṯ 1947–1948*〔独立戦争日記 1947–1948〕*Vol. 1.*, Tēl 'Āḇîḇ: Miśrāḏ ha-biṭāḥôn ha-hôṣā'āh lā'ôr〔国防省出版〕, 1982, p. 22.

（5）*Ibid.*, pp. 210–211.

（6）Masalha, *op. cit.*, p. 188.

（7）*Ibid.*, pp. 191–192.

（8）*Ibid.*, p. 175.

（9）スミスのこの二分法については、アンソニー・スミス著、高柳先男訳『ナショナリズムの生命力』晶文社、一九九八年、一四九―一五〇ページ、一七七ページなどを参照。

（10）この構想の内容については、Sasson Sofer, *Begin: An Anatomy of Leadership*, Oxford: Basil Blackwell, 1988, pp. 134–135. を参照。

（11）朝日新聞、一九九八年四月十一日、朝刊。

（12）これと似た解決策は一九九〇年代初頭にヌセイベ＝ヘラー構想、シニオラ＝アミラブ構想によっても提示されている（立山良司「エルサレム問題と中東和平」池田明史編『イスラエル国家の諸問題』アジア経済研究所、一九九四年、五八―六〇ページ）。またエルサレムをイスラエルとパレスチナ国家が首都として政治的に共有する案は、ヨルダンのアブドゥッラー国王も一九九九年十二月の訪日時に言及したとされる(山内昌之『イスラームと日本政治』中央公論社、二〇〇〇年、九六ページ。十二月三日に国王が著者に語った内容として紹介されている)。

(13) 国際社会の批判の有無がベングリオンのアラブ人追放路線の追求に影響を与えた事は、最終章で引用した一九三七年七月十二日の彼の日記の次の箇所から推測する事ができる。「国家が樹立されて少数派の権利が保障され、敵対的な全世界が七つの目で我々の少数派についての我々の行動を注視する様になった後では、この事〔移送〕を行うのにかくも容易に成功する事はないだろう。」(Ben-Gurion, *Zikrônōt* Vol. 4., p. 299.)

(14) Simha Flapan, *Zionism and the Palestinians*, New York: Harper and Row, 1979, pp. 148-149.

(15) *Ibid.*, p. 316.

(16) *Ibid.*, p. 324. シャレットの起草した独立宣言における分割決議への言及は、ベングリオンによってすべて削除された。

(17) *Ibid.*, p. 302.

(18) *Ibid.*, p. 160.

用語解説

アセファト・ハニヴハリーム（'Asēpat ha-Nibḥārîm）　ヘブライ語で「選出議会」。委任統治下のパレスチナにおけるユダヤ人共同体の議事機関。

アハドゥト・ハアヴォダー（'Aḥdût ha-'Abôdāh）　ヘブライ語で「労働の統一」。一九一九年にポアレイ・ツィオンと非加盟グループが合同して成立した社会主義シオニスト政党。一九三〇年にハポエル・ハツァイルと合併してマパイを結成。

アリヤー（'Aliyāh）　ヘブライ語で「上ること」。パレスチナへのユダヤ人移住を指す。第一次アリヤー（一八八二―一九〇三）、第二次アリヤー（一九〇四―一四）、第三次アリヤー（一九一八―二三）、第四次アリヤー（一九二四―二八）、第五次アリヤー（一九二九―三六）、第六次アリヤー（一九三六―三九）。

イシューヴ（Yiš̄ûb）　ヘブライ語で「定住地」もしくは「住民」。パレスチナのユダヤ人社会を指す。

一般シオニスト　シオニズム運動内の中道勢力。一九三〇年代初頭まで世界シオニスト会議内の最大派閥であり、ワイツマンに率いられた。

ヴァアド・レウミ（Wa'ad Le'umî）　ヘブライ語で「民族評議会」。委任統治下のパレスチナにおけるユダヤ人共同体の執行機関。その前身がヴァアド・ズマニ（Wa'ad Zmanî, 暫定評議会）。

エレツ・イスラエル（'Ereṣ Yiśrā'ēl）　ヘブライ語で「イスラエルの地」。

カツネルソン、ベール（Katznelson, Berl）　労働運動の精神的指導者とされる。非加盟グループを率いてベングリオンと共にアハドゥト・ハアヴォダーの結成に尽力。

カプラン、エリエゼル（Kaplan, Eliezer）　労働運動の指導者の一人。初代蔵相。

ガルート（Gālût）　ヘブライ語で「ディアスポラ」。

キブーツ（Qibbûṣ）　ヘブライ語の原義は「集団」。村落単位の協同組合の下での共同所有・共同経営を特徴とするユダヤ人入植村。

第二次移民が雇用関係の否定とアラブ人労働力の排除を二重に意味する「自己労働」(ʻAḇōḏāh ʻAṣmīṯ)の理念の下に築く。

クネセト(Knesseṯ)　ヘブライ語で「集合した人々、会衆、会議」。特にクネセト・イスラエルとは一九一八年に設けられ一九二七年に委任統治政府によって公認された、政治的単位としてのパレスチナにおけるユダヤ人共同体を指す。後にイスラエル国会をクネセトと呼ぶ。

ケヒラー(Qehilāh, 複数形 Qehilôṯ)　ヘブライ語で「共同体」。ディアスポラのユダヤ人共同体の地域的な組織。慈善とその他の共通の利益に責任を持った。

ゴイーム(gôyîm)　ヘブライ語で「異教徒」の複数形。単数形はゴイ(gôy)。

シェルトク(シャレット)、モシェー(Shertok[Sharett], Moshe, 一八九四—一九六五)　労働運動の指導者の一人。アラビア語に堪能で建国前からアラブ問題を担当。初代外相、第二代首相。

ジャボティンスキー、ウラジーミル(Jabotinsky, Vladimir, 一八八〇—一九四〇)　一九二五年にシオニズム右派の運動で建国後のリクードの源流となった修正主義運動を創始。民族の至上性とアラブ問題の力による解決を唱える。

修正主義運動　一九二五年にジャボティンスキーが創始したシオニズム右派の運動。労働運動の実践主義シオニズムの路線を「修正」してヘルツルの政治的シオニズムに回帰する事を唱えた。民族の至上性を掲げる立場から労働運動のアラブ人との共存の試みを批判し、アラブ問題の力による解決を主張して後のリクードの源流となった。

ズィスリング、アハロン(Zisling, Aharon)　労働運動の指導者の一人。初代農相。

タベンキン、イツハーク(Tabenkin, Yizhak)　労働運動の指導者の一人。ハキブーツ・ハメウハドの指導者。

トルンペルドール、ヨセフ(Trumpeldor, Yosef)　元ロシア軍将校。一九二〇年にパレスチナ北部の入植地テルハイを防衛して死んだ。イシューヴのパトリオティズムの象徴的存在としてテルハイの名と共に記憶される。

ハガナー(Haḡanāh)　ヘブライ語で「防衛」。ハショメルや第一次大戦中のユダヤ人部隊を母体として一九二〇年に創設されたイシューヴの自衛組織。後にヒスタドルートの管理下におかれる。後のイスラエル国防軍につながる。

ハシディズム(Hassidism)　敬虔主義。十七世紀半ば頃からウクライナ、ポドリア、東ガリツィアなどに強力な地盤を築いたメシア主義的な民衆運動。トーラーの遵守にこだわるラビ的伝統に代わるユダヤ教の民衆的な理解を促進した。その反対者がミトナゲド(Miṭnagged)と呼ばれる。
ハショメル(Ha-Šômēr)　ヘブライ語で「警備員」。第二次移民のつくった初期の防衛組織(一九〇九—二〇)。ハガナーの母体の一つとなる。
ハショメル・ハツァイル(Ha-Šômēr ha-Ṣāʿîr)　ヘブライ語で「若き警備員」。一九一三年に創設された労働運動左派の青年運動。オーストリア社会主義の影響を受け、パレスチナにおけるユダヤ人とアラブ人の二民族国家を唱える。ハキブーツ・ハアルツィ(全国キブーツ運動)を創設。
ハーッジ・アミーン・フサイニー(al-Ḥāji Amīn al-Ḥusaynī, 一八九六—一九七四)　パレスチナ・アラブ民族運動の指導者。エルサレムの名門フサイニー家の出身。一九二一年五月にエルサレムのムフティー(イスラーム法学の権威者)に任命され、一九二二年に最高ムスリム評議会議長に就任。
ハスカラー(Haskalāh)　ヘブライ語で「啓蒙」。十八世紀末に始まったヨーロッパのユダヤ人世界における啓蒙運動。シオニズムの形成に大きな影響を与えた。
ハポエル・ハツァイル(Ha-Pôʿēl ha-Ṣāʿîr)　ヘブライ語で「若き労働者」。一九〇六年に創設された労働者政党。一九三〇年にアハドゥト・ハアヴォダーと合併してマパイを結成。
ヒスタドルート(Histadrûṭ)　ヘブライ語で「組織」。一九二〇年に成立したユダヤ人労働総同盟。建国後のイスラエル労働総同盟。
ヒッバト・ツィオン(Ḥibbat Ṣîôn)　ヘブライ語で「シオンの愛」。一八八〇年代にロシアで創設された初期のシオニズム組織で、後に「ホヴェヴェイ・ツィオン」(シオンを愛する者たち)と改称した。
ファッラーヒーン(fallāḥîn)　アラビア語で「農民」の複数形。単数形はファラーフ(fallāḥ)。
ブリット・シャローム(Brîṭ Šālôm)　ヘブライ語で「平和連盟」。一九二五年にユダヤ人とアラブ人の和解をめざして創設された組織。
ブント(Bund)　帝政ロシア時代のユダヤ人社会主義組織。一八九七年にヴィルノで創設。
ベギン、メナヘム(Begin, Menachem, 一九一三—一九九二)　後にリクードを率いて首相となる。修正主義運動におけるジャボテインスキーの後継者を自任。

ヘハルーツ(He-Ḥālûṣ)　ヘブライ語で「開拓者」。パレスチナへの移住をめざすユダヤ人青年の訓練を行ったり、実際の移民を組織化したディアスポラの開拓青年運動。パレスチナの労働運動と密接なつながりを持った。特に東欧諸国やソ連で多く結成。

ヘブライ労働('Ăḇôḏāh 'Iḇrît)　ユダヤ人経済においてはユダヤ人労働者のみが雇われるべきであるとする原則。

ヘルツル、テオドール(Herzl, Theodor, 一八六〇—一九〇四)　一八九六年に著書『ユダヤ人国家』を刊行。一八九七年にバーゼルで第一回世界シオニスト会議を開いて世界シオニスト機構を設立し、政治的シオニズムを押し進めた。

ベングリオン、ダヴィド(Ben-Gurion, David, 一八八六—一九七三)　ロシア領プウォインスク生まれ。一九〇六年にパレスチナに移住して労働運動の指導者となる。初代イスラエル首相。

ベンツヴィ、イツハーク(Ben-Zvi, Yizhak, 一八八四—一九六三)　ポルタヴァ生まれでボロホフの同郷の友。労働運動の指導者の一人。第二代イスラエル大統領。

ポアレイ・ツィオン(Pô'alê Ṣîôn)　ヘブライ語で「シオンの労働者」。一八九七年にミンスクで興った同名のグループを端緒としてロシア帝国内のユダヤ人強制集住地域に広がったシオニスト左派組織の総称。一九〇六年にボロホフの指導下に統一される。一九〇六年にベングリオンら第二次移民によって創設されたパレスチナ支部は、一九一九年に非加盟グループと合同してアハドゥト・ハアヴォダーを結成。

ボロホフ、ベール(Borochov, Ber, 一八八一—一九一七)　ポルタヴァ生まれ。一九〇六年にポアレイ・ツィオンを統一した社会主義シオニズムの理論家。

マスキル(Maskîl)　ヘブライ語で「ハスカラーを奉じる者」。「ハスカラー」の項を参照。

マパイ(MAPAI)　Mipleget Pô'alê 'Ereṣ Yiśrā'ēl(ヘブライ語で「エレツ・イスラエル労働者党」)の頭文字をとった略称。一九三〇年にアハドゥト・ハアヴォダーとハポエル・ハツァイルが合併して成立。

モシャヴァー(Môšāḇāh)　ヘブライ語で「入植地」。個人所有、個人経営の入植村。

ユダヤ人強制集住地域　一八一五—一九一七年にかけてロシア帝国西部に設けられ、ロシアのユダヤ人は法によって強制的にそこに居住させられた。一八八〇年にはロシアのユダヤ人五〇〇万人のうち四七〇万人が住む。

領土主義　ユダヤ人の移住先としてパレスチナに必ずしもこだわらず、与えられる領土ならどこでもよいとする立場。パレスチナのみをユダヤ人の移住すべき民族領土と考える人々は「シオン・シオニスト」または「パレスティンツィイ」と呼ばれ、領土主義者と対立した。

労働の征服（Qibbūš ʻAbôdāh）　ユダヤ人がすべての労働を自らの手で行う「ヘブライ労働」を実現するために、アラブ人労働力の排除をめざした運動。

ワイツマン、ハイム（Weizmann, Chaim, 一八七四―一九五二）　世界シオニスト機構の会長を長らく務めた。初代イスラエル大統領。

あとがき

本書は、私が二〇〇一年三月に東京大学大学院に提出した学位論文「社会主義シオニズムとアラブ問題――ベングリオンと労働運動における民族分離主義の軌跡(一九〇五―一九三九)――」に若干の手直しを施して世に問うたものである。本書及びそれのもとになった学位論文を完成させる過程では多くの方々にお世話になった。

山内昌之先生には、学部・大学院時代を通じ、今日に至るまで言葉に尽くせぬ御教えを受けている。世界各地で激発する民族紛争の中でソ連やユーゴスラヴィアの解体をみた学部時代に、私は中東と中央アジアの近代史を講じられていた先生の謦咳に接し、現代世界の病理とも言える民族問題に歴史学を通じて接近する事の重要さに目が開かれた。一次史料から浮かび上がる人間の矛盾と多面性を世界史の構造の中で見つめられた先生の御姿勢は、歴史学の沃野に分け入って以来の私の原点であり続けている。先生には学位論文の御指導と御審査はもとより、本書の刊行とアメリカでの研究生活に際しても温かい御配慮を頂いた。著書の上梓が遅れた事をお詫びし、今日までの様々な御高配に心から御礼申し上げたい。

池田明史先生には、学部時代以来、イスラエル研究の具体的な方法論と視座について懇切丁寧にご指導頂いた。イギリス留学中もひとかたならずお世話になり、イスラエルでの短い滞在中も、灼熱のネゲヴ砂漠を通ってベングリオン文書館にお連れ頂くなどの御高配を忝くした。本書の基本史料の一つである『我々と我々の隣人』はこの時に入手できたものである。厚く御礼申し上げたい。

学位論文をご審査下さった先生方からも貴重な御助言を頂いた。古田元夫先生には本書が扱った二十世紀前半の

「異端の社会主義」が二十世紀後半には正に主流になっていくという「変容する社会主義」への視野についての御助言を、ソ連の民族問題について大学院時代にお教え頂いた中井和夫先生にはウクライナ研究からの御教示を、柴宜弘先生には東欧研究からの重要な御教示を、長沢栄治先生にはアラブ社会主義との比較や、社会経済史研究を通じて思想史研究を今後深めていく可能性についての御示唆を頂いた。先生方の御助言を本書の中で生かしきれていないのは、ひとえに私の力不足のゆえである。このほかにも長年の間には様々な先生方に大学の内外でお世話になった。御厚意を胸にとどめ、深く感謝申し上げる。

学位論文の実際の執筆過程では、博士課程在籍中の一九九四―九五年に留学したオックスフォード大学セント・アントニーズ・カレッジに多くを負っている。本書で用いた基本史料の大半は、同カレッジにある中東研究所図書館と、オックスフォード大学付属ヘブライ研究所のレオポルト・ミュラー記念図書館から借りたものである。ご指導下さったデレック・ホップウッド先生をはじめ、様々な便宜をはかって下さった方々に感謝申し上げたい。特にロバート・ハリス先生は、正味半年でヘブライ語の講読力をつけなければならなかった私のために集中的な授業計画を組んで下さった。初級文法も覚束なかったにもかかわらず、第一時間目から文法書をほとんど使わずにいきなりアグノンの小説を読ませ、出てきた順に文法を解説するという破格の授業に四苦八苦した事も、今となっては懐かしい思い出である。またこの留学は、日英文化交流の目的で創設されたニューセンチュリー・スカラシップによって可能となった。第一回の奨学生に採用して下さった関係者の御厚意に改めて御礼申し上げる。

本書の内容は、今年四月に、現在所属しているハーバード大学中東研究所の中東ブラウンバッグ・フォーラムで発表する機会を得た。この研究所での研究を可能にして下さったレノア・マーティン先生と所長のジェマル・カファダル先生、また一時間のレクチャーの後に示唆に溢れる御指摘を寄せられたセミナー主宰者のロジャー・オーウェン先生、司会のサラ・ロイさん、未熟なレクチャー原稿の公刊を期待して下さった聴衆の方々の御厚意に感謝したい。中でもマーティン先生は、本書の英文目次の検討に貴重な御時間を費して下さった。また著者が外国にいるという不便さと、叢書の一冊であるという制約の中で、多大な労力を払われながら本書の完成に漕ぎつけて下さった岩波書店編集部の片岡修氏に心から御礼申し上げたい。

最後に、研究者への道を歩む私を見守ってくれた両親と夫をはじめとする家族に感謝を捧げたい。今は五歳になる長男を育てながら曲がりなりにも研究を続ける事ができたのは、自らも研究者として多忙を極めながら私を支え続けてくれた夫のお蔭である。

本書の刊行を機に、数知れぬ人々の追放と殺戮をもたらした二十世紀の悲劇の思想的根源を見つめる研究を、今後もささやかながら世に問い続けていくことができればと願っている。

森　まり子

二〇〇二年八月　ボストンにて

**Socialist Zionism and the Arab Question:
An Analysis of National Separatism in Ben-Gurion's
Political Thought, 1905–1939**

Contents

Socialist Zionism and the Arab Question:
An Analysis of National Separatism in Ben-Gurion's
Political Thought, 1905-1939

by
Mariko Mori-Kamoshita

First published 2002 by Iwanami
Shoten, Publishers, Tokyo, Japan

索　引

人名は原則として姓を先に掲げたが，アラブ人の人名と，ペンネームである「アハド・ハアム」は例外として姓を後に掲げた．

なお「用語解説」は索引の範囲から除外した．

ア 行

カ 行

サ 行

タ 行

ナ 行

ハ 行

ラ 行

ワ 行

参考文献

Bar-Zohar, Michael. *Ben-Gurion*. London: Weidenfeld and Nicolson. 1978.

Bauer, Otto. *Die Nationalitätenfrage und die Sozialdemokratie*. Wien: Verlag der Wiener Volksbuchhandlung. 1924.

Ben-Gurion, David. *'Anaḥnû we-šikenênû*〔我々と我々の隣人〕. Tēl 'Āb̲îb̲: D̲ab̲ar. 1931.

——. 'Igrôt̲ David Ben-Gurion〔ベングリオン書簡集〕. Tēl 'Āb̲îb̲: 'Am 'Ôb̲ed̲ we-'Ûnîb̲ersîṭat̲ Tēl 'Āb̲îb̲. Vol. 1(1904-1919): 1972. Vol. 2(1920-1928): 1972. Vol. 3(1928-1933): 1974.

——. *Me-ma'amād̲ le-'am*〔階級から民族へ〕. Tēl 'Āb̲îb̲: 'Aḥd̲ût̲. 1955.

——. *Mik̲tāb̲îm 'el Pôlāh we-'el ha-yelādîm*〔ポーラと子供たちへの書簡集〕. Tēl 'Āb̲îb̲: 'Am 'Ôb̲ed̲. 1968.

——. *My Talks with Arab Leaders*. Jerusalem: Keter Books. 1972.

——. *Rebirth and Destiny of Israel* (Edited and translated under the supervision of Mordekhai Nurock). London: Thomas Yoseloff. 1959.

——. *Recollections* (Edited by Thomas R. Bransten). London: Macdonald Unit 75. 1970.

——. *Yômān ha-milḥāmāh: Milḥemet̲ ha-'aṣmā'ût̲ 1947-1948*〔独立戦争日記 1947-1948〕. *3 Vols*. Tēl 'Āb̲îb̲: Miśrād̲ ha-biṭāḥôn ha-hôṣā'āh lā'ôr〔国防省出版〕. 1982.

——. *Zik̲rônôt̲*〔回想録〕. Tēl 'Āb̲îb̲: 'Am 'Ôb̲ed̲. Vol. 1(1886-1933): 1971. Vol. 2(1934-1935): 1973. Vol. 3(1936): 1973. Vol. 4(1937): 1974. Vol. 5(1938): 1982. Vol. 6(1939.1-8): 1987.

Borochov, Ber. *Class Struggle and the Jewish Nation: Selected Essays in Marxist Zionism (Edited with an Introduction by Mitchell Cohen)*. New Brunswick: Transaction Books. 1984.

——. 'On the Question of Zion and Territory' in Jonathan Kaplan ed. *The Zionist Movement Vol. 1: Selected Ideological Sources*. Jerusalem: The Hebrew University of Jerusalem. 1983.

Caplan, Neil. *Futile Diplomacy Vol. 2: Arab-Zionist Negotiations and the End of the Mandate*. London: Frank Cass. 1986.

——. *Palestine Jewry and the Arab Question 1917-1925*. London: Frank Cass. 1978.

Cohen, Mitchell. *Zion and State: Nation, Class, and the Shaping of Modern Israel*. New York: Basil Blackwell. 1987.

Encyclopedia Judaica. Jerusalem: Keter Publishing House. 1971.
Flapan, Simha. *Zionism and the Palestinians*. New York: Harper and Row. 1979.
Frankel, Jonathan. *Prophecy and Politics: Socialism, Nationalism, and the Russian Jews 1862-1917*. Cambridge: Cambridge University Press. 1981.
Gorny, Yosef. *Zionism and the Arabs, 1882-1948: A Study of Ideology*. Oxford: Clarendon Press. 1987.
Haim, Yehoyada. *Abandonment of Illusions: Zionist Political Attitudes toward Palestinian Arab Nationalism, 1936-1939*. Boulder: Westview Press. 1983.
ヘルツル、テオドール著、佐藤康彦訳『ユダヤ人国家』法政大学出版局、1991年。
Hess, Moses. 'Rome and Jerusalem', in Arthur Hertzberg ed. *The Zionist Idea: A Historical Analysis and Reader*. New York: Temple Book. 1982.
伊東孝之・井内敏夫・中井和夫編『ポーランド・ウクライナ・バルト史』山川出版社、1998年。
Jabotinsky, Vladimir. 'An Iron Wall (We and Arabs)', in Jonathan Kaplan ed. *The Zionist Movement Vol. 1*. Jerusalem: The Hebrew University of Jerusalem. 1983.
——. *The Jewish War Front*. London: George Allen and Unwin. 1940.
姜尚中「新渡戸稲造——国際主義とナショナリズムの折衷——」朝日新聞社編『二十世紀の千人 4——多様化する知の探究者——』1995年、46-49ページ。
ラカー、ウォルター著、高坂誠訳『ユダヤ人問題とシオニズムの歴史』第三書館、1987年。
Mandel, Neville. *The Arabs and Zionism before World War I*. Berkeley: University of California Press. 1977.
Masalha, Nur. *Expulsion of the Palestinians: The Concept of "Transfer" in Zionist Political Thought, 1882-1948*. Washington, D.C.: Institute for Palestine Studies. 1993.
Mattar, Philip. *The Mufti of Jerusalem: Al Hajj Amin Al-Husayni and the Palestinian National Movement*. New York: Columbia University Press. 1988.
Minz, Mattiyahu. *Ber Borochov, 1900-Pûrîm 1906: Le-tôlāḏôṯ pō'alô ha-ṣibûrî we-mišnāṯô ha-ra'iônîṯ*〔ベール・ボロホフ 1900-1906年プリム祭——彼の社会的活動の軌跡とその思想的考察——〕、ヘブライ大学提出博士論文、1968年。
森(鴨下)まり子「シオニズム修正主義における民族と国家——ウラジーミル・ジャボティンスキーの思想的軌跡を中心に」東京大学大学院提出修士論文、1994年。
——「修正主義運動における民族観・国家観——ジャボティンスキーからメナヘ

ム・ベギンへ──」池田明史編『イスラエル国家の諸問題』アジア経済研究所、1994年、69-122ページ。
──「シオニズムとアラブ問題──ベングリオンと労働運動における民族分離主義を中心に──」『岩波講座 世界歴史』第24巻、岩波書店、1998年。
Morris, Benny. *The Birth of the Palestinian Refugee Problem, 1947-1949*. Cambridge: Cambridge University Press. 1987.
中井和夫『ソヴェト民族政策史──ウクライナ 1917-1945──』御茶の水書房、1988年。
Near, Henry. *The Kibbutz Movement: A History, Vol. 1., Origins and Growth 1909-1939*. Oxford: Oxford University Press. 1992.
新渡戸稲造『新渡戸稲造全集』第4巻、教文館、1969年。
大岩川和正『現代イスラエルの社会経済構造──パレスチナにおけるユダヤ人入植村の研究──』東京大学出版会、1983年。
Porath, Yehoshua. *The Emergence of the Palestinian-Arab National Movement, Vol. 1., 1918-1929*. London: Frank Cass. 1974.
──. *The Palestinian Arab National Movement, Vol. 2., 1929-1939*. London: Frank Cass. 1977.
Rogan, Eugene L. and Avi Shlaim ed. *The War for Palestine: Rewriting the History of 1948*. Cambridge: Cambridge University Press. 2001.
Rubenstein, Sandra Miller. *The Communist Movement in Palestine and Israel 1919-1984*. Boulder: Westview Press. 1985.
Schechtman, Joseph. *Rebel and Statesman: The Vladimir Jabotinsky Story, The Early Years*. New York: Thomas Yoseloff. 1956.
スミス、アンソニー著、高柳先男訳『ナショナリズムの生命力』晶文社、1998年。
Smith, Barbara. *The Roots of Separatism in Palestine: British Economic Policy 1920-1929*. London: I.B. Tauris. 1993.
Sofer, Sasson. *Begin: An Anatomy of Leadership*. Oxford: Basil Blackwell. 1988.
立山良司「エルサレム問題と中東和平」池田明史編『イスラエル国家の諸問題』アジア経済研究所、1994年、39-68ページ。
Teveth, Shabtai. *Ben-Gurion and the Palestinian Arabs: From Peace to War*. Oxford: Oxford University Press. 1985.
──. *Ben-Gurion: The Burning Ground 1886-1948*. Boston: Houghton Mifflin Company. 1987.
臼杵陽「委任統治期パレスチナにおける民族問題の展開──パレスチナ共産党に見る『民族』の位相──」長沢栄治編『東アラブ社会変容の構図』アジア経済研究所、1990年、4-66ページ。
山内昌之『イスラームと日本政治』中央公論社、2000年。

——『イスラムとロシア——その後のスルタンガリエフ——』東京大学出版会、1995 年。

——編訳『史料 スルタンガリエフの夢と現実』東京大学出版会、1998 年。

——『スルタンガリエフの夢——イスラム世界とロシア革命』東京大学出版会、1986 年。

——「ベール・ボロホフ——『生産諸条件』を鍵に民族問題を予見——」朝日新聞社編『二十世紀の千人 4 ——多様化する〈知〉の探究者——』1995 年、106-109 ページ。

——「ボロホフとシオニズム社会主義」『ソ連研究』1991 年第 11 号、92-105 ページ。

■岩波オンデマンドブックス■

社会主義シオニズムとアラブ問題
——ベングリオンの軌跡 1905〜1939

2002年10月30日　第1刷発行
2003年4月15日　第2刷発行
2017年8月9日　オンデマンド版発行

著　者　森《もり》まり子《こ》

発行者　岡本　厚

発行所　株式会社　岩波書店
〒101-8002　東京都千代田区一ツ橋2-5-5
電話案内　03-5210-4000
http://www.iwanami.co.jp/

印刷／製本・法令印刷

© Mariko Mori 2017
ISBN 978-4-00-730648-8　Printed in Japan